다극화체제,
미국이후의세계

다극화체제, 미국 이후의 세계

지은이 ㅣ 김애화 · 안영민 · 임승수 · 조예제
펴낸이 ㅣ 김성실
기획편집 ㅣ 이소영 · 박성훈 · 김성은 · 김선미
마케팅 ㅣ 곽홍규 · 김남숙
제작 ㅣ 한영문화사
펴낸곳 ㅣ 시대의창
출판등록 ㅣ 제10-1756호(1999. 5. 11)

초판 1쇄 발행 ㅣ 2010년 3월 17일
초판 2쇄 발행 ㅣ 2014년 8월 25일

주소 ㅣ 121-816 서울시 마포구 연희로 19-1 (4층)
전화 ㅣ 편집부 (02) 335-6125, 영업부 (02) 335-6121
팩스 ㅣ (02) 325-5607
이메일 ㅣ sidaebooks@daum.net

ISBN 978-89-5940-298-4 (03300)
책값은 뒤표지에 있습니다.

다극화체제,
미국이후의 세계

일극패권에 도전하는 동아시아 · 유럽 · 중동 · 남미의 움직임

김애화 · 안영민 · 임승수 · 조예재 지음

시대의창

머리말

흔들리는 세계체제와 한반도

흔들리는 미국의 패권

세계체제가 요동친다. 진원지는 체제의 심장부, 뉴욕이다. 벌써 두 번째. 예사롭지 않은 대목이다. 9.11 테러로 세계무역센터가 무너진 데 이어, 월가마저 자중지란에 빠진 것이다. 전자가 미국의 외교정책에 대한 역풍이라면, 후자는 미국식 경제체제의 모순이 부메랑이 되어 본토로 되돌아온 것이다. 현재의 금융 시스템 붕괴가 유독 엄중한 것은 이것이 10년, 30년 단위의 주기적 위기에 한정되지 않는다는 점에 있다. 한 세기의 터울을 두고 이뤄지는 패권국 교체의 전환기와 긴밀히 맞물려 있는 것이다. 낡은 것은 사라져가고 새것은 아직 오지 않은, 가히 천하대란의 시대다. '거대한 체스판'이 흔들리고 있는 까닭이다.

그리하여 세계는 놀라운 방식으로 변화 중이다. 제국이 내파內波되면서 세계 경제가 대공황의 암흑기로 가라앉고 있을 뿐 아니라 강대국의 순위와 국가별 경제규모의 순서도 시시각각 뒤바뀌고 있다. G20의 등장으로 G8은 20세기의 유물이 되었고, 각광받던 브릭스BRICs 또한 공통분모 없이 와해상태에 처했다. 무엇보다 극적인 것은 '미국의 세기'라는 네오콘의 선언이 무색하리만치 미국의 시대가 급속히 저물고 있다는 점이다. 구소련의 해체를 제외하고 미국의 쇠락속도는 역사상 그 어느 패권국가보다 가파르다. 2001~2008년 전 세계 국내총생산 GDP에서 미국의 몫은 31퍼센트에서 23퍼센트로 수직 하강했다. 세계 경제의 4분의 1에도 못 미치는 역량으로 패권을 지속한 국가는 없었다. '역사의 종언'이 선언되기가 무섭게, 역사는 복수와 함께 다시 시작되고 있는 것이다.

복수혈전의 최전선은 중동이다. 미국 패권의 든든한 보루였던 중동은 이제 미 제국의 아성이 붕괴되어가는 황혼의 장소가 되었다. 이라크의 수렁은 걷잡을 길 없이 깊고, 아프가니스탄은 소련에 이어 미국의 무덤이 되어가고 있다. 아프가니스탄에 이어 파키스탄마저 장악한 탈레반이 미국의 뒷덜미를 단단히 부여잡고 있는 것이다. 핵무기를 보유한 1억 7000만의 대국 파키스탄의 정세 변화가 가져올 파장은 상상을 불허한다. 최근에 일어난 군부대 총기난사 사건은 이미 미국 본토마저 중동 개입의 대가를 치르고 있음을 생생히 증언한다.

물론 미국의 지배 엘리트들이 이 악조건을 모를 리 없다. 유태인을 비롯한 주류 집단들이 힐러리를 대신하여 '변화Change'를 외치는 오바마를 선택한 것에도 이슬람권과의 관계 개선이 절실하다는 전략적 판단이 있었다. 오바마 정권의 핵심 싱크탱크로 부상한 미국진보센터가 그린 에너지 전략을 입안한 것 역시 중동으로부터의 탈출이 미국의 재건에 필수적이라는 판단 때문이다. 그러나 미국이 처한 딜레마의 골이 너무도 깊다. 중동에 개입하면 할수록 패권 누수는 급속도로 진행될 것이고, 빠져나오려고 하면 할수록 더 이상 헤게모니 국가가 아님을 인정해야 하는 꼴이다. 그 어느 쪽이든 중동이 미국의 쇠락을 알리는 결정적 공간이 될 것임은 분명해 보인다.

미국이 중동의 늪에서 허우적거리는 사이, 다극적 세계질서로의 재편은 착착 진행 중에 있다. 먼저 눈에 띄는 것은 EU다. 20세기 미국의 부상은 곧 유럽의 쇠퇴를 의미했다. 유럽의 변방에서 부상한 소비에트 드림과 유럽의 외부에서 꽃핀 아메리칸 드림의 차가운 경쟁(냉전)으로 유럽이 누리던 헤게모니적 지위는 사라져갔다. 대신 그들이 얻은 것은 '유럽이 유럽을 죽였다Europe Killed Europe'라는 뼈저린 자각이다.

유럽은 두 차례의 세계대전이라는 자승자박 끝에 얻은 집합적 지혜로 국민국가를 지양해가는 지역적 정체성을 모색했다. 그들은 이제 '유로피안 드림'을 꿈꾼다. 아일랜드와 체코의 리스본조약 승인으로 '유럽합중국'의 탄생은 이제 목전에 달했다. 혹자는 이를 가리켜 근대유럽의 '300년 전쟁' 끝에 도래한 '새로운 중세'라고 표현한다. EU헌장이 성경을 대신했다면, EU의 수도 브뤼셀은 21세기의 바티칸이다. EU와 통합화폐 유로 화의 등장으로 미국과 유럽의 균형추는 다시금 팽팽해졌다.

'미국의 호수'였던 태평양에서도 변화의 물결은 거세다. 앞서 나가고 있는 곳은 단연 남미다. 남미는 21세기의 '신대륙'이다. 볼리비아에서 원주민 대통령이 탄생했다는 사실은, 기나긴 식민주의 역사에 종언을 고하는 '신세기'가 도래했음을 극적으로 상징한다. 1990년대 후반부터 움튼 남미 좌파정권 국가들 간의 연대 움직임도 도저한 역사의 물줄기를 만들어내고 있다. 지역 단위에서의 정치적·경제적·군사적 네트워크가 강화되면서, 앵글로 아메리카와는 또 다른 아메리칸 드림을 아래로부터 성취해가고 있는 것이다. 21세기 '아메리칸 드림'의 주인공이 대륙의 남반구로 남하했다는 점 역시, 미국의 헤게모니가 현저하게 약화되고 있는 단적인 증거다. EU와는 결을 달리하는 제3세계발 지역통합이라는 점 또한 소중한 성과라다. 특히 베네수엘라에서 진행 중인 '21세기 사회주의' 실험은 20세기의 낡은 잔재로 치부되는 사회주의의 이상을 다시 살려내고 있다는 점에서 특히 주목하지 않을 수 없다.

20세기의 낡은 질서가 최종적 해체과정에 들어섰음은, 힐러리 국무장관의 해외 첫 순방지가 유럽이 아니라 아시아였다는 점에서도 단적으로 드러난다. 미국 외교 역사상 처음 있는 일로, 세계 최대의 이슬람국인 인도네시아가 첫 순방국가로 포함되었음도 각별하다. 힘의 균형은 서서히 태평양 건너 동아시아로 이동 중에 있다.

특히 베이징 방문은 미·중관계의 현재를 가감 없이 보여주었다. 미국은 중국 견제카드로 사용하던 대만 문제와 티베트 문제, 인권문제를 조금도 거론하지 못했다. 미국의 숨통을 쥐고 있는 것이 중국이기 때문이다. 중국은 미국의 최대 채권국이다. 2009년 현재 미국의 재정적자는 1조 2000억 달러고, 막대한 경기부양 정책으로 인해 향후 수 년 안에 3조~4조 달러에 이를 것으로 추정된다. 미국은 이에 대비해 투자자를 확보해야 하는데, 가장 큰 몫을 차지하고 있는 국가가 중국이다. 중국이 보유한 막대한 양의 미국 국채를 처분한다면, 미국이 아르헨티나형 사회로 곤두박질하는 것은 순식간이다. 힐러리는 중국이 계속 미국의 채권을 사고 구매액을 늘리도록 설득하는 고위급 채권 판매원이었던 셈이다. 백척간두의 위기에 선 미국이 달러를 쥐고 있는 중국 앞에서 몸을 낮추는 까닭이다.

그런데 미국의 패권을 담보했던 달러의 위상도 예전 같지 않다. 한동안 곡물가와 유가 등 원자재의 가격폭등으로 지구촌 경제가 몸살을 앓았던 것에도 기축통화로 기능하던 달러의 약세가 큰 몫을 했다. 화폐는 경제를 순환시키는 혈액과도 같은 것인데, 기축통화인 달러가 허약해졌으니 세계 경제가 부실해진 것은 당연지사다. 시들해진 달러 자산을 붙들고 있다가는 연신 손해를 보기 때문에 원유 등 원자재에 투기자금이 대거 몰려 유가가 더욱 폭등하는 악순환이 일어났다. 허약해진 달러가 그와 연동되어 있는 세계 경제 시스템을 좀먹었다고나 할까. 하지만 이는 사필귀정이기도 하다. 남미, 아시아, 러시아를 종횡하며 경제파탄을 낳았던 금융자본주의의 부메랑이 본고장 미국에 상륙하여 최후의 결전을 벼르고 있기 때문이다. '잃어버린 10년'은 이제 미국의 미래가 될 것이다. 그로부터 빠져나올 '출구'란 없다.

달러가 찬밥 신세라는 징후들은 도처에서 발견된다. 세계적인 톱모델 지젤 번천은 더 이상 모델료를 달러로 받지 않기로 했다. 앞으로 그녀와 신규 계약을 맺고자 하는 광고주들은 두툼한 유로 화를 준비해야 한다. 미국 힙합계의 총아로 떠오른 Jay-Z도 예외가 아니다. 얼마 전 공개된 그의 뮤직비디오를 보면 그는 뉴욕의 화려한 밤거리를 최고급 승용차를 타고 다니며 부를 과시하는데, 그의 손에 들린 화폐는 500유로짜리 지폐 뭉치였다. 미국 밖에서 달러에 대한 냉대는 한결 차갑다. '미국의 뒷마당'이라 불렸던 남미에서 달러는 '강제추방'당하고 있다. 남미의 양대 경제대국인 브라질과 아르헨티나가 2008년 8월부터 양국의 무역거래 대금 결제수단으로 달러 대신 양국 통화를 사용하기로 했다. 브라질의 헤알Rea 화와 아르헨티나의 페소Peso 화가 달러를 대체한 것이다. 이 같은 지역 내 통화의 사용으로 남미 공동시장(메르코수르)의 구축은 한층 탄력받을 것으로 보인다.

이란도 국제 석유거래에서 달러 결제를 완전히 중단했다. 달러를 가지고 가서는 이란 산 석유를 구입할 수 없게 된 것이다. 세계 4위이자 OPEC 내 2위의 산유국인 이란의 결정으로 가뜩이나 하락하고 있는 달러의 위상은 또 한 번 큰 타격을 받았다. 미국의 이란 침공설이 심심찮게 들려오는 까닭이다. 그러나 '오일 달러'라는 말 자체가 20세기의 유물이 되는 것을 돌이킬 수는 없지 싶다. 무역대국 중국과 자원부국 러시아도 양국 간 교역 결제에 달러를 사용하지 않기로 한 것이다. 신흥대국으로 성장하고 있는 인도 역시 탈 달러 흐름에 동참하고 있다. 2007년부터 타지마할 등 인도의 유명 관광지에서는 더 이상 달러를 받지 않는다. 인도의 자국 통화인 루피 화로만 입장료를 받기로 한 것이다. 제국의 상징이었던 달러는 100년 전, 대영제국의 파운드가 걸었던 바로 그 길을 충실히 답습하고 있는 중이다.

'미국 예외주의'란 없다

세계체제론의 주창자 월러스틴은 자유주의와 제국주의를 자본주의의 구조적 순환과정으로 이해한다는 점에서 독특하다. '자유주의'란 압도적인 헤게모니를 잡은 국가가 존재하는 세계 경제 시스템이다. 파운드나 달러 같은 단일 기축통화를 통해 세계 경제가 일원적으로 작동하는 시대의 원리가 자유주의인 셈이다. 그에 반해 '제국주의'는 헤게모니 국가가 몰락하고 있지만, 신흥국가가 그것을 대체할 정도로 확립되어 있지 않아 항쟁이 계속되고 있는 상태다. 독창적인 관점이다.

근대 자본주의 역사상 헤게모니를 잡은 국가는 세 나라밖에 없다. 네덜란드와 영국 그리고 미국이다. 예를 들어 네덜란드가 헤게모니 국가로서 자유주의적이었을 때, 후진국 영국은 보호주의적이었다. 정치적으로 봐도 네덜란드는 영국과 같은 절대왕정이 아니라 공화제였다. 수도 암스테르담은 데카르트나 로크가 망명하고 스피노자가 안주할 수 있었던 예외적인 '글로벌 도시'였다. 그후 네덜란드가 헤게모니를 잃고 그것을 대신할 영국과 프랑스가 정치적·경제적으로 경쟁하는 시기가 도래한다. 중상주의 시대라고 불리는 때다. 18세기 후반 네덜란드의 제조업은 영국에게 완전히 압도당하지만 유통이나 금융영역에서는 여전히 헤게모니를 잡고 있었다.

영국이 전면적 우위를 확립한 것은 19세기로, 이 시기가 이른바 자유주의 단계다. 영국이 대영제국으로 군림하며 헤게모니를 행사한 시기는 대략 60년 정도(1810~70)였다. 1870년대 이후 영국은 독일이나 미국, 러시아, 일본의 대두로 쇠퇴하기 시작하고 신흥 열강들 간의 격렬한 정치적·경제적 경쟁이 이어졌다. 이것이 바로 제국주의 시대다.

흔히 소련이 몰락하고 동구권이 무너진 1990년대는 미국이 19세기의 대영제국과 마찬가지로 압도적인 헤게모니를 확립한 시대로 생각한다. 그래서 혹자는 '역사의 종언'을 말하기도 하고 '신자유주의 시대'라고 부르기도 한다. 하지만 실제는 결코 그렇지 않았다. 미국이 헤게모니 국가였던 것은 1930년대부터였고, 1970년대에 접어들면서 독일과 일본의 대두로 쇠퇴하기 시작했다. 달러의 금태환제 정지(1971)와 플라자합의(1985)가 그 상징적인 예다. 1990년대 이후 미국은 금융과 유통부문에서 압도적으로 지배적이었고, 일부는 이를 가리켜 불황이 없는 '신경제'라며 호들갑을 떨었지만 사실 이도 역사적으로 조감해보면 대수로운 것이 아니다. 일찍이 네덜란드와 영국이 그러했던 것처럼 헤게모니 국가가 몰락할 때의 공통적인 현상을 착실히 밟아가는 과정이기 때문이다. 사실 금융자본주의의 융성은 전성기가 아니라 패권국가의 쇠퇴를 알리는 '가을의 표지'에 가깝다. 춥고 혹독한 겨울이 다가왔음을 알려주는 예언적 징표인 것이다. 9.11 테러 이후 지난 10년 동안 수렁에 빠져 헤어나지 못하는 미국의 모습은 역사의 도저한 흐름 앞에 '미국예외주의'란 있을 수 없음을 보여준다.

따라서 1990년대 이후의 세계를 우리는 '포스트 아메리카 시대'로 이해해야 한다. 그러고 보니 남미에서도, 중동에서도, 한반도에서도, 유럽에서도 미국의 힘은 지속적으로 쇠퇴해오고 있지 않았던가? 인식은 현상을 앞서가지 못한다. 2003년 미국의 이라크 침공은 역설적으로 미국이 더 이상 무소불위의 세계제국이 아님을 만천하에 공개한 사건이었다. 유엔을 무시한 단독행동 감행에서 점점 명확해진 것은 EU가 미국에 맞서는 거대국가로 등장했다는 것과 중국이나 인도, 러시아가 서구와 어깨를 겨누는 거대국가로 대두했다는 사실이다. 이들 사이에서 포스트 아메리카 시대의 헤게모니를 둘러싼 치열한 경쟁이 이어질 것이다. 바야흐로 다극화세계가 개막된 것이다.

그러나 패권 이행기의 다극화체제가 미국 패권기보다 나은 세상이 되리라고 단언할 수는 없다. 우리는 영국에서 미국으로의 패권 교체가 1·2차 세계대전으로 이어졌음을 기억하고 있다. 세계사는 다시 한 번 공생공영의 다극화와 약육강식의 신제국주의 사이 중대한 갈림길에 서 있다. 포스트 아메리카 시대의 개막을 제국주의의 반복이 아닌, 지역 간의 협동과 연대의 기회로 삼는 슬기로운 지혜의 결집이 절실하다.

21세기 세계체제는 어떤 모습일까

이런 의미에서 향후 몇 십 년 동안 진행될 21세기 세계체제의 재편은 다음과 같이 독자적인 동력을 지닌 세 가지의 서로 다른 지정학적 분열에 따라 진행되지 않을까?

① 자본축적의 중심축이 되려고 하는 세 지역(미국, EU, 동아시아) 사이의 경쟁

② 세계체제의 양극화로 말미암은 남과 북 또는 세계 경제의 중심과 주변 사이의 갈등

③ 새로운 세계체제를 추구하는 다보스포럼과 세계사회포럼 정신 간의 집단적 투쟁

처음의 ①과 ②의 갈등은 지리적인 차원에서 위치가 정해지는 것들이고 전부는 아니더라도 본질적으로 국가 간 관계들과 관련이 있다. ③의 갈등은 국가 간 갈등이 아니라 각각 전 세계에 걸쳐 위치하고 있

는 두 집단·운동·계층 사이의 갈등이다. 서로 층위를 달리하는 이 세 가지 분열 지점을 섬세하게 포착해야 미국 이후의 세계를 준비하는 우리의 인식과 실천도 한층 명료해질 수 있을 것이다. 그러나 지금 대다수 분석가들은 이 세 가지 분열 가운데 오로지 하나만이 존재한다거나 아니면 적어도 실제로 중요한 것은 하나뿐이라고 주장함으로써 현실을 제대로 보지 못하고 있다.

가령 ②와 ③의 갈등을 시야에 두지 않고 ①의 문제에 몰두하는 지정학적 사고는 지역통합을 이야기하든 국가이익을 이야기하든 주류 담론에서 흔히 발견되는 오류들이다. 남과 북의 지역단위나 세계적 수준의 사회적·경제적 양극화에 대한 문제의식을 갖지 않은 채 미국의 패권을 견제하는 대안으로 유럽주의나 남미주의 혹은 다른 지역주의를 내세우고 있는 것이다. 이들은 향후 세계질서의 목표가, 골칫거리인 미국의 쇠퇴를 나머지 세계가 관리하는 것이라고 보면서 미국에 대한 견제세력으로 중국·러시아·이란의 유라시아 협력을 주장하기도 한다. 반미라는 기치 아래 힘을 합쳐야 할 러시아와 중국을 중시하기 때문에 러시아나 중국 내부에서 일어나는 반민주적인 모습에 대해서 비판의식이 무뎌질 수 있다. 세계적 수준에서의 남북문제와 지역 내에서의 위계구도, 그리고 개별 국가의 억압성이라는 중층적 문제의식이 결여되어 있는 것이다.

이와는 정반대로 ②와 ③의 두 가지 갈등만을 중요하게 간주하면서 미국을 상대로 한 지역연대의 도전을 위험한 것으로 보는 사람들도 있다. 이들은 '국가로서의 미국을 겨냥해 마치 현 세계의 문제를 미국의 지배로 착각하여, 자본주의 지구화에 대한 저항 지점으로 국가를 설정하고 세계를 경쟁하는 국가들의 세계로 이해하는 것은 오류'라고 주장한다. 20세기 말의 세계화로 국가 간 관계의 제국주의 시대는 종언을 고하고 탈영토적 네트워크상의 지구 '제국'이 도래했다고 믿는 이들도 있다. 이들에게는 오로지 ③의 갈등만이 근본적인 것인데, 이미 도래했다고 믿는 탈근대적 '제국'에서는 지리적 차원과 국가 간 차원은 결코 독자적인 갈등 지점이 될 수 없기 때문이다. 그리하여 이들은 미국은 제국주의적 기획의 중심을 형성하지 않으며, 반미주의는 위험한 정신 상태라고 비판한다. 세계화로 인해 생산의 탈중심화·탈영토화가 이루어져서 국가 간, 남북 간의 지리적 구분으로는 오늘날 지구적인 차원의 분열을 파악할 수 없다는 것이다. 신자유주의에 맞서 국지적인 차원에서 방어하려는 민족주의나 지역주의 역시 반동적이라고 주장하는 것도 그래서다.

　물론 국가 권력에 대한 비판적 접근은 매우 중요하다. 하지만 이러한 근본주의적이고 교조주의적인 접근의 문제점은 국가적인 기획이든 지역통합이든 그것에 대한 경계가 지나친 나머지, 일체의 중단기적 전망과 전략을 백안시하게 만든다는 데 있다. 세 가지 층위의 지정학적 분열을 동시에 고려하지 않는 복합적 사고의 결여는 자칫 미국을 한 덩어리의 실체인 것처럼 착각하는 친미 대 반미의 좁은 사고틀에 머무르게 하거나 거꾸로 제국주의 대 사회주의 국제주의 혹은 지구 '제국' 대 '다중'과 같은 어떤 간명한 기준으로 다층적 현실을 재단하고 마는 단순논리로 빠지기 십상이다.

따라서 이 책의 집필자들은 국가와 세계를 잇는 중간항의 사유와 실천현장으로 '지역region'에 주목한다. 가령 세계적 수준의 남북 갈등에서는 미국이 북의 주역으로 선두를 차지하는 가운데 유럽은 미국과 이해관계를 같이한다고 보면서도, 다가올 미래의 체제를 염두에 둘 때는 ①과 ②의 분열이 갖는 독자적 동력을 인정하지 않을 수 없음을 동시에 강조하는 것이다. 이는 EU의 미국 패권에 대한 도전과 다극적 세계의 지향을 의미 있는 것으로 간주한다는 점에서, 국가적·지역적 단위의 대응을 위험한 것으로 보거나 반동적인 것으로 보는 급진적 시각과는 짐짓 구별된다. 미국 패권에서 벗어난 하나의 강력한 자율적 지역의 형성은, 그것이 유럽이든 남미든 혹은 동아시아든 다극적 세계를 지탱하는 든든한 한 축이 될 수 있을 것이기 때문이다.

그리고 그 다극적 세계는 미국이 주도하던 단극체제보다 훨씬 더 많은 창조적 가능성을 품고 있다는 점에서 한결 긍정적이다. 지역의 현실에 뿌리내린 다양한 사회구성체의 실험이 가능해지기 때문이다. 그 자율적 공간이 계속되고 남북의 양극화를 극복하는 방향으로 세계체제를 근본적으로 재구성하고자 한다면, 바로 그 지역이야말로 자본주의 세계체제 이후를 알리는 '미래의 거점'이 될 것이다.

이제 세계사는 정치적·경제적·이데올로기적 지배구조에 균열이 나고 그로 인해 불안정과 동요가 일상적으로 만연하는 대전환기로 진입했다. 이런 불안정과 동요는 단순히 미국이란 한 나라의 패권이 쇠락하는 데서 비롯되는 것이 아니라 상당히 오랜 시간 누적된 전체 세계체제의 숱한 모순들의 결과이기도 하다는 점을 특별히 자각할 필요가 있다. 이런 때일수록 그 대응방식에 따라 그야말로 천차만별의 결과가 나올 수 있는 것이다. 그만큼 세계체제의 변화가 이곳 한반도에 미치는 영향이 유례없이 클 것이고, 거꾸로 한반도 현실의 진행방향이 세계의 지정학적 무대에 미칠 수 있는 여파 또한 엄청날 수 있다.

그 한반도의 현실이란 동아시아 역학관계의 축소판이다. 때문에 한반도의 진로는 동아시아의 미래를 점쳐보는 풍향계이기도 하다.

사실 중국, 러시아, 일본 등 동아시아 역내 국가와 미국은 하나같이 '제국'이었다는 남다른 특성 때문에 동아시아의 국가 간 연합은 좀처럼 실현되기가 쉽지 않다. 바로 그러한 이유 때문에 대국들의 욕망이 어지러이 교착하고 있는 동아시아의 향방은 21세기 세계사의 결정적 분수령이 될 것이다.

그 새로운 지정학적 질서의 최전선에 우리네 삶의 터전, 한반도가 위치하고 있다. 쇠락하고 있는 미국, 세계 역사의 구심점으로 복귀하고 있는 중국, 아시아로의 '귀환'을 선택한 일본 등 현재 한국이 직면한 도전은 중국이 쇠퇴하고 일본을 포함한 서구가 힘을 키우던 19세기 후반의 상황과 꽤나 닮아 있다. 당시 한국은 극심한 내부 혼선으로 그 이행과정에 온전히 대처하지 못했다. 그 결과는 청일전쟁과 러일전쟁, 대동아전쟁으로 이어지는 지정학적 파국의 연쇄였다. 그리고 다시 찾아온 해방의 기회에서도 극단적인 내부 분열과 대립으로 분단을 막아내지 못했고, 그 혹독한 대가는 한국전쟁이라는 또 한 차례의 대규모 열전으로 감내해야 했다. 그 상흔은 분단국이라는 형태로 지금껏 잔존한다.

그 미완의 과제를 안고 우리는 다시 21세기 100년의 주춧돌이 될 역사적 시험대의 들머리에 들어서 있다. 개항기와 해방기에 이은 마지막 세 번째 기회가 한반도에 주어진 것이다. 마침 2010년은 한일합병 100주년이 되는 해다. 또 한국전쟁 발발 60주년이자 6.15공동선언 10주년이기도 하다. 이 사건들만으로도 한반도의 역사가 동아시아와 세계의 향방에 얼마나 중요한 역할을 하는지를 실감할 수 있다. 따라서 흔들리는 세계체제의 변화에 기민하게 대응하여 최선의 방안을 강구해야 함은 한반도에서 살아가는 모든 이들의 숙명이다. 독자들이 이 책을 통해 각 대륙에서 '지역'을 기반으로 하여 진행 중인 전환기의 실상을 직시하고, 우리 앞에 놓인 험로를 뚫고 나갈 냉철한 논리와 현묘한 지혜를 얻을 수 있기를 바란다. 대전환의 시대, 권력은 이제 상상하는 자들의 몫이다.

김애화, 안영민, 임승수, 조예제

이 책에 대하여

인과응보因果應報라고 했다. 제국주의 미국이 뿌린 씨앗을 제대로 거두고 있는 걸까. 미국의 패권이 저물어간다는 얘기는 이제 더 이상 새삼스러울 것도 없는 것 같다. 미 제국의 몰락을 다루는 책들이 심심치 않게 등장하고, 언론에서는 좌우를 막론하고 미국식 신자유주의 경제를 비판하는 기사를 쉽게 찾아볼 수 있다. 군사적 패권과 정치적·경제적 영향력을 강화하기 위해 감행했던 미국의 이라크와 아프가니스탄 침공은 오히려 부메랑이 되어서 미국의 경제적·정치적·군사적 위상에 큰 타격을 가하고 있다. 국제소식에 항상 귀를 기울이고 있는 사람이라면 미국의 일극一極패권이 무너지고 있다는 명확한 사실을 부인할 수 없을 것이다.

오히려 중요한 것은 미국의 일극패권이 무너진 이후의 세계일 것이다. 현재를 통해 미래를 읽어내고 그에 맞는 준비를 하는 것이 얼마나 중요한 일인가. 지금 세계는 미국 일극체제가 무너져가고 새로운 세계체제가 도래하는 격변의 시기다. 이런 시기에 앞으로 도래할 미래의 세계상을 예측하고 그에 대비하는 일은 나라와 민족의 사활이 걸린 문제다. 아무리 중요성을 강조하더라도 지나침이 없을 것이다.

그런 의미에서 이 책은 미국 이후의 세계가 어떻게 흘러갈 것인지를 다룬 책이다. 이 책에서 예상하고 있는 미국 이후의 세계는 '다극화多極化세계'다. 유럽연합EU, 중남미국가 공동체, 동아시아 공동체, 러시아와 중국의 새로운 부상 등 세계는 지역을 중심으로 하여 새로운 패권들이 형성되고 있는 추세다. 미국 일극체제의 몰락은 이러한 움직임을 더욱 가속화시키고 있다. 현재 일어나고 있는 다극화체제로의 변동의 구체적인 모습을 독자들에게 전달하고 그것을 통해 미래를 읽는 새로운 시각을 공유하는 것이 이 책의 목적이다. 그리고 만만치 않은 이 목적을 달성하기 위해서 네 명의 필자가 한자리에 모였다.

한미FTA 범국민운동본부의 국제연대팀장과 한국진보연대의 국제연대위원장, 민주노동당 부설 새세상연구소의 전문연구위원으로 활동하는 김애화. 오랜 기간 세계 곳곳의 진보단체와 인사와의 연대활동을 통해 국제적 시각을 가다듬어온 그녀는 한-EU FTA에 대한 대응방안을 모색하며 유럽의 다양한 인사들과 교류해왔다. 그녀가 들려주는 EU의 이야기는 다극화체제의 한 축을 이해하는 데에 부족함이 없다.

전쟁의 세계화가 아니라 연대의 세계화를 꿈꾸며 국제연대운동단체인 '경계를넘어'와 '팔레스타인평화연대'에서 활동한 안영민. 중동과 한국을 오가며 축적된 지식과 경험에서 풀어내는 그의 중동 이야기는, 미국의 패권에 저항하며 새로운 가능성을 모색하고 있는 중동의 과거, 현재, 미래를 생생하게 전달하고 있다.

사회학과 역사학을 전공한 뒤 세계 여러 곳을 오가며 활동하고 있는 조예재. 그가 쌓은 국제적 감각은 동아시아와 러시아를 아우르는 지역에 대해 통찰력 있는 분석을 하는 데 필요충분조건이다. 국내 유수의 연구기관들에 몸담고 있는 이 젊은 학자는 스스로를 선비로 자처하며 동아시아의 새로운 판을 구상하고 있다.

오지랖이 넓은 탓에 자신을 포함한 네 명의 저자들을 한자리에 모은 임승수. 저서 《차베스, 미국과 맞짱뜨다》를 통해 중남미 베네수엘라에서 일어나는 21세기 사회주의 혁명을 국내에 소개한 그는, 이 책을 통해 베네수엘라 방문의 경험과 중남미에서 일어나고 있는 새로운 혁명의 분위기를 일관된 관점으로 서술한다.

세상이 진보하기를 바란다는 점에서, 세계가 더욱 평화롭고 평등하기를 바란다는 점에서 네 명의 저자는 일치된 관점을 가지고 있다. 하지만 더 나은 세상을 만들기 위해 고민하는 방법이 다양하듯이 네 명의 저자가 세상을 보는 시선에는 분명 차이도 존재한다. 저자들 간의 차이가 독자들에게 오히려 내용의 다양성과 풍부함으로 전해지기를 바란다. 그런 의미에서 책의 마지막에 배치된 네 명의 저자의 좌담회는 의미가 있을 것이다.

세계 각 지역의 흐름을 한 권의 책으로 만날 수 있는 것은 분명 흔한 기회는 아닐 것이다. 미국 일극체제가 막을 내리고 다극화체제로 이행하는 격변의 시기에, 이 책이 독자들에게 시대와 역사의 흐름을 읽을 수 있는 유익한 도구가 될 수 있다면 저자들로서는 더 이상 기쁠 수 없겠다.

차 례

조예재

대학에서 사회학과 역사학을 전공했고, 시애틀, 보스턴, 도쿄, 상하이, 모스크바를 오가면서 주변국가에 대한 실감을 익히며 어학공부를 병행했다. 지금은 남/북한, 중국/대만과 더불어 동아시아의 또다른 분단국가였던 베트남에서 공부와 여행을 겸하고 있다.

1장

동아시아 공동체는
세계사적 과제

들어가는 글

갈림길에 선 동아시아

1990년대 EU(European Union)는 소련Soviet Union의 실패를 딛고 등장했다. 소련의 좌절을 반면교사로 삼아, 또다른 형태의 지역공동체를 만들어낸 것이다. 남미에서 좌파정권이 잇따라 등장하여 지역통합에 박차를 가한 것도 소련이 해체한 이후다. 특히 남미에서 토착적인 '21세기 사회주의'가 발현된 것에는, 소련의 해체가 안겨준 정치적 상상력의 해방(다른 사회주의도 가능하다)도 있었다. 여기에 미국 헤게모니의 점진적 쇠퇴라는 역사적 국면이 결합되면서 남미발 '아메리칸 드림'이 만개했다. 미소냉전의 세력경합 구도가 무너지면서 각 대륙별로 장기간에 걸쳐 작동하던 지역질서가 재가동되기 시작했다. 지역별로 다양한 문명과 사회구성체가 실험되고 공존할 수 있는 다극화의 물적 토대가 마련된 셈이다.

소련의 해체와 미국의 후퇴라는 세계사적 조건은 동아시아라고 다를 리 없다. 그럼에도 동아시아의 현재와 미래는 여전히 안개 속이다. 냉전체제의 세력균형이 무너지면서 동아시아의 군사비는 도리어 거침

없이 증가해왔다. 15년 이상 해결점을 찾지 못하고 있는 북한 핵문제가 '보통국가'를 염원하는 일본의 재무장에 빌미가 되고 있고, 여기에 역내 패권국으로 부상하고 있는 중국도 군사 현대화에 박차를 가하는 형국이다. 천연가스와 석유를 무기삼아 기초체력을 다진 러시아 또한 태평양 함대를 강화하여 소련 시절에 누리던 극동에 대한 영향력 탈환을 노리고 있다. 한국 역시 한반도와 동아시아의 불안정에 편승하여 '자주국방'이란 명목으로 미국에 대한 군사적 의존을 심화시켰다. 6자회담 참여국인 남북한과 미국, 중국, 러시아, 일본의 군사비를 합하면 2008년 한 해만 9700억 달러에 달한다. 이는 전 세계 군사비의 70퍼센트에 육박하는 압도적인 수치다. 동아시아는 세계의 화약고인 것이다.

군사비가 증대하는 곳에 전쟁이 일어나지 않았던 경우는 좀처럼 드물다. 벼랑 끝에 몰린 것은 비단 북한만이 아니다. 그 벼랑에는 동아시아 전체가 함께 서 있다. 그런 의미에서 동아시아는 피할 수 없는 '운명공동체'다. 그럼에도 중국, 러시아, 일본, 인도 등 잠재적 패권국들이 즐비한 탓에 동아시아에서의 지역공동체 건설은 쉽지 않은 과제다. 하강하는 제국(미국, 일본)의 초조와 부상하는 제국(중국, 러시아, 인도)의 야심이 이리저리 뒤섞여 표류하고 있는 곳이 동아시아다. 그러나 바로 그러한 이유 때문에 동아시아 공동체는 지역적 과제의 울타리를 넘어서 그 자체로 '세계사적 과제'가 된다. 세계 4대 강국이 겯고틀고 있는 동아시아에 어떠한 지역질서가 형성되느냐가 곧 21세기 세계체제의 방향과 심급을 가늠해보는 시금석이 되는 것이다.

우리는 그야말로 비범한 시대를 살아가고 있다. '대일본제국' 파산의 기억이 채 가시지 않은 상태에서 '적색제국' 소비에트연방의 붕괴를 목도하였고, 이제는 '미제국'의 황혼을 지켜보고 있다. 유럽의 제국주의도, 일본의 군국주의도, 소련의 국가사회주의도, 미국식 자본주의도 이제 과거의 에피소드가 되었다. 중세의 벽을 뚫고 나온 근대의 제국들이 모두 '앙시앙 레짐'이 된 것이다. 이 근대적 제국들이 하나 둘 철수하는 사이, 홀연히 등장한 것은 '지속의 제국' 중국이다. 그러나 중국의 부상이 대중화공영권으로 이어져서는 안 된다.

대국과 소국이 상생공존하는 새로운 협동의 모델을 동아시아라는 이름으로 만들어낼 수 있을까? 미래로의 상상력은 언제나 과거에 대한 비판적 회고로부터 출발한다. 동아시아 지역질서의 역사적 궤적을 되짚어보는 까닭이다. 온고지신 전략이라고 하겠다.

동아시아 지역질서의 변화

팍스 몽골리카와 세계화의 서막

세계화의 시발은 언제부터였을까. 세계 4대문명을 필두로 각 지역에서 움튼 다극적 문명이 하나로 통합되어 진정한 세계사가 시작된 것은 대몽골제국의 유라시아 통합에서부터다. 몽골시대부터 세계는 그야말로 '세계화'된 것이다. 그 전에는 지역별 문명이 각자 상이한 체제와 이념 속에서 공존하는 시대였다. 로마제국도, 페르시아제국도, 당제국도 지역문명의 중심이었지 유라시아를 통합한 세계문명은 아니었다. 세계사는 몽골제국에 의한 유라시아의 통합 이전과 그 이후로 나눌 수 있다.

동과 서를 통합한 몽골 세계제국의 역사적 의미는, 특히 경제적인 측면에서 심대하다. 유목국가답게 군사력을 배경으로 하면서도, 경제와 유통을 장악하여 유라시아 크기의 통상을 일으켜 북아프리카까지 이르는 세계적 규모의 시장을 통합한 것이다. 이는 인류 역사상 처음으로 내륙과 해양이 단일 시스템으로 연결되는 세계화시대가 개막되었다는 점에서 역사적 획기성을 가진다. '유라시아 대교역권'이라고 할 수 있는 초대형의 통상교류 체제가 마침내 등장한 것이다.

몽골제국이 구축한 세계 경제의 통합은 은 경제를 창출했다는 점에서도 세계사의 커다란 분기점을 이룬다. 이때부터 은을 통한 현금경제가 세계의 전 지역으로 확장되어갔다. 어디에서나 통용되는 국제통화의 등장은 정치 변동과 무관하게 세계를 경제적 그물망으로 엮어냈다. 또 화폐의 사용이 자본의 축적이라는 발상도 촉진시켰다. 즉 국가와 개인의 수준에서도 자본주의의 토대가 마련되어갔다. 실제로 16세기 이래 남북 아메리카 대륙에서 가져온 대량의 은으로 유라시아 도처에서 가격혁명과 상업혁명이 일어났다. 전 지구적 수준에서 일거에 자본주의 경제로의 길이 열리게 된 것이다. 몽골제국은 그야말로 세계사의 분수령이자 저수지였다.

이후의 세계사는 몽골제국의 붕괴로부터 시작한다. 서구의 확대, 특히 해상을 통한 유럽의 세계 진출이 그것이다. 그 유명한 '대항해시대'가 열린 것이다. 몽골제국에 이은 제2차 세계화라고도 하겠다. 우리가 잘 알고 있는 자본주의 세계체제의 근현대사가 여기서부터 시작된다. 그리고 그 물결은 동아시아에도 큰 파문을 일으켰다.

임진왜란, 제1차 동아시아 전쟁

잔잔한 동아시아의 호수에 근대의 첫 번째 파랑을 일으킨 사건이 '임진왜란'이다. 사실 임진왜란이라는 용어는 재고되어야 마땅하다. 명, 조선, 일본만이 아니라 남방의 류큐왕국과 동남아국가들도 명군에 합류하여 '동아시아 국제연합군'으로 이 전쟁에 참전했기 때문이다. 나아가 포르투갈을 비롯한 서구의 영향까지 고려한다면, '왜란'이라는 그

룻은 전쟁의 규모와 그 역사적 의의를 담아내기에 턱없이 협소하다. 차라리 '제1차 동아시아 전쟁'이라는 발상은 어떠할까.

실제로 임진왜란은 여러 점에서 동아시아의 근대를 선취하고 있다. 전국시대를 통일한 일본의 기세가 반도와 대륙으로 뻗어간 데에는 서양으로부터의 '무력'과 '문명'의 도입이 있었다. 조선을 향하는 뱃머리에 포르투갈에서 온 조총을 든 군인과 함께 '예수'와 '야수'의 경계에 있던 '야소회' 선교사도 있었음을 주목해야 한다. 당시 일본의 은광개발 열기와 대외무역 확산 요구는 동아시아가 유럽-아메리카-아시아를 잇는 은 무역 네트워크에 편입되어 있었음을 말해준다. 확산되는 세계체제와 동아시아의 중화체제가 상호침투하고 교착하며 충돌을 빚어낸 첫 번째 국제전이라는 점에서 제1차 동아시아 전쟁은 근대 동아시아 질서의 전조라 할 수 있다.

세계적 은 경제망의 최종 도착지가 명이었다는 사실과 세계지도와 천주교, 기하학을 전수해준 마테오 리치가 마카오를 거쳐 명을 방문한 것이 전쟁 발발 몇 해 전(1582)임을 상기한다면, 이 전쟁이 단순히 동아시아 내부의 문제가 아님도 확인할 수 있다. 임진왜란 발발(1592) 꼭 100년 전에 신대륙의 발견(1492)이 있었듯이 대서양과 인도양을 거쳐 태평양으로 밀려온 '대항해시대'의 파고가 동해와 황해로 흘러들어 파문을 일으킨 최초의 역사적 사건이 임진왜란인 것이다. 이 전쟁으로 명이 쇠퇴하고 청조가 들어섰다는 것은, 유럽발 세계체제의 도전에도 불구하고, 중화체제에 중심부의 교체를 통해 체제를 유지할 만한 내구력이 있었다는 반증이다.

조총과 선교사, 세계지도와 은 무역 네트워크로 동아시아의 지각변동이 있을 무렵 대서양에서는 영국이 스페인의 무적함대를 격파시키며 새로운 중심으로 부상한다(1588). 그로부터 200년 후 유럽의 식민경영으로부터 최초로 독립한 미합중국이 탄생하고(1776), 바로 그 미국이 100여 년 후 일본을 개항시켰다는 점(1858)도 확인해둘 필요가 있다. 임진왜란에서는 명을 도왔던 류큐와 대만을 메이지 일본이 가장 먼저 정벌, 복속시켰다는 점 또한 간과할 수 없다. 이어 일본이 조선을 식민지로 하고, 대륙으로 확장하여 중일전쟁이 발발한 것을 고려한다면 임진왜란은 명백히 근대 동아시아의 '전조'였다.

20세기 전환기 청일전쟁과 러일전쟁으로 이어진 제2차 동아시아 전쟁으로 말미암아 중화체제는 무너지고, 동아시아는 마침내 세계체제의 일부로 편입되기에 이른다.

대동아공영권과 아시아 · 태평양 질서

중화체제가 무너진 이후 동아시아의 맹주로 부상한 국가는 일본이다. 일본은 서구의 지배를 타파하고, 아시아 민족의 해방을 꾀한다는 명분으로 '대일본제국'의 자급자족체계를 창출하고자 했다. 대동아공영권이 바로 그것이다. 물론 대동아공영권은 1929년 대공황의 파국적 상황 속에서 미국과의 관계가 악화되고 유럽에서 나치 독일이 승승장구하는 정세에 편승하기 위해 급작스럽게 추진된 면이 있다. 실제로 그 지속기간이 극히 짧고, 제국 내부의 저항도 만만치 않았다는 점에서 불완전한 체제였다고 할 것이다. 하지만 그 사상적 맥락은 간단치 않은데, 일본이 중화제국의 주변성을 벗어나는 과정에서부터 형성한 아시아주의에 닿아 있기 때문이다. 일본은 근대화를 추진하던 메이지 유신 초기부터 서구와 구별되는 독자성을 가진 '동양'이란 개념을 창안해왔다. 그 동양이 동아로, 대동아로 진화해갔던 것이다.

대동아공영권은 그 이름과는 반대로 동아시아 전체의 악몽으로 파산하고 말았다. 하지만 간과할 수 없는 역사적 유산 또한 없지 않음에 주목해야 한다. 대동아공영권으로 이르기까지에는 다양한 갈래의 지역공동체 구상이 있었던 것이다. 무엇보다 1937년 중국과의 전면전이 벌어진 이후 중일전쟁의 조속한 종식과 동아시아질서의 평화적 재편을 위해 제안된 동아신질서론이 있다.

그중에서도 조르게 간첩사건으로도 유명한 호자키 호즈미의 동아협동체론은 가장 급진적인 지역구상이라 할 것이다. 중국의 사회주의혁명과 연대하면서 일본을 변혁하고, 더 나아가 동아시아의 민중을 주체로 동아시아의 사회주의적 개조를 도모했던 것이다. 비록 그의 비전은 현실 속에서 좌절되고 말았지만, 당시 우파가 장악한 아시아주의와 좌파가 장악한 국제주의 사이에서 '지역'을 단위로 하여 중용의 다리를 놓았다는 점이 각별하다. 지역 구상과 일본 내부 개혁론을 통합하려 한 그의 독특한 사상은 다극화세계를 모색하는 오늘날 더욱 값진 유산이다.

일본제국의 몰락 이후 동아시아는 미국과 소련이 주도하는 세계적 냉전질서의 격랑에 휘말린다. 동아시아 질서 역시 한반도와 베트남을 축으로 형성된 자유진영과 공산진영의 대립구도에 종속되고 말았다. 소련과 미국은 위성국가들을 거느린 전후세계의 새로운 제국이었다. 특히 미제국은 소련의 직할통치와는 달리 이데올로기, 경제적 상호작용, 기술이전, 군사협력에 기초해 훨씬 더 광범위한 지배체제를 확립했다.

미국이 제국적 질서를 유지할 수 있었던 것은 2차 세계대전 이후 압도적으로 우위에 있던 군사력 말고도 가장 높은 경제력(생산적 효율성, 방대한 시장, 기축통화인 달러)과 동맹국들의 정치적 지지 및 패권 유지를 위한 이데올로기를 두루 갖추고 있었기 때문이다. 그 원동력은 미국이 가진 막대한 구매력에 기반을 둔 경제적 흡인력에서 나왔다. 특히 그 시장을 아시아 동맹국들에게 개방해 아시아·태평양 경제의 연계망을 구축할 수 있었다. 이 때문에 동맹국들은 경제적·안보적으로 미국에 깊숙이 의존했고, 대동아를 대신해 미국이 주도한 '아시아·태평양'이라는 지역 개념이 출현한다. 냉전기의 동아시아 질서는 이처럼 미국의 주도 아래 그 하위 파트너인 일본, 한국, 대만, 동남아국가들이 위계적으로 배치되는 수직적 구조로 고착되었다.

대동아공영권 이전의 동아협동체론에서 오늘의 동아시아를 구상하는 단서를 발견할 수 있듯이 냉전기 동아시아에도 비동맹 노선이라는 소중한 자산이 있었다. 1955년 인도네시아의 반둥에서 제1차 아시아·아프리카 회의가 열리면서, 미국과 소련 주도의 세계질서를 거부하는 '제3의 길'로서 비동맹이 처음으로 출현했다. 이 세계사적 회의의 기원은 1954년 인도의 델리에서 개최된 인도의 네루와 중국의 주은래의 회담이다. 당시 동아시아는 냉전이 열전으로 화하는 격렬한 충돌장이었다. 한국전쟁과 베트남전쟁의 폭발에서 깊이 자극받은 인도와 중국은 이 회담에서 '평화 5원칙'을 선언함으로써 비동맹운동의 정초를 놓았다.

반둥정신은 그후 아프리카 신생 독립국들이 속출하고 남미가 가세한 1960년대에 절정을 이룬 뒤 양적인 팽창에도 불구하고 서서히 내리막길을 걷기 시작했다. 비동맹의 실질적 주창자인 네루가 1964년에 서거하고, 그 이듬해 비동맹의 군건한 터전의 하나였던 인도네시아에서 미국이 지원하는 쿠데타가 발생하여 수카르노가 실각한다. 비동맹에 대한 미국의 공격과 함께 소련은 중국을 비판함으로써 위태롭던 중소관계가 파탄에 이른다. 이 위기 속에서 중국은 미국과 제휴하는 길을 선택한다. 미중수교는 반둥정신의 종언을 의미했다. 이러한 과정에서 제3세계는 다시 분할되었다. 아프리카는 구 종주국 유럽에 포섭되고, 남미는 미국의 뒷마당이 되었으며, 아시아는 미국과 소련의 각축장으로 변하고 말았다.

탈미국화 이후의 동아시아

동아시아의 1000년사는 대몽골제국, 중화제국, 일본제국, 미제국이 주도한 지역질서의 등장과 팽창, 소멸의 과정으로 요약할 수 있다. 그리고 지금 우리가 목도하고 있는 것은 미제국의 쇠락이다. 그 위기는 일차적으로 미국 패권주의 자체가 안고 있는 내적 모순, 즉 패권을 지탱해주던 권력의 자원들이 극히 불균등한 데서 발생한다. 여전히 군사력에서 압도적 우위를 차지함에도 불구하고 경제와 이데올로기 영역에서는 그렇지 못하다. 특히 경제영역을 보면 미국은 세계 경제의 상품과 자본을 빨아들이기만 할 뿐 그에 상응하는 재화를 제공하지 못하는 일종의 블랙홀 상태에 있다. 이를 만회하기 위해 기축통화인 달러를 활용한 금융자본주의가 만개한 것인데, 그 비대한 거품이 터지기 시작했으니 가히 바닥을 헤아릴 수 없는 추락이 시작된 것이다. 또 이데올로기 영역에서도 소련이 이끄는 공산권과의 대립을 전제로 한 자유진영의 결속이 호소력을 잃게 되었고, 미국 대중문화의 지배에 맞서 문화의 다양성을 보호하고 촉진하려는 움직임이 활발해졌다. 냉전의 승리가 가져온 역설이 바로 이것인데, 냉전이 해체되면서 미국은 적과 함께 동지도 잃게 된 것이다. 냉전을 대체할 수 있는 또 하나의 영구전쟁인 '테러와의 전쟁'을 미국 매파가 그토록 원했던 까닭도 여기에 있다.

미국의 상대적 하강에 따른 동아시아 질서의 균열은 이 지역에서 탈중심적 질서의 새로운 가능성을 낳았다. 아세안ASEAN＋3의 형태가 보여주듯이 그 움직임은 추진력을 얻어, 2005년에는 '동아시아 정상회 담'까지 열렸다. 미국이 주도한 '아시아·태평양'과 경합하는 지역 개념 으로 '동아시아'가 떠오르고 있는 것이다. 따라서 이제 질문해야 하는 것은 미제국 이후의 동아시아 질서를 어떻게 만들어갈 것인가다. 대중 화의 복원도, 대동아의 부활도, 아시아·태평양의 지속도 아닌 새로운 동아시아 공동체를 말이다.

먼저 과거의 제국이 과연 부활할 수 있을 것인가를 간단히 검토해볼 필요가 있다. 동아시아 역사에서 존재했던 세 제국 가운데 미국은 가까 운 미래에도 동아시아 질서에 가장 큰 영향력을 미칠 것이 분명하다. 제국적 역할에 모종의 사명감을 느끼며 동원 가능한 모든 자원을 활용 하여 제국의 새판을 짜려고 할지도 모른다. 그러나 앞서 보았듯이 이미 독점적 권력구조에 균열이 생기면서 다중심이 형성된 만큼 동아시아에 서는 일국 돌출형 다극구조가 지속될 가능성이 높다.

반면 일본제국이 부활할 가능성은 그리 커보이지 않는다. 일본은 과 거에 제국을 통치하던 시기에도 본국의 경제력과 이데올로기 측면에서 흡인력이 약했다. 현재 일본은 강한 경제력과 높은 기술수준, 군사력을 보유하고는 있으나 미국에 지나치게 의존하여 독자적 대외정책 결정능 력은 결여되어 있다. 이 답답한 상황을 타개하고 전후 최초로 정권교체 를 일구어낸 것이 일본 민주당 정권이다. 근대일본을 만들었던 '탈아입 구'를 대신하여 '탈미입아'를 외치고 있지만, 일본이 주도적으로 지역 질서를 재편하기에는 한계가 역력하다. 향후 세계 경영의 동반자이자 경쟁자가 될 미국과 중국, G2 사이의 균형자 역할이 일본이 도달할 수 있는 최대치가 아닌가 싶다. 그래서 일본이 배제된 G2와 일본의 역할 이 축소된 G20를 대체하는 G4(미국, 중국, EU, 일본) 구상에 민주당 정권이 깊은 관심을 보이고 있다.

이에 비해 요즘 부쩍 관심을 끄는 것은 대중화의 부활 가능성이다. 돌아보면 동아시아 질서는 19세기 말 중화제국이 몰락하면서 다중심이 경쟁하는 불안정한 국면에 빠졌다. 한 세기가 지난 지금은 거꾸로 중국의 급부상을 맞아 지역질서가 또다시 격변기로 접어들고 있다. 그만큼 동아시아에서 중국의 지정학적 위치는 중요하다. 중화제국이 미래에 부활하려면 먼저 경제력이 예전만한 흡인력을 발휘해야 한다. 중국경제의 급속한 성장으로 눈부시게 증가하는 국가경제총량은 중국제국의 부활을 연상시키는 관건적 요인이다. 그러나 국민 1인당 소득지표나 내부의 계급 · 지역 · 민족 간 격차를 기준으로 경제성장의 지속가능성 등을 따져본다면 중국의 미래는 낙관과 비관이 엇갈릴 정도로 논쟁적이다. 중국이 미국을 제치고 세계 패권국이 되기에는 역부족인 것이다. 요컨대 중국이 지역적 강대국이 될 수는 있다 해도 신판 중화제국의 부활은 당장은 가능하지 않다는 말이다.

이처럼 어느 일국도 제국적 질서를 관철시킬 수 있을 만큼의 힘을 보유하지 못한 지금이야말로 동아시아에 다양한 중심이 공존하는 지역질서를 이룩할 적기라 하겠다.

여기에서 솔직하게 인정하고 넘어가야 할 대목이 있다. 기실 동아시아 지역이 '천하삼분론'을 거론할 수 있을 만큼 자본주의 세계의 3대 축으로 부상한 데에는 미국과 동아시아 간의 상생구조가 있었다. 한마디로 미국의 쌍둥이적자 경제와 동아시아의 수출지향 경제 간에 균형이 유지되는 상태가 지속되어온 것이다. 일본을 선두로 하여 한국, 대만, 홍콩, 싱가포르에 이은 중국의 발전은 모두 미국이 구축한 아시아 · 태평양 경제권과의 통합 속에서 달성된 것이다. 북한은 이 대열의 마지막

주자로 들어서고자 미국과의 직접 협상을 그토록 원하고 있는 것이다. 결국 동아시아는 이 미국−동아시아의 냉전형 분업체제에서 대미수출에 의존하여 고도성장을 계속할 수 있었고, 미국과의 관계를 즐기고 익숙해진 만큼 자신의 독자적인 지역주의 발전에는 관심이 적었다. 이웃 국가와는 소원하면서 지역 외부에 의존적인 '구조적 친미'의 물적 토대가 역사적으로 구축된 것이다.

그런데 바로 이러한 역사적 구조로 말미암아 동아시아는 미국과 동반 쇠락할 위험도 그만큼 크다. 거꾸로 말해서 함께 몰락하지 않기 위해서도 동아시아의 지역협력을 통한 탈미국화의 필요성이 한층 증대한다. 실제로 미국의 과대소비 경제가 유지된 것은 동아시아 국가(중국, 일본, 한국, 대만, 러시아)들이 달러를 외환자산으로 축적해왔기 때문이다. 그러나 달러가 기축통화로서의 가치를 상실하게 된다면, 동아시아 국가들도 달러 청산 대열에 동참하게 될 여지가 커진다. 더불어 미국의 금융·실물경제 위기가 장기화될 경우, 동아시아의 고도성장을 지탱해준 미국의 소비경제도 위축될 수밖에 없다.

'위기가 기회'라는 역설은 바로 여기서 성립한다. 동아시아의 최대 시장은 이미 미국이 아니라 역내시장 동아시아이기 때문이다. 미국 소비시장으로부터의 자율성 확보는 동아시아 국가 내부의 복지와 사회안전망 확충의 선순환으로도 이어질 수 있다. 그동안 미국−동아시아 상생구조를 유지하기 위해 쓰던 막대한 달러 흡수 비용을 각국의 복지체계 구축에 사용하여 심각해진 내부격차 해소에 힘쓴다면, 이것이 역내 내수시장을 확대하여 동아시아의 자립에도 크게 기여할 것이다.

이처럼 동아시아의 탈미국화와 동아시아형 대안사회 건설은 상호진화의 관계에 있다. 이는 점진적인 달러 중독으로부터의 탈피가 동아시아의 다양한 금융통화 협력과 밀접한 관련이 있는 것과 마찬가지다. 당장 동아시아의 엄청난 외환보유고를 역내에서 사용할 수 있는 아시아 통화기금AMF 창설 논의를 재개하자는 주장이 분출하고 있다. 좀더 장기적으로는 외환을 보유해야 할 필요성 자체를 줄이기 위해 동아시아 단일통화 도입을 모색해야 한다는 의견도 강하게 나오고 있다. 동아시아의 점진적 탈미는 이미 현재진행형이다. 따라서 미국은 동아시아의 패권국에서 동아시아 국가들 가운데 하나one of them의 지위로 하락해 갈 것이다.

이제 각 국가에서 '아시아·태평양'을 대신하여 도래하고 있는 동아시아 시대를 어떻게 준비하고 있는지를 살펴볼 차례다.

동상이몽, 각국의 지역공동체 구상

중국의 '화평굴기'와 동아시아 공동체

중국이 동아시아 지역협력에 관심을 갖기 시작한 것은 1990년대 후반 아시아 경제위기부터다. 그전에는 '동아시아'라는 발상이 중국에 제약을 가할 것으로 우려했다. 기실 중국은 '동아시아'로 한정할 수 있는 국가가 아니다. 북으로는 몽고(몽골)와 러시아를, 남으로는 동남아와 인도를, 서로는 중앙아시아를 접하고 있는 방대한 영역을 품고 있기 때문이다. 그럼에도 전 세계적으로 지역화가 진전되자, 중국은 지역협력의 움직임을 활용해 도약의 발판으로 삼고자 동아시아와의 연계를 강조하게 되었다.

중국의 지역공동체 구상은 크게 셋으로 정리해볼 수 있다. 그것은 동아시아 공동체를 향한 과정은 먼저 경제분야를 기초로 추진해야 한다는 것, 복잡한 동아시아 지역현실에 상응하여 미래의 지역공동체를 향해 다원적이고 중층적으로 추진해야 한다는 것, 지역공동체의 추진에 대해 중국 자신이 리더십을 갖지 않고 또 역외대국에 대해 개방적이어야 한다는 것이다.

첫 번째는 신자유주의적 세계화에 대한 지역주의적 공동대응 방안으로, 중국정부가 현재 진행하고 있는 양자 및 다자간 자유무역지대 논의 등 경제통합을 일컫는다. 두 번째의 다원중층성이란 미일동맹이나 한미동맹처럼 양국 간 동맹과 병행해서 미·일·중·한 4개국에 의한 안보대화의 메커니즘을 구축하고, 현행 6자회담의 구조를 발전시켜가는 중층적 접근의 도입을 가리킨다. 세 번째는 미국에 대한 태도와 중일관계에 관한 것이다. 미국에 대해서 중국이 '개방적' 자세를 취한다는 방침인데, 이것은 어디까지나 미국과의 대항을 피하기 위한 것이지 동아시아 공동체의 추진에 미국을 어떻게 위치시킬 것인가는 명확하게 설명되어 있지 않다. 실제로 '차메리카(차이나+아메리카)'나 G2라는 용어가 사용될 만큼 수출대국 중국과 소비천국 미국은 세계 경제의 양대 주체로서 협력하며 경쟁해왔다.

이처럼 중국의 동아시아 공동체 구상은 매우 기능주의적이고 실용주의적 입장에서 나온 것이다. 중국의 전략적 선택에서 나온 것이라서 '평화' 역시 중국의 지속적인 경제발전을 위한 주변지역의 안정이란 의미가 강하다. 이것이 중국 지도부가 내세운 '화평굴기和平堀起'란 구호의 핵심이기도 하다. 이에 기초해 동아시아 공동체 창설에 적극 나서 EU, 미국과 더불어 세계를 삼분하여 경쟁과 협력의 균형상태를 이룬다는 복안을 가지고 있다. 이른바 '천하삼분론'이다.

하지만 중국이 '100년의 굴욕'을 딛고 일어선 자부심을 확인하려는 의도에서 공세적 민족주의를 확대해가고 있고, 평화를 내세우는 외교 전략의 이면에서 중국의 새로운 민족주의가 주변국과 갈등을 조장하기도 한다는 사실을 간과할 수 없다. '동북공정'은 그 대표적인 사례일 것이다. 중국이 민주주가 아닌 대일통大一統의 역사기억을 되살려 권력의 정당성을 추구하고 민족주의를 발전동력으로 삼는 근대화 모델에 몰두한 나머지, 동아시아의 평화에 기여하는 국가발전 전략을 세워 내부개혁을 강화하지 못한다면, 주변국들이 중국을 위협적으로 받아들일 가능성은 언제든 잠재해 있다. 과연 중국이 '워싱턴 컨센서스'를 대체할 '베이징 컨센서스'를 만들어낼지는 성숙한 시민적 자질과 소프트파워를 갖춘 제도개혁까지 이룩할 수 있을 것인지에 달려 있을 것이다.

'보통국가' 일본과 동아시아 공동체

일찍이 아시아에 주목해 다양한 아시아론을 개발했고, 20세기 중반 '대동아공영권'까지 수립했던 일본이지만, 패전 후 그들에게 동아시아는 '상실된' 지역 개념이었다. 이러한 '사고 정지'는 냉전의 영향으로 미국의 품안에서 경제대국으로 부활하면서, 동아시아 이웃을 침략하면서 만든 '동아' 개념을 스스로 청산할 기회를 갖지 못했기 때문이다. 전후 일본은 미국의 시선으로 (동)아시아를 바라보았다.

일본에서 다시 아시아에 대한 담론이 중요한 주제로 떠오른 것도 1990년대다. 다양한 갈래의 동아시아론이 여러 분야에서 제기되었는데, 동아시아 공동체에 대해 직접 거론하기 시작한 때는 일본정부가 2002년에서 2004년에 걸쳐 동아시아 지역통합의 움직임, 곧 아세안+3 체제에 높은 관심을 갖게 되면서부터다.

이는 중국의 동아시아 공동체 정책과 마찬가지로 대체로 경제협력을 추동력으로 삼는다. 그리고 점진적이고 기능적인 협력 강화를 통해 동아시아 공동체의 기반을 공고히 하면서 역외 협력 파트너인 인도와 호주, 뉴질랜드, 미국을 포함할 것을 강조한다. 이런 기능적이고 현실주의적 구상은 아시아를 중시하는 외교부 관리들과 경제계 일부에서 공감을 얻고 있다. 세계화가 가속되는 21세기에 NAFTA, EU, 아시아의 삼극구조가 출현하게 될 터이니 일본은 장기침체에서 벗어나기 위해서라도 먼저 동아시아 경제공동체를 만들고 이어서 동아시아 공동체를 구성한 뒤 '아시아 공동체'로까지 발전시키자는 것이다. 이 또한 '천하삼분론'에 가깝다.

이런 주류적 흐름과는 결을 달리하는 논의가 민간에서 진행되고 있기는 하다. 그 가운데 와다 하루키와 강상중의 '동북아 공동의 집' 구상은 주목할 만하다. 이들은 모두 '동아시아'가 아닌 '동북아' 그리고 '공동체'가 아닌 '공동의 집'이란 개념을 사용한다. 경제문제보다 안보문제를 더 중시하다 보니 한반도와 밀접한 동북아를 축으로 하는 지역협력체를 구상하게 된 것이다. 그러다보니 동아시아 공동체는 미국과 러시아도 참가함으로써 역외로 열린 지역통합으로 나아갈 것이고, 이에 따라 미국과 중국의 전략적인 파트너십은 한층 더 확대되어갈 것으로 전망한다. 서구 또는 미국과의 전면적 대결을 명분으로 '대동아'를 형성한 역사적 상처가 있기에 배타적이지 않은 지역협력체로서 '공동의 집'을 강조하고 있다.

일본의 입장에서는, 미국과 러시아를 이 지역의 중요한 행위자로 사고하자는 제안을 어떻게 보아야 할까. 동아시아에서 미국이 차지하는 위상과 영향력은 누구도 부인할 수 없을 만큼 이론의 여지가 없다. 러시아를 포함시키는 것은 러일전쟁을 비롯한 러시아와의 갈등으로 점철된 근대 체험의 소산일 것인데, 지금도 여전히 북방영토 분쟁을 겪고 있다는 점도 중요한 이유일 것이다. 6자회담의 회원국이라는 점이 상징하듯이 외교·안보적 차원에서 동북아 평화체제를 구상하는 데 있어서 러시아는 여전히 간과할 수 없는 대상이다.

그런데 조금 다른 각도에서 러시아를 동북아, 나아가 동아시아를 사고하는 데 포함할 필요가 있다. 20세기를 역사적 단위로 설정할 때, 러시아혁명에서 소련의 해체까지라고 생각해도 큰 무리는 없을 것이다. 그만큼 러시아의 역사는 20세기를 이해하는 데 결정적인 의미를 가진다. 미국이 자본주의적 근대가 만개한 곳이라면, 러시아혁명은 유럽의 변방에서 그 모순을 극복하려는 지향이 최초로 발현된 곳이었다. 일본과 중국은 비서구 지역에서 서로 다른 형태로 근대에 적응(메이지 유신)하고 또 극복(중국혁명)하려 했고, 한반도는 4대 강대국의 교착지였을 뿐 아니라 20세기를 대표하는 네 가지 유형의 사회체제가 길항하던 장소이기도 했다. 따라서 동아시아가 미국(NAFTA)과 유럽(EU)과 더불어 자본주의 3극의 한 축을 담당하는 지역에 머물지 않고, 현 체제를 넘어서는 실험장이 되기 위해서도 러시아 경험의 성취와 한계를 비판적으로 수용할 필요가 있다. 러시아 스스로가 20세기의 실험을 망각하고 있기에 더욱 그러하다.

'강한 국가' 러시아와 뷔테 프로젝트

러시아도 다시 일어서고 있다. 뜨는 러시아의 수장, 푸틴은 가히 국제적 스타다. 평창이 또 다시 동계올림픽 유치에 실패한 데에도 그의 발군의 개인기가 한 몫 했다. 푸틴의 뛰어난 개인플레이는 국제뉴스를 연예기사처럼 보이게도 한다. 그가 웃통을 벗어던지고 탄탄한 몸매를 선보이자 전 세계 미디어는 앞 다투어 '러시아의 근육'을 전시했다. 러시아의 기력은 푸틴의 근육처럼 다시금 젊어지고 다부져졌다. 2006년 말을 전후로 하여 러시아의 경제력은 소련이 해체되던 1991년 수준을

회복했고, 소련이 과시했던 대외적 영향력도 차츰 복원해가는 모습이다. 장거리 핵폭격기의 비행을 재개해 태평양 상공에서 미군기에 윙크를 보내고, 영국의 KGB 살인사건 수사협조 요구에는 내정간섭이란 명분으로 거부하는 한편, 천연자원의 보고로 알려진 북극에는 러시아 깃발을 꽂아 주권을 내세우고 있다.

중동과 동남아, 남미에 다시 무기를 판매하기 시작했으며, 폴란드와 리투아니아에 둘러싸인 칼리닌그라드에 미사일을 배치함으로써 나토 NATO와 첨예하게 대치하고 있다. 지중해에도 다시 군대를 파견할 계획을 세웠고, 왕년의 맞수 미국과는 MD 문제로 연신 으르렁거린다. 이처럼 냉전시대의 적대국이었던 서방국가들과 맞짱을 뜨는 모습이 연출되면서 푸틴의 인기는 사그라질 줄 모른다. '강한 러시아'는 이미 돌아왔다.

이라크 전쟁이 발발한 2003년, 바로 그해에 주목할 만한 발언이 모스크바의 크렘린에서 있었다. 당시 러시아 대통령이었던 푸틴은 2003년 5월 연차교서에서 러시아의 통화인 루블 화를 국제적으로 통용 가능한 화폐로 만들 것임을 선언했다. 당시 아무도 주목하지 않았지만, 지금 다시 읽어보면 의미심장한 그날의 발언을 일부 옮겨본다

주요한 과제는 루블을 국내뿐 아니라 해외에서도 완전히 교환가능한 통화로 만드는 것이다. 러시아에는 한때 가장 강하고 존경받는 통화가 존재했던 때가 있다. '황금루블'이야말로 대국의 존엄 그 자체다. 러시아는 국제 금융 시스템과 결합한 강한 루블이 필요하다. 이것은 러시아가 세계 경제의 명예로운 일원이 되는 것을 의미한다. 미국 일극체제를 진정으로 다극화하기 위해서는 달러가 유일의 준비·결제통화인 현 체제를 다극화하는 것이 불가피하다. 그러기 위

해서 루블을 국제통화로 복권하는 것이 필요하다. 앞으로 러시아 인들은 세계를 여행할 때, 여권과 루블만 있으면 충분할 것이다.

실제로 불과 5년 사이, 러시아의 외환보유고는 급증하여 중국, 일본을 이어 세계 3위로 껑충 뛰었다. 석유와 천연가스 등 막대한 자원의 결제대금을 루블로 받기 시작한다면 유로, 엔, 위안 등과 더불어 포스트 달러 시대에 경합하는 경쟁 화폐로서 당당히 국제무대에 등장하게 될 것이다. 실제로 러시아대제국의 수도였던 상트페테르부르크에는 러시아 최초의 석유거래소가 신설될 예정이고, 이곳에서의 석유거래는 모두 루블로 이루어질 것이다. 유럽국가들의 러시아 에너지에 대한 의존도가 50퍼센트에 달하는 현실과 러시아의 원유보유량이 1억 톤에 육박한다는 사실을 고려한다면, 신생 석유거래소 설치와 루블 화 결제방침은 달러와 유로를 동시에 견제하는 일타이피의 효과를 거둘 것임에 분명하다.

러시아에서는 이를 가리켜 '뷔테 프로젝트'라고 부른다. 1892년부터 1903년까지 11년간 재상을 맡으며 루블의 금본위체제를 실현하고, 전 세계에 통용 가능한 황금루블을 탄생시킨 세르게이 뷔테의 이름을 딴 것이다. 레닌은 지고 뷔테가 뜨는 것에는 21세기의 짜르, 푸틴의 의도가 결정적이었다. 사회주의 소련을 대신하여 강한 러시아제국에 대한 향수가 지배적인 러시아의 오늘을 실감케 하는 대목이기도 하다. 중요한 것은 뷔테가 활약하던 시기가 바로 대영제국이 저물고 독일, 일본, 미국, 러시아 등이 경합하던 제국주의 시대였다는 것이다.

뷔테는 동아시아와도 무관치 않은 인물이다. 한반도와 만주를 식민화하기 위해 러시아와 일본이 다투었던 러일전쟁의 당사자였기 때문이다. 100년을 돌고 돌아 귀환한 뷔테 프로젝트 또한 동아시아와 밀접하다. 시베리아에서 동해로 연결되는 파이프라인이 완성된다면 러시아는 유라시아의 동과 서를 아우르는 석유수출기지를 구축하게 된다. 시베리아횡단철도 건설로 당대 최강의 러시아 육군이 동아시아로 진출했던 것과 견줄만한 일이다. 생각해보라. '에너지 먹는 하마'인 중국과 남북 경협이 활발히 전개될 한반도와 세계 2위의 경제대국인 일본이 원유 결제대금을 루블로 지불한다면, 러시아의 입김은 드세질 수밖에 없다. 그 반면에 힘겹게 세계 경제를 지탱하고 있는 달러의 패권은 결정적으로 붕괴될 것이다. 1990년대 초 소련의 붕괴로 루블이 휴지조각에 지나지 않았던 시절을 떠올려본다면 격세지감이 아닐 수 없다. 강한 러시아의 부활은 황금루블의 귀환과 함께 오고 있다.

한때 소련권이었던 카자흐스탄, 벨로루시, 우즈베키스탄 등 중앙아시아 국가들과 러시아가 관세동맹을 맺고 있음도 주시해야 할 대목이다. '소비에트연합'을 대신하여 '루블권역'을 형성해가고 있기 때문이다. 특히 서브프라임 모기지론 사태 이후 미국 금융 시스템의 총체적 부실이 만천하에 폭로되면서 중앙아시아의 자원부국들이 루블권역을 통한 연대에 호의적 반응을 보이고 있다. 구소련 지역을 아울러 달러와 유로에 대항하는 루블권 화폐동맹이 구축되는 모습은 전 지구적 '쩐의 전쟁'을 실감케 한다. 20세기 사회주의 모국이었던 러시아는 이념과 체제를 대신하여 이제는 돈의 힘으로 대역전승을 벼르고 있는 듯하다.

상하이협력기구라는 변수

풍부한 자원과 막강한 군사력을 보유한 러시아의 부활. 외환보유고에 이어 무역 규모에서도 세계 최대의 지위에 올라선 중국. 유라시아의 절반을 차지하는 이 두 거인이 손을 맞잡으면 세계 질서는 어떻게 재편될까? 이는 지난 세기 미국이 가장 우려하던 구도이기도 하다. 닉슨과 키신저가 베이징을 방문해 소련-중국 간의 분리전략을 성공시킨 것이 냉전 승리의 일등공신이었음은 누구도 부인할 수 없는 사실이다. 그런데 그로부터 30여 년, 갈등하고 반목하던 유라시아의 두 대국이 손을 맞잡았다. 그리고 부여잡은 그 손에 갈수록 힘이 실리고 있다. 이제는 굳게 움켜진 두 손으로 주먹을 쥐어 보이는 모습이다. 그 안에 상하이협력기구SCO가 있다. 닉슨과 키신저가 기필코 저지하고자 한 중·러 주도의 유라시아 연대가 본격화된 것이다.

상하이협력기구에 참여하고 있는 6개국의 영토는 장장 3000제곱 킬로미터로 유라시아 대륙의 60퍼센트를 차지한다. 그리고 옵서버 자격으로 참가한 국가들의 인구를 합치면 전 세계 인구의 절반을 넘어설 정도다. 가장 어린 신생 국제기구임에도 불구하고, 그 규모는 타의추종을 불허할 만큼 광활하고 광대하다.

상하이협력기구가 2001년에 창설되었다는 것은 여러모로 의미심장하다. 바로 그해 9.11 사태가 일어났고 이를 계기로 미국이 '테러와의 전쟁'을 선포하면서, 기약 없는 전 지구적 전시상황에 돌입했기 때문이다. 후진타오 주석이 유난히 강조하는 이른바 '상하이 정신', 즉 상호신뢰-상호이익-상호존중은 명백하게 미국의 단독 행동주의와 군사 패권주의를 겨냥한 뼈 있는 비판이다. 2006년 상하이협력기구 합동군사훈련 폐막식에 참가한 푸틴 대통령도 이에 화답하여 미국 주도의 단일 패권질서를 비판하고, 유엔 중심의 다극적 국제질서 재건을 적극 옹호했다. '국가 간 주권의 평등과 각국의 역사와 문화전통, 각국 국민이 선택한 발전과정의 모든 권리를 존중해 나갈 것' '정치·사회체제와 가치관의 차이가 타국의 내정에 간섭하는 구실이 되어서는 안 되며, 사회발전의 모델도 '수출'될 수 없다'는 언명은 상하이협력기구 정상회담 때마다 울려퍼지는 단골 애창곡이다.

상하이협력기구 역시 애초에는 테러리즘과 분리주의, 극단주의에 대한 공동 대처를 통해 지역의 안정을 도모하고 평화를 유지한다는 명목으로 탄생했다. 그럼에도 실용적인 경제협력이 주요 의제가 되었다. 그러다 미국의 대중 봉쇄정책이 강화되고 러시아와의 갈등이 심화됨에 따라 그 성격이 차츰 변해왔다. 특히 아프가니스탄에 미군이 잔류하고 군사기지를 확대하자 상하이협력기구는 미국의 위협에 대항하는 군사동맹으로서 진화해왔다. 대외적으로는 특정 국가를 겨냥한 것이 아님을 선언했지만 유라시아 대륙 전역에서 목을 조여 오는 미군에 대한 공동 대응전략임은 틀림이 없다. 말의 성찬으로 끝났던 초기와는 달리 지금은 안보와 자원시장을 확보하려는 중국, 옛 소련의 영화를 되찾으려는 러시아, 서구식 민주주의와 자본시장으로부터의 체제 유지가 절실한 중앙아시아 회원국 간의 이해관계가 절묘하게 맞아 떨어지면서 강력한 구심력을 확보했다. 이미 회원국 간의 자유무역지대FTA 결성에도 원칙적으로 합의한 상태다.

상하이협력기구가 명실상부한 유라시아 국제기구로서 정상궤도에 진입했음은, 일본과 미국까지 옵서버 자격을 신청했다는 데에서 단적으로 드러난다. 이 기구가 중국과 러시아 주도로 흘러가는 것을 좌시만 하지는 않겠다는 의사표시다. 출범 당시의 상하이협력기구에 대한 냉소적 평가와는 판이하게 달라진 태도다. '개입과 확산' 전략의 새로운 버전이라 하겠다. 허나 냉소는 이제 상하이협력기구 회원국들의 몫이 되었다. 미국과 일본이 참여하는 상하이협력기구는 유라시아 지역 협력기구로서의 성격에 맞지 않는다며 명확하게 거부의사를 표명한 것이다. 베이징과 모스크바의 미국 대사관에서 훈련 참관을 요청했지만 그것마저 싸늘하게 외면당했다.

상하이협력기구는 현재 섣부른 외연 확대보다는 내부 결속을 공고화하고 내실을 다지는 데 더욱 치중하는 모습이다. 중국의 인민해방군이 최초로 러시아 영토에 들어가 군사훈련을 벌인 데 이어 중국의 무장경찰까지 러시아로 가서 러시아 보안경찰들과 대테러 공동훈련을 준비 중이다. 국내 치안을 담당하는 경찰들 간의 국제연대는 좀처럼 보기 힘들다. 정상회담 기간에 합동 군사훈련이 열리고, 회원국 정상들이 이를 참관하는 것도 의례적인 모습은 아니다. 이 모두가 상하이협력기구가 맺고 있는 연대의 수준을 짐작케 한다. 상하이협력기구가 '동방의 나토'가 아니냐는 의구심이 거듭 제기되는 것도 그래서다. 실제로 상하이협력기구 회원국에 속한 병력은 약 343만 명으로, 미국 주도의 나토와 비등비등하다.

현재 옵서버 자격으로 참여하는 아프가니스탄, 파키스탄, 인도, 이란, 몽골 가운데 정회원 승격이 가장 유력시되는 국가는 이란이다. 이란은 적극적이고, 러시아도 이에 맞장구를 치고 있다. 장차 이란이 정식 회원국이 된다면 상하이협력기구는 중국-러시아-이란으로 이어지는 명실상부한 범유라시아 동맹으로 진화한다. 영국, 미국, 일본으로 이어지던 해양제국의 시대에 주춤거리던 유라시아 대륙의 전통적인 제국들이 서서히 어깨를 맞대고 기지개를 켜는 모습이다.

그렇다면 러시아와 중국의 장밋빛 밀월관계는 얼마나 지속될까? 양국의 관계는 현재 황금기라 해도 지나치지 않다. 중러 군사 합동훈련은 1958년이 마지막이었다. 거의 반세기 만에 부활한 것이다. 러시아의 고위 군사관계자가 '러시아의 방위산업체는 중국을 위해 존재한다'고 말했을 정도로 첨단무기 거래량도 폭증하고 있다. 항공모함 건조와 스텔스기 개발 등 중국이 야심차게 벌이는 국방사업의 상당수는 러시아의 협조를 받아 이뤄지고 있다. 2012년부터는 양국이 달 탐사 공동연구를 계획하는 등 우주개발 분야에서도 미국의 독주를 겨냥해 긴밀하게 협력 중이다.

러시아의 풍부한 석유와 천연가스 등을 매개로 한 에너지 동맹도 한층 강화되고 있다. 가령 '강한 러시아' 정책의 하나로 푸틴은 소련 붕괴 이후 다국적기업의 소유가 된 석유회사의 재국유화를 추진해왔는데 이를 대표하는 기업이 유코스다. 흥미로운 것은 이 회사의 지분 중 20퍼센트를 중국이 소유하고 있다는 점이다. 양국의 긴밀한 에너지동맹의 수위를 엿볼 수 있는 대목이다. 경제분야도 눈부시다. 시베리아 송유관을 중국으로 연결하는 공사가 한창이고, 중국 길림성과 흑룡강성 국경지대에는 두 나라 공동의 경제특구 설립이 진행 중이다. 민간교류 역시 연 20퍼센트 이상의 규모로 가파르게 증가하고 있다. 중국은 2006년을 '러시아의 해'로 지정해 1년 내내 러시아 관련 문화행사를 열었고, 2007년에는 러시아에서 '중국의 해' 행사가 대대적으로 열렸다. 영원한 적도 영원한 아군도 없다는 냉혹한 국제질서의 표본을 보여주듯이, 냉전시대 줄곧 앙앙거리던 중국과 러시아는 탈냉전기에 오히려 가까워졌다. 미국 주도의 일극체제에 대한 반감이 어제의 적을 동지로 만든 것이다.

상하이협력기구가 반 나토를 기치로 내건 정치군사블록으로 전환하는 데 완전한 합의가 이루어진 것은 아니지만, 중앙아시아에서 미국이 영향력을 확대하는 것에 반대한다는 점에서 중국과 러시아는 명확하게 이해관계를 같이하고 있다. 특히 최근 몇 해 동안 중앙아시아 집권정부들을 위태롭게 한 '색깔혁명'을 미국이 지원한 것과 미국식 시장경제에 대한 역내 국가들의 부담감도 상하이협력기구에 힘을 실어주고 있다. 미국의 나토 확대계획, 즉 나토를 지역안보기구에서 글로벌안보기구로 전환하려는 시도와 동유럽에서의 MD 확대계획에 대한 반감도 중국과 러시아가 널리 공유하는 바다.

흥미로운 것은 러시아와 중국의 연계고리에 베네수엘라의 차베스가 있다는 점이다. 반미, 반제국주의라는 기치로 남미의 통합을 도모하고 있는 그는 그 바쁜 와중에도 매년 러시아와 중국, 이란을 방문하고 있다. 2008년 6월 러시아를 방문한 차베스는 세계 민중들이 러시아의 부활을 원하고 있다며, 러시아 역시 이에 호응해 레닌의 반제국주의 노선을 되살려야 한다고 역설했다. 그는 이번 러시아 방문에서 엄청난 규모의 무기계약서에 서명했는데, 베네수엘라는 이미 러시아의 무기 수출국 중에서 두 번째로 큰 나라가 되었다. 모스크바를 떠난 차베스의 다음 목적지는 이란 테헤란이었다. 이란과 베네수엘라를 중심으로 반제국주의 연대가 필요함을 열변한 그는, 이란산 자동차와 농기구를 대량으로 구입했다. 중동을 찍은 후, 다음 행선지는 중국이었다. 그가 대통령에 취임한 지 7년 만에 벌써 네 번째 베이징을 찾은 것이다. 양국을 이어주는 것은 석유다. 중국은 수입경로 다변화 차원에서, 베네수엘라는 수출국 다양화 전략에서 이해관계가 맞물린다. 양국 정상은 기자들을 앞에 두고 제3세계 국가들의 단합과 연대가 '도덕적'임을 강조했다. 중국, 러시아, 이란으로 이어지는 범유라시아 동맹을 위하여 남미통합의 리더 차베스가 앞장서서 서말의 구슬을 꿰는 모습이다.

러시아와 중국. 유라시아의 두 거인이 손을 잡고 상하이협력기구를 출범시켰고, 중동의 맹주 이란이 이에 가세할 태세다. 여기에 남미의 지역공동체가 엮이는 새로운 실험이 진행 중에 있다. 이전에는 가보지 못했던 미답의 역사가 꿈틀대고 있는 것이다. 1955년 반둥회의를 연상시키는 대륙 간 연대의 실험이 의미 있는 성과를 낳을 수 있을까. 상하이협력기구의 향방은 견고한 미일동맹체제와 함께 향후 동아시아의 지역질서를 규정하는 핵심 변수가 될 것이다.

동아시아로 가는 길

쓰레기는 국경이 없다

어느 일요일 아침 TV에서 눈을 뗄 수가 없었다. 한국의 서해와 남해 섬들 해변에 쓰레기가 허옇게 깔려 있는 것이 아닌가? 그 대부분은 중국에서 황해를 건너온 것들이었다. 그런데 한국과 마주한 일본의 섬들을 비추자 역시 바다 쓰레기로 몸살을 앓는다. 짐작대로 해협을 건너온 한국 것들이었다. 그럼 일본의 쓰레기는 어디로 갈까? 태평양 한복판 미국령 미드에이Midway 섬으로 몰려간다. 우리 눈앞에서 사라진 쓰레기의 기착지 또는 종착지를 생생하게 보여준 이 특집은 새삼 생태시계의 절박성을 강력히 환기해주었다.

'불편한 진실' 속에 드러난 이 난감한 문제는 도대체 어떻게 풀어야 할까? 전 인류적 가치의 영역에 속하는 환경문제나 생태문제는 가해와 피해의 구분을 넘을 수밖에 없음을 절감할 때, 이 프로그램은 스스로 답을 제시한다. 쓰시마 해변으로 몰려든 한국 쓰레기들을 치우는 섬 주민들을 돕는 부산외대 학생들의 모습은 한줄기 빛이었다. 의도하지 않은 가해지만 고통 받는 이웃마을 사람들에 대한 미안함에서 시작되어 국경을 넘는 협력활동이 이루어졌다는 점에서 이 사례는 시민적 생활의 요구에서 이루어진 보다 간편한 동아시아적 실천의 출발로서 주목할 만하다.

알다시피 쓰시마는 일본의 나가사키 현에 속하지만 부산과 더 가깝다. 쓰시마와 부산 사이에 국경선이 가로질러서 그렇지, 두 지방은 하나의 생활권이라고 해도 무방하다. 그런데 바다 쓰레기가 국경이라는 작위 이전의 상태를 복원시켜주는 듯하다. 언젠가부터 나라와 나라로 갈렸지만 바다 쓰레기를 함께 치우느라 이웃처럼 협력하는 이 사례는 '국제'를 뛰어넘는 '민제' 교류의 한 표본이다. 이같은 민제적 협력의 크고 작은 사례들이 축적되면서 우리가 함께 꿈꾸는 '동아시아'는 부드러운 육체성을 획득할 터인데, '국경 없는 침입자, 바다 쓰레기'의 표류가 부리는 마술이 흥미롭다. 진실로 동아시아로 가는 길은 단수가 아니라 복수다.

우리는 길이 복수로 존재한다는 사실을 존중해야 한다. 그렇다고 길들 또는 사례들이 늘어나면 동아시아가 마법처럼 출현하리라고 믿는 순진함에 빠지는 것도 아니다. 중국인들이 한국에서, 한국인들이 일본에서, 일본인들이 미국에서 바다 쓰레기를 치운다고 해서 이 문제가 제대로 해결될 것이 아니기 때문이다. 그렇다고 근본주의만 내세워 이런 구체적 협력행위들을 냉소하는 것도 능사가 아니다. 하지만 쓰레기를 치우는 공동작업을 통해서 자연스럽게 형성되는 우애란 그 뒤 출현할 수도 있을 더 큰 협동의 바탕이란 점에서 얼마나 소중한 자산인가? 그럼에도 우리는 결국 이 문제의 구체성을 꿰뚫는 최후의 질문에 도달해야 한다. 우리가 현재 직면하고 있는 쓰레기 대란은 자본주의, 그것도 인간과 자연의 선순환이 결정적으로 교란된 19세기 후반 이후, 미국식 자본주의의 문제이기 때문이다.

교환가치를 우선으로 하는 자본주의적 상품생산에 애초부터 내장되어 있던 씨앗이 '소비적 근대성'에 기초한 미국식 자본주의 모델이라는 최적의 조건과 만나 만개하면서 쓰레기문제가 생긴 것이다. 특히 호황 속에서 과잉소비가 전략적으로 예찬되었던 2차 세계대전 이후, 쓰레기는 폭발적으로 증가하는데 그 재앙은 사회적 약자에 집중되었다. 이 '생태 아파르트헤이트'는 후기 자본주의의 진군이 가팔라지면서 전 지구적으로 확대된다. '지역적으로 소비하고 지구적으로 버린다'라는 패러디가 가리키고 있듯이 더욱더 무서운 괴물로 변화한 쓰레기들은 북반구 시민들 눈앞에서 사라져 지구의 주변주 남반구로 속속 실려갔던 것이다.

중국-한국-일본-태평양으로 이어지는 동아시아 바다 쓰레기의 행로는 오늘날 전 인류가 직면한 생태적 위기를 환기하는 한편, 이 지역이 북(중심부)이면서도 남(주변부)이라는 복합성을 지닌 장소라는 특성에 다시금 유의하게 한다. 깊은 경제적 상호의존성에 기초한 환경위기가 세 나라에 가해와 피해가 뒤섞인 양면성으로 나타난다는 점에서도 환경·생태문제 해결에 있어서 동아시아 차원의 협력이 강력하게 요구된다.

이 과정에서 새로운 경제모델 구성에 대한 공동의 대화가 조직될 가능성도 비교적 높다. 동북아를 풍미하는 개발붐을 이대로 방치한다면 그것은 인류의 재앙으로 전화할 것이기 때문이다. 산업화로 질주하는 중국, 산업화와 후기산업화 사이에 위치는 한국 그리고 후기산업화의 징후가 뚜렷한 일본, 이 세 나라를 축으로 한 동아시아는 산업화의 단계들이 비동시적 동시성을 시현하는 독특한 지역이다. 또 세 나라 모두 양극화의 덫에 걸려 있다.

선부론先富論을 비판하면서 떠오른 중국의 조화사회, 격차사회의 치유책으로 제기된 일본 민주당의 우애론友愛論, 그리고 지역협력 속에서 한반도 분단체제를 극복함으로써 자본주의와 사회주의를 횡단하는 제3의 선택을 실험하는 한국의 동아시아론 등은 그 소중한 싹들이다. 지속가능한 발전모형을 토론하는 과정에서 도중에 실패한 북한이나 저산업화 단계의 몽골 등 이 지역의 주변국가들에 대한 검토도, 단지 낙후의 징표가 아니라 '생태적 파국'으로 달려가는 기존 모델을 근본적으로 수정하는 데 있어서 중요한 참조처로 재인식될 것이다. 바로 이 때문에 동아시아는 현재 세계에서 가장 역동적인 시장으로 각별한 조명을 받을 뿐 아니라 미국과 유럽을 대체할 대안적 가능성으로 더욱 주목될 터다.

네 이웃을 사랑하라

역내 국가들이 친미(일본, 한국, 대만 등)든 반미(중국, 북한, 베트남 등)든 오래된 미국 중심적 사고를 지양하고 동아시아에 주목하게 된 것은, 냉전시기의 분열된 지역에서 벗어나 통합된 지역을 스스로 만들어 평화와 번영을 이룩하겠다는 의지에서 나온 것으로 긍정적이다. 그러나 각 정부로서는 지역이익과 국가이익이 충돌할 경우 국가이익의 관점을 선택할 가능성이 높다. 이러한 우려는 아세안+3 체제를 자신의 지배력 행사에 유리하다고 보는 중국과 아세안+6 체제, 즉 호주와 뉴질랜드, 인도까지 끌어들인 동아시아 정상회의 체제에서 자신의 영향력을 발휘할 가능성이 크다고 보는 일본의 갈등에서 잘 드러난다.

때문에 민간사회에서의 연대운동이 한결 중요해진다. 동아시아 시민사회의 소통과 결집이 국가 중심의 지역전략을 규율하고 견제할 수 있는 가능성에 기대를 걸게 된다. 이미 다양한 영역에서 '비판적 지역주의'에 대한 활발한 논의를 통해 국가중심적 사고를 극복하고, 지역으로 인식의 지평을 넓히는 데 기여하는 연대활동이 활발하게 진행 중에 있다. 시민연대운동의 축적된 경험으로 가능한 범위에서 점진적이고 실질적인 통합을 이뤄가는 방식은 '동아시아인'으로서의 정체성을 확보해가는 데도 관건적이다. 동아시아 각 국가의 시민사회의 성숙도에 차이가 있다는 회의적 시선도 존재하지만 그럴수록 연대의 경험을 계승하고 공유하는 일은 더욱 소중해진다.

민간연대의 통로는 다양하다. 가령 어느 한 나라의 지방이 외국의 다른 지방과 교류하고 협력하는 방식을 택할 수도 있다. 이것을 Nation to Nation Asia에 대응하는 Local to Local Asia라고 한다. 수 년 전 독일 베를린에서 열린 한 심포지엄의 주제도 바로 Europe of Locals였다. '나라와 나라가 모여서 유럽이 되는Europe of Nations 것이 아니라 지방과 지방이 만나서 유럽이 된다'는 뜻이다. 태초에 지방이 있었다. 지방으로부터 재출발하여 국가와 지역을 재구성하는 운동이 본격화되고 있는 것이다. 지방 대 지방의 관계는 국가 간의 복잡한 관계를 떠나 유연하고 경쾌하게 움직일 수 있다. 교류하고 협력하는 데 수월하고 용이한 것이다. 그래서 한일 간, 한중 간, 한러 간, 러일 간, 중러 간, 중일 간 지방끼리의 연대를 모색하는 사례가 늘어가고 있다.

이러한 추세를 좀더 촉진하고 확대하여 제도화하려는 움직임이 있었다. 자그만치 10년도 전인 1996년 40여 광역지방자치단체가 연합하여 탄생한 '동북아지방자치단체연합North East Asia Regional Authority Association, NEAR 연합'이 그것이다. 경상북도가 이니셔티브를 쥐고 뛰었고 그 상설사무국은 포항에 유치되었다. 한일 간에 상설사무국 유치

경쟁이 치열했으나 중국과 러시아의 많은 지방자치단체와 북한의 2개 도가 경상북도에 표를 던져 포항이 동북아의 브뤼셀이 될 수 있었던 것이다. 지금은 동아시아에 산재하는 80여 지방자치단체가 가입한 조직으로 성장해 있다. 지방local이 모여 지역region이 되는 또 하나의 경로가 마련된 것이다. 가까운 이웃을 외면한 인류애는 있을 수 없다. 톨스토이의 인류애는 산책길에서 구걸을 청하는 한 거지에게 "내가 줄 수 있는 것은 이 빈 손뿐이오" 하고 손을 내밀어 거지의 손을 잡는 형태로 나타났다. 내 이웃, 내 옆의 사람을 무시한 보편적 사랑은 있을 수 없다. 그러므로 예수는 목마른 사람에게 물 한 그릇을 주고 배고픈 사람에게 밥 한 그릇을 주는 것이 하나님께 드리는 것이라고 말했던 것이다. '네 이웃을 사랑하라'는 말의 전제, 그리고 그 귀결은 '가까운 것이 아름답다'일 것이다.

사람만이 아니다. 나라와 나라 사이의 관계도 비슷하다. 과거의 국가 경쟁력은 국가 '내부'에 축적되었지만 오늘날의 국가경쟁력은 다른 나라와의 '관계' 속에서 형성된다. 이웃나라와의 좋은 관계가 곧 국가경쟁력의 원천인 것이다. 유럽국가들은 이웃나라와의 좋은 관계 위에서 오늘날의 EU를 만들 수 있었고 EU는 유럽 경쟁력의 원천이다. 동남아 국가들도 이웃나라와의 좋은 관계를 기반으로 오늘날의 아세안을 만들 수 있었고 아세안은 동남아국가들의 경쟁력의 원천이다. 독일과 일본의 국제무대에서의 영향력의 차이는 독일의 이웃국가들과의 관계와 일본의 이웃국가들과의 관계의 차이에서 생긴다.

한국사회가 민주화운동을 전개하면서 얻은 소중한 교훈은 우리가 과거와 현재에 겪었거나 겪고 있는 고통이 단순히 한 나라 내부의 대정부 싸움을 통해 해결되는 것이 아니라는 점이다. 위안부문제나 기지촌

문제 등 페미니즘 운동 과정에서 드러난 것은 한국 여성이 싸워야 할 대상이 한국정부뿐 아니라 일본 정부와 미국 정부이기도 하며 동시에 이들에 의한 피해자가 단순히 한국 여성만도 아니라는 점이다. 이는 과거청산이나 환경문제, 이주노동자 문제에 있어서도 마찬가지다. 각국 내부의 민주화운동이 완성단계로 넘어가기 위해서는 필연적으로 동아시아라는 영역으로 눈을 돌리지 않을 수 없다. 국경을 넘나드는 사고지평의 확장이 절실히 요청된다.

더불어 동아시아 민간연대운동의 범위가 동북아 3국으로만 한정될 수는 없다. 이는 동아시아 내부에서 또 다른 지역패권주의를 형성하며 상대적으로 약자인 동남아를 배제한다는 비판을 사기에 충분하다. 실제로 동남아 사회는 생각처럼 그리 멀리 있지 않다. 한국사회에 동남아시아 노동자가 이주하기 시작한 지도 15년이 넘었으며, 이미 100만 외국인들이 한국인들과 함께 한반도에서 살아가고 있다. 결혼하는 열 쌍 중 한 쌍이 국제결혼일 만큼 한국은 이미 다문화·다국적 사회가 되어가고 있다. 따라서 이주노동자 운동은 좀더 성숙한 시민사회로 발전하게 한다는 점에서, 한국사회를 국적과 인종과 문화의 차이를 넘어 다문화사회로 나아가게 한다는 점에서 그 누구보다 우리 자신에게 중요한 의미를 지닌다.

특히 국제결혼이 대세를 이루고 있는 농촌을 주목해 봄직하다. 인적 구성원의 비율을 볼 때 가장 '세계화'된 곳은 서울이 아니라 지방이며 그중에서도 농촌이다. 농촌은 한국어와 함께 몽골어, 베트남어, 중국어 등 다양한 언어가 혼재되어 있으며 다국적·다문화 가정이 보편화되어 있다. 유치원과 초등학교의 구성원에서 혼혈학생이 이미 절반에 육박한 곳이 적지 않다고 한다. 이곳에서 '한국어'는 더 이상 한국인들만의 언어가 아니다. 실제로 한국어로 문학작품을 창작하는 외국계 작가들도 속속 등장하고 있다.

이처럼 가정과 마을, 학교라는 일상적 영역에서 조용하게 진행되고 있는 생활세계의 근본적 변화는 그간 익숙해진 '일국 민주주의' '일국 사회주의' 자체를 뒤흔들 창조적 가능성의 요람이다. 우리는 지역 내에서 국제적 연대가 실현된다는 점에서 '지구적으로 사고하고, 지역적으로 실천하라'는 구호의 최전선에 있다. 이들이 태어나고 자라서 마을의 통장이 되고, 군수가 되고, 시·도지사는 물론이요, 국회와 청와대에 입성하게 될 날이 올지도 모른다. 동아시아 공동체는 저 멀리 있는 것이 아니라 내가 살고 있는 삶의 현장에서부터 싹을 틔우고 있다.

이처럼 정부 차원에서의 국제적인 협력과 시민사회 차원의 초국가적 연대라는 두 개의 층을 연결하는 이중적 작업이 중요하다. 이같은 '국제國際'와 '민제民際'의 공진화共進化 속에서 동아시아 연대의 두께는 한층 두터워질 수 있다.

동아시아의 르네상스를 위하여

근대유럽을 만든 것은 종교개혁과 르네상스였다. 르네상스는 말 그대로 '재생'으로, 고전학문과 그 가치에 대한 관심에서 촉발된 정신혁명이 미답의 근대세계를 열어젖혔다. 그로부터 발원한 서구문명이 그 역사적 시효를 다한 지금, 인류는 다시 한 번 범세계적 정신혁명을 갈급히 요청하고 있다. 동아시아에서도 이 문명사적 요구에 호응하여 새로운 르네상스의 만개를 도모하는 집합적 지성의 결집이 진행중이다.

2008년 11월 동아시아 각 국가의 대표적인 출판인들이 서울에 모였다. 지난 모임에 이어 일곱 번째로 그간 얼굴을 익히고 친분을 쌓은 참석자들의 분위기는 화기애애했다. 하지만 그들이 안고 있는 고민은 결코 가볍지 않았다. 이곳은 활자문화로부터 이탈해가는 젊은 독자와의 소통을 비롯하여 출판의 위기와 만연한 반지성주의를 타개하기 위한 '동아시아 연합전선'의 최전방이었던 것이다.

2008년은 일본의 '이와나미신서岩波新書'가 70주년을 맞이하는 뜻깊은 해였다. 이와나미는 지금껏 서로 다른 네 가지 색깔의 시리즈를 선보였는데 적색판에는 전쟁에 대한 저항이, 청색판에는 일본의 재생이, 황색판에는 전후에 대한 성찰이, 신적색판에는 21세기의 지향이 담겨 있다고 한다. 이 시리즈들은 사회적 요청에 응답하여 계몽적 역할을 선도해왔다. 이웃나라의 참석자들도 이 간행물에 얽힌 일화를 소개했는데, 이미 이 시리즈는 동아시아 지식인의 '공공재'인 듯 했다. 국내에 번역된 책도 적지 않다. 그에 보답이라도 하듯 이와나미신서는 일본과 중국문화의 밀접한 관련성을 일깨우기 위해 노력해왔고, 한국의 민주화에도 깊은 관심과 지지를 보여주었다.

중국의 **싼롄三聯**−하버드옌칭 학술총서는 그 높은 학문적 성취로 참가자들의 부러움을 샀다. 학술출판 시장이 갈수록 위축되어가는 다른 지역의 사정과는 달리 이 시리즈는 초판 7000부를 소화해낼 만큼 시장에서도 좋은 반응을 얻고 있다고 한다. 특히 30~40대 소장학자들의 약진이 눈에 띈다. 개혁개방 이후 사상계몽과 문화발전을 경험한 세대들이 등장하면서 중국 학술계에 활력을 불어넣고 있는 것이다. 격동의 시대를 통과해온 이들의 성찰적 지성이 이웃나라에도 신선한 자극이 되어줄 것이다. 중국 발 현대사상이 동아시아의 공진화로 이어지기를 기대해본다.

대만의 신생잡지 《쓰샹思想》이 제출한 '중국인 사상권역'은 사뭇 논쟁적인 주제였다. 대륙, 대만, 홍콩의 양안삼지는 물론 동남아와 북미, 유럽 등 전 지구적으로 흩어진 화인 지식인들의 지성을 결집시키겠다는 발상에 중국어를 통한 또다른 경계 설정이 아니냐는 지적이 뒤따른 것이다. 중국어로 세계의 화인들과 소통하겠다는 구상은 대만의 독특한 위치에서 발신하는 지구·지역화의 전략일 수 있다. 또 극한 대립의 통독논쟁으로부터 벗어나는 새로운 활로의 모색이기도 하다. 그럼에도 당장 의구심이 제기되는 까닭은 '중화中華'의 역사성에 대한 기억이 주변에서 거듭 환기되기 때문일 것이다.

그렇다면 중국인 사상권역의 출로는 어디에 있을까. 한국의《창작과비평》이 시도하는 실험에서 해결의 단초를 발견할 수도 있을 것 같다. 《창작과비평》은 창간 40주년을 맞이한 2006년 6월 동아시아의 비판적 지식인 네트워크를 강화하기 위해 '동아시아의 연대와 잡지의 역할: 비판적 잡지 편집인 회의'를 서울에서 개최했다. 주제는 '동아시아에서의 진보의 재구성'이었다. 그 문제의식을 이어받아 2008년 5월 24~25일에 걸쳐《대만사회연구臺灣社會研究》창간 20주년 기념 국제회의가 타이베이에서 열렸으며, 2009년에는《임팩션Impaction》창간 30주년을 기념해 일본에서 모였다. 편집인 연대회의에 참여하고 있는 잡지로는 한국의《창작과비평》《역사비평》《황해문화》《시민과세계》, 일본의《겐다이시소오現代思想》《임팩션》, 오키나와의《케시풍ヶ一シ風》, 중국의《뚜슈讀書》《난펑창南風窓》, 대만의《쓰샹》《대만사회연구》《인터아시아 문화연구Inter-Asia 文化研究》등이 있다. 이들은 각자의 사회가 처한 현실을 상호참조하며 동아시아라는 공동의 인식틀을 만들어가는 데 의견을 모으고, 동아시아 차원에서의 진보의 재구성을 위해 긴밀히 협력하고 있다.

더불어 이들이 번역과 통역이라는 수고스러운 작업을 감내해가면서 동아시아의 언어로 대화하려는 지향 속에는 학술영역에서 패권적 지위를 점하고 있는 영어의 위상에 대한 일정한 비판성도 내재되어 있음을 확인해둘 필요가 있다. 따라서 '중국어 사상권역'이 또 하나의 폐쇄회로에 갇히지 않기 위해서도 이웃나라의 지식인들은 이 공간에 적극 참여하여 견인의 역할을 도모해야 한다.《쓰샹》또한 동아시아로 열린 잡지임을 거듭 천명한 것은 반가운 일이다.

비판적 잡지들 간의 연대와 더불어 주목할 만한 것은 '20세기 동아시아 현대고전 100권' 선정모임이다. 동아시아의 대표적인 출판사들이 머리를 맞대어 각 사회에 지대한 영향을 미쳤던 비판적·저항적 지성들의 대표 저작들을 번역하여 이웃나라와 공유하도록 하는 방대한 작업이 진행 중에 있다. 현대고전 100권의 선정작업은 이미 완료되어 해제와 번역작업에 들어갔으며, 앞으로는 '동아시아 근대 사회과학 100권' '동아시아 근대문학 100권' 등으로 영역을 확대할 예정이다. '동아시아 사상권'의 구축 내지는 '동아시아 독서공동체'의 재생을 목표로 하는 이 작업에는 돌베개, 한길사, 사계절, 창비 등 1970~80년대 출판운동의 중심에 서 있던 출판사들이 대거 참여하고 있다. 특히 홍콩과 대만 같은 주변지역의 출판사들도 '동아시아 사상권'의 일원으로 동참하고 있다는 사실이 소중하다.

이같은 동아시아 단위의 출판연대운동은 지난 근현대 100년간 서구 사상의 도입과 수용에 급급한 나머지 문명공동체로서의 소속감을 잃어버리고 이웃나라의 현실과 지적 성과물에는 무심하거나 무시했던 태도를 극복하자는 취지에서 비롯됐다. 좌파든 우파든 모든 이론적·실천적 자원을 서구에서 구하는 '지적 식민지' 상황에서 벗어나자는 것이다.

지식 생산은 제국주의가 작동하는 핵심 영역 가운데 하나다. 따라서 비판적 지식인의 탈제국 작업은 반드시 지식생산 영역에서 먼저 진행되지 않을 수 없다. 사실 한국이나 대만 등에서는 민주화운동과 정권 교체에도 불구하고 정치·문화·학술적인 면에서 미국에 대한 의존이 도리어 더 심화되었다. 동아시아의 지성계가 미국에 종속되어 있음은 미국의 상업체제가 만들어낸 SSCI를 학술의 표준으로 삼는 모습에서 단적으로 드러난다. 이제는 유럽과 미국의 선진적 사상과 학술 성취를 맹목적으로 답습하는 소극적 자세에서 벗어나 동아시아의 문명적 자산을 충분히 활용하여 서구를 향해 새로운 지성을 선보이는 발신자로서의 역할도 자임해야 한다.

사회운동과 사상의 상호연쇄

이처럼 다양한 영역에서 진행되는 민간 차원에서의 동아시아 통합운동과 연대운동이 마냥 새로운 것만은 아니다. 사실 20세기 초의 '민족해방운동'이라는 것도 동아시아적 시각으로 재조명할 여지가 차고 넘친다. 독립운동의 근거지부터 이미 상하이, 도쿄, 블라디보스토크 등 동아시아적 공간에 위치해 있었고, 그곳에서의 활동은 인적 구성원이나 사상의 교류 차원에서도 이미 '민족'의 틀을 뛰어넘는 경우가 적지 않았다. 이들의 활동은 제국주의와 식민주의에 대항하여 한 나라의 독립, 해방을 지향하는 민족과 국가의 투쟁이었을 뿐 아니라 전 세계 피압박민족과 피압박국가의 투쟁을 함께 진행하는 국제적/지역적 연대운동이기도 했다.

2009년 90주년을 맞이한 3.1운동 역시 세계사적 전환기의 흐름에서 사상과 운동의 상호연쇄가 빚어낸 결과물이다. 당시는 1차 세계대전으로 19세기식 제국주의, 자본주의 질서의 근본적인 한계가 드러나고 유럽에서는 '서구의 몰락'이 운위되던 시점이었다. 이를 대신하여 민족자결주의, 사회주의, 무정부주의 등 새로운 사조 속에 세계 '개조'의 물결이 일 때, 한국사회도 스펀지가 물을 흡수하듯 세계의 변화를 적극 수용했다. 새롭게 제시되는 세계의 미래상을 읽어내고 그에 맞추어 새로운 국제 보편의 언어로 민족독립의 당위성을 만방에 외친 것이 3.1독립선언이다. 기미독립선언서는 배타적 민족주의의 언어가 아니라 '인류평등의 대의'와 '세계문화의 대조류'의 흐름에 동참한다는 국제 보편의 언어로 작성되었다. 민족해방운동도 그 자체로 세계적·보편적 전망에 근거해 있었던 것이다.

1970~80년대의 민주화운동도 예외가 아니다. 그 선언적 구호가 민주·민중·민족이었다 해도, 그러한 운동이 성장하고 성공하는 데에는 한국의 울타리를 넘어서는 국제적 지식의 유통과 사상의 연쇄과정이 있었다. 가령 '시대의 은사' 리영희의 역할이 그러하다. 그의 문화혁명과 중국현대사 연구는, 냉전의 규정력이 강하게 작용하던 시대에 제도 안에서의 중국 연구나 일간지에서 노정한 상투적인 문화혁명에 대한 인식의 한계를 깨고, 새로운 시각을 제시했다는 점에서 높이 살만하다. 반공주의가 지배적 가치였던 당시에 '중공'을 연구하는 것부터가 일정한 해방적 기능을 수행했다. 미국의 중국관을 그대로 답습하던 '조건반사적 토끼'의 타성적 인식을 극복하고, 주체적으로 중국을 인식하려는 노력은 그 자체로 한국의 자기정체성을 새로이 하는 작업이기도 했다.

문화혁명은 한국사회를 비판하는 기준이자 한국의 현실을 되비추는 거울과 같은 존재였고, 중국이라는 새로운 참조점이 생김으로써 한국의 민주화운동은 한층 풍성해질 수 있었다. 특히 서구 자본주의뿐 아니라 소련 사회주의까지 극복하려는 제3의 혁명론으로 문화혁명을 이해하는 시각은, 이후 한국의 변혁운동이 제3세계적 정체성에 기반해 전개되는 데에도 큰 영향을 미쳤다. 근대 이래로의 뿌리 깊은 동서문명담론을 극복하고, 동시에 냉전기의 동서대립을 상대화할 수 있는 실마리를 제공해준 셈이다.

문화혁명이 일본에 끼친 영향도 같은 선상에서 이해할 수 있다. 전후 일본의 궤적은 메이지 유신 이래의 탈아입구 노선을 반복한 것이었다. 미국 주도의 전후 국제질서에 편승하면서 경제대국의 지위에 안주해가고 있었기 때문이다. 마침 1960년대 고도성장기의 사회적 모순이 환경문제 등으로 불거지고 베트남전쟁으로 반미기운이 고조되던 시기, 대륙에서 전해져온 문화대혁명 소식은 일본의 전후 20년을 환기하고 각성시키는 자극제가 된다. 한국에서와 마찬가지로 문화혁명에 대한 지식과 사상의 전파가 일본의 정체성을 되묻고 성찰하는 기폭제 역할을 했다. 비로소 전후 민주주의의 향유 속에 망각되고 있던 아시아 의식의 결락을 질문하고 반성하게 된 것이다. 동아시아의 이웃나라에 대한 인식 재고를 통해 자기를 반추하고 자기 사회의 변화를 추동해가는 모습은 21세기 동아시아의 새로운 질서를 구축하는 데 중요한 역사적 유산이다.

일본의 대표적인 진보잡지 《세카이》에 〈한국으로부터의 통신〉이 연재된 것은 1973년부터다. 문화혁명과 밀접하게 관련된 68혁명이 저물고 변혁기운이 소진되어갈 무렵, 이제는 한국의 민주화가 새로운 기폭제로 작용한 것이다. 중국과 베트남에 대한 관심과 인식 고양으로 촉발된 한국의 민주화운동이 이제는 일본의 비판적 지식인그룹과 연대하는 계기로 작용했음이 흥미롭다. 대대로 지역대국이었던 중국만큼은 늘의식하면서 자기정체성을 모색해왔던 일본이기에, 이 무렵 한국이라는 새로운 참조항의 등장은 각별하지 않을 수 없다.

전후 지성의 한 단면을 보여주는 와다 하루키는 그의 회고록에서 일본의 전후 민주주의가 내실 있게 다져지는데 '한국의 발견'이 얼마나 중요했는지를 실감나게 토로하고 있다. 특히 김지하와 김대중의 구명운동을 통해 종교, 출판, 언론을 주축으로 지역적·국제적 연계망과 결사체가 생긴 것은 특필의 가치가 있어 보인다. 동시대를 함께 살아가고 있다는 공생감과 귀속의식이 생겨났기 때문이다. 그럼에도 그가 민족해방운동과 민주화운동을 '민족' 중심의 시각으로 서술했던 것은 식민과 냉전이 부여한 한계 탓이다.

그러나 독립운동의 실천과정은 상당 부분 이미 국제적이었고, 그것이 지향하고 있던 바도 충분히 보편적이었다. 1987년으로 결실을 맺은 민주화운동 역시 중국, 베트남에 대한 지식과 사상의 유통, 일본의 언론을 활용한 국제적·지역적 연대운동이 큰 역할을 했다. 이러한 상호대화의 회로와 지적 네트워크를 확보해가면서 공간적 소속감과 연대의식이 형성되고, 그와 더불어 각자가 처한 국민국가를 상대화하는 시각도 단련됐다. 시간을 좀더 거슬러 올라가면 동아시아의 근대화 또한 상호배타적이고 경쟁적인 면모만 있었던 것이 아니라 번역과 유학 등의 '지의 회랑'을 통한 공동지公同知의 창출에 기반해 있었다. 즉 상호모방하고 참조하고 연대하고 갈등하고 길항하는 동아시아의 맥락 속에서 각국의 근현대사가 구현되어왔던 것이다.

최근 한국사회에 적잖게 물의를 일으켰던 뉴라이트의 《대안교과서》는 명백히 일본 우파들에 대한 참조와 모방의 산물이다. 동아시아를 넘나드는 우익들의 국제적 연대와 공조에 온전히 대응하기 위해서라도 각국의 민주·평화·진보세력의 규합이 절실하다. 또 미완의 과제인 한반도의 분단체제를 극복하기 위해서라도 1960~70년대부터 싹트기 시작한 비판적 지식인과 사회단체의 네트워크를 더욱 촘촘히 다져나가야 한다. 한국의 민주화운동도 이웃들과 함께 일구어낸 '공동의 자산'으로 자리매김할 필요가 있다. 모름지기 좋은 것은 나눌수록 커지는 법이다.

나라의 근본은 백성이고 백성의 근본은 배움에 있다는 동아시아 고전의 한 구절처럼, 동아시아 공동체를 향한 대여정은 지적·사상적 독립과 더불어 운동의 상호연쇄에서 비롯되는 창조적 협동에서 시작될 것이다. 그런 차원에서 끝으로, 100년 전 동양평화를 외쳤던 한 조선 청년의 사상을 소개한다. 그의 푸른 이상이 한 세기가 흐른 오늘날, 더 큰 울림으로 다가올 것이다.

21세기에 다시 읽는 '동양평화론'

20세기의 신호탄

대륙의 차가운 공기를 가르는 총성이 울렸다. 강건한 메이지 일본을 체현한 거물, 이토 히로부미가 쓰러진 것이다. 동아시아의 지축이 흔들리는 순간이었다. 전 세계로 타전된 하얼빈 발 긴급전보만 1주일 동안 9만 건이었다고 한다. 메이지헌법의 기초를 만든 이토는 근대일본의 초석을 다진 상징적 인물이었기 때문이다. 이 돌연한 사태로 욱일승천하던 일본의 기세는 움찔하지 않을 수 없었다. 이토의 피살은 곧 근대일본을 향한 비수어린 물음이기도 했기 때문이다. 그를 향해 총구를 겨누며 동아시아에 거대한 파랑을 몰고 온 이가 안중근이다. 갓 서른을 넘긴 풋풋한 청년이었다. 꼭 100년 전의 일이다. 두 인물의 불행한 조우는 20세기 동아시아를 강렬하게 예감케 한다.

러시아와 일본, 중국이 각축하던 하얼빈 역이라는 장소의 아우라 또한 범상치 않다. 이토의 근육 깊숙이 박힌 세 발의 탄환은 현해탄을 사이로 길항하던 근대의 충돌이 임계점에 달했음을 극적으로 보여준다.

메이지유신으로 대오를 갖춘 근대일본은 대서양과 인도양을 거쳐 태평양을 건너온 근대성의 매개자, 서구열강의 무의식적 대리인이었다. 그리하여 근대성에 내재한 억압성과 식민성의 이식자, 관철자이기도 했다. 그리고 동해와 황해로 확산되는 근대성에 대한 도전과 저항의 역류가 끝내 인격화된 폭력으로 분출했다.

맹목과 개안

안중근의 결단이 돌출적인 것만은 아니었다. 러일전쟁을 전후하여 근대의 우등생 일본을 향한 아시아 인의 시각이 교정 중에 있었기 때문이다. 백인국가 러시아를 물리친 일본을 향한 환호와 환희는 오래가지 못했다. 무슬림 지식인들이 '동방의 메카'라며 순례지로 꼽기도 한 메이지 일본은 동양인들의 집단적 회구를 저만치 멀리하고 '탈아입구'로 질주해갔다. 영일동맹에 이어 불일협약을 체결한 1907년은 일본과 아시아가 등을 돌리는 결정적 해였다. 일본이 서구열강과 어깨를 견주게 된 바로 그해, 베트남 독립운동의 아버지 판보우 차이와 중국혁명의 선구자 쑨원이 일본에서 추방된다. 자국의 독립과 아시아 해방의 거점이 되리라 여겼던 동방지우東方之友가 매몰차게 등을 지고 그들을 내친 것이다.

이에 거센 역류가 몰아치기 시작한다. 당시 중국의 유학자 류스페이劉師培는 중국, 조선은 물론 인도와 베트남, 필리핀 등 아시아 민중의 공적公敵으로 일본을 지목했다. 그리고 류스페이는 메이지 일본이 구현한 군사주의와 국가주의를 거부하고 공산·무정부를 염원한다. 조선의 신채호도 동양을 객의 자리로 밀어내고 국가를 으뜸으로 내세운다. 일본에 버금가는 또 하나의 강건한 국가를 반도에 마주 세우고자 한 것이다. 마침 러일전쟁의 후폭풍으로 1차 러시아혁명이 일어나면서 사회주의의 기운도 꿈틀대기 시작했다. 메이지 일본의 부정 끝에 아나키즘과 사회주의 그리고 민족주의가 동아시아에 흥기하기 시작한 것이다. 동양의 꿈은 그렇게 조락하는 듯 보였다.

안중근의 독특함은 '동양'을 기어이 고수한 데 있다. 동시대의 도저한 반일본의 기류를 거슬러 올라간 것이다. 그는 근대일본의 성취를 전면 부정하지 않고, 이탈한 궤도의 수정을 간절히 호소했다. "대저 합하면 성공하고 흩어지면 패한다는 것은 만고에 분명히 정해져 있는 이치"라며 일본과 아시아의 분열을 중재코자 했다. 일본이 발신하는 삼국제휴론과 아시아주의를 전유하여 동양평화론으로 재발신했다. 이토의 암살은 일본을 동양의 품으로 껴안으려는 최후의 몸부림이었다. 동양의 분열이 서구열강의 세력경쟁을 더욱 부추겨 아시아 민중의 재앙으로 이어질 것임을 예리하게 내다봤기 때문이다.

안중근이 몸을 던져 촉구한 것은 메이지의 맹목盲目으로부터 동양평화로의 개안開眼이다. "이는 종래의 외국에서 써오던 수법을 흉내 내고 있는 것으로 약한 나라를 병탄하는 수법이다. (일본은) 아직 다른 강한 나라가 하지 않은 것을 해야 한다."

법정 공판에서 안중근이 검사에게 던진 말이다. 훗날 일본이 서양 패도의 주구로 남아서는 안 된다는 쑨원의 호소를 떠올리게 한다. 중화를 대신하여 서구를 새로운 주인으로 섬기고 있음을 꾸짖는 대목에서는 전후의 다케우치 요시미가 연상되기도 한다. 다케우치는 성공적으로 보이는 일본의 근대화가 주체성의 부재가 빚어낸 노예정신의 발현이었다며 통탄했다. 안중근이 일본 민중의 관점에서 이토를 비판하는 지점도 경청할 만하다. 메이지 국가의 발흥은 자유민권운동의 뼈아픈 좌절을 밟고 일어선 것이었기 때문이다. 민권론을 방기한 군국의 폭주는 결국 동아시아의 민중에게도 '불'을 지르고야 말았다.

안중근의 '동양' 프로젝트

안중근이 동양을 고수하면서도 개화파와는 다른 길을 걸었음은 퍽이나 흥미로운 지점이다. 당시 압도적인 근대성에 짓눌려 친일이라는 치명적 독배를 들이킨 문약文弱한 지식인들이 수두룩했다. 개화파의 젖줄이 일본 유학에 있었다면, 안중근은 대륙의 상하이와 블라디보스토크를 전전하며 망명생활을 했다. 이런 행로의 차이가 사상의 날카로운 차이를 설명해줄 수 있을까? 그런데 안중근은 사회주의와 아나키즘과도 팽팽한 긴장을 유지했다. 당시 인터내셔널의 드높은 이상 속에 민족의 현실을 업신여기는 편향 또한 허다했기 때문이다. 안중근은 당시 1차 러시아혁명의 여진이 채 가시지 않은 상황에서 극동지역에 체류했지만, 그의 안광은 모스크바가 아니라 조선과 동양을 향해 있었다.

이처럼 안중근에게 동양은 개화와 척사의 극한 대립을 지양하고, 정치적 이국의 판타지에도 물들지 않게 하는 역동적 균형의 거처였다. 유학儒學 공부와 심신수련으로 단련된 자존의 기개가 근대성에 마멸되지 않은 야생적 정신의 보루가 되었다면, 가톨릭에 입문하여 흡수한 사해동포주의는 협애한 국수주의로 매몰되지 않는 절묘한 균형추가 되어주었다. 이 아스라한 중도中道의 암중모색 끝에 독보적인 〈동양평화론〉이 탄생했다.

안중근의 동양평화 구상이 값진 것은 그 꼼꼼한 구체성에도 있다. 공허한 추상 담론에 머무르지 않고, 자주독립과 동양평화가 공존할 수 있는 실천적 청사진들을 두루 제시했다. 그는 동양 삼국의 공동은행 창설과 공동화폐 발행을 제안한다. 일본의 대륙 진출이 재정문제에서 비롯되었음을 간파하고 있었던 것이다. 일본의 문제를 지역의 현안으로 접수하고 동아시아 단위의 금융체계를 설계코자 한 선견지명이 걸출하다. 동양평화회의를 조직하여 3국 공동군대를 편성하고 2개 국어 이상의 어학을 가르치자는 발상도 신선하다. 나아가 동북아에 한정되지 않고 타이, 미얀마 등 동남아국가를 아울러 인도까지 가 닿는 담대한 범아시아적 연대를 제안한다. 자그만치 100년 전에 말이다!

그럼에도 성마른 반서구주의로 떨어지지 않음이 또한 소중하다. 여느 아시아주의의 조바심과는 사뭇 다른 국제주의자로서의 유연함과 대범함이 발군이다. 안중근은 늘 국제법과 국제기구, 국제회의를 중시했다. 근대세계의 지평 안에서 동양의 평화를 궁구한 것이다. 나이에 어울리지 않는 이 사려 깊음은 하루도 거르지 않았다는 그의 유명한 독서열과도 무관치 않을 것이다.

하지만 그 독창성에도 불구하고, 우리는 안중근의 동양평화 구상의 전모를 알 길이 없다. 형 집행으로 동양평화론은 미완의 문장인 채로 남겨져 있다. 그로부터 35년 후, 일본제국은 총체적 파산을 맞이한다. 개안을 거부한 맹목의 대가는 무서운 것이었다. 동아시아의 자해적 분쟁과 갈등으로 2000만 아시아 민중의 거대한 희생이 따랐다. 그들 모두 안중근의 뒤를 따라간 것이라 하겠다.

육신의 소멸로 억압된 안중근의 소망은 그러나 20세기의 무의식이 되었다. 그가 처형당한 1910년 이후, 우리는 그 무의식이 역사의 지층을 뚫고 분출되는 장면을 간헐적으로 목도해왔다. 1911년 신해혁명이 일어난다. 메이지의 입헌군주제를 대신하여 아시아 최초의 공화제가 들어선 것이다. 그 기운은 1919년 조선의 3.1운동과 대륙의 5.4운동으로 이어졌다. 인도에서는 간디의 비폭력 스와라지 운동이 동북아와 화음을 이루었다. 메이지 일본에는 빠져 있던 자유민권운동이 범아시아 단위에서 실현되어갔다. 이같은 아시아로부터의 도전과 저항에 쇼와 일본은 대동아로 응답했다. 파시즘의 진군 속에 영미를 몰아내고 신질서를 건설하겠다는 망상의 나락으로 떨어진 것이다. 그 아비규환의 끝에서 1948년 평화헌법이 제정되고, 이듬해 중화인민공화국이 탄생한다. 1955년 반둥에서는 대륙 간 대화의 서막이 오르고, 1968년에는 피억압주체의 전 지구적 대합창이 연출된다. 그로부터 40년 후 검은 피부의 혼혈인이 대통령에 당선되는 미국의 '개과천선改過遷善'도 목도하게 된다. 바야흐로 후천세상의 개벽이 다가오는 중일까?

근대 너머의 평화로

지금 세계를 강타한 금융위기의 파고는 자본주의의 태평성대가 안녕을 고하고 있음을 실감케 한다. 그 격렬했던 근대가 황혼기에 접어든 것이다. 하지만 역사의 천사는 인류에게 자비를 베풀지 않는다. 갈림길의 저편에 무엇이 있을지 우리는 여전히 아는 바가 없다. 패장이 사라진 시대, 군웅이 할거하는 글로벌 전국시대의 암흑기로 들어설지도 모르겠다. 그리하여 지금 다시 동양평화론을 꺼내 읽는 심정은 간절하고, 곡진하다.

동양평화론은 1979년 일본의 서고에서 발견되었다. 1979년은 이토의 분신, 박정희가 암살된 해이기도 하니 두 거물의 암살 끝에 안중근은 복권된 것이다. 돌아보면 안중근은 20세기 초 동아시아의 공론장을 휩쓴 유력한 기호였다. 박은식이 1914년 상하이에서 《안중근전》을 집필한 것은 중국인의 뜨거운 관심에 보답하기 위해서였다. 중국 현대연

극의 선구자 임천지는 안중근을 소재로 공연을 만든다. 주은래와 그의 부인 등영초는 5.4운동기 안중근을 소재로 한 연극에 출연한 청년배우들이기도 했다. 안중근 신드롬은 대륙에만 한정되지 않았다. 1920년대 안중근의 전기는 이미 몽골어와 베트남어로도 번역됐다. 일본에서도 안중근은 비전론非戰論이 비등하는 기폭제가 되었다. 물론 조선인들은 말할 것도 없겠다. 상하이에 거점을 둔 조선의 초기 영화인들도 첫 작품으로 안중근을 택했다. 연극, 영화, 소설, 전기 등 대중문화 속에서 안중근은 끊임없이 호명되고 소비되는 '한류스타'였다.

그리하여 안중근을 민족이라는 협소한 울타리로 끌어안으려는 변방적 경직성을 털어내야 한다. 식민과 분단의 가난한 조건으로 야기된 소아병적 태도에서 과감히 벗어나야 한다. 안중근의 큰 사상을 동해와 황해로 방류하는 대범함을 발휘하자. 도처에서 담금질된 단단한 동양평화의 꿈이 재차 한반도로 되돌아와 북과 남의 화해에도 기여할 것이다. 한반도의 허리에서 발원하는 평화의 물줄기가 태평양, 인도양, 대서양으로 흘러나가 근대 너머의 천지창조로 이어진다면 더할 나위 없이 기쁜 일이다.

안중근의 시대와는 달리 우리에게 희망이 있다면, 그것은 하얼빈의 잘못된 만남과도 같은 극단적 대립이 아직은 덜하다는 점이다. 소련에 이은 미국의 뒷걸음질로 동아시아의 활로가 한층 더 넓어졌음도 흔치 않은 기회다. 이 모처럼의 그러나 위태로운 상생과 공존의 기운을 한껏 북돋아 신세계의 평화원리를 탐구하는 동아시아 인들의 집합적 슬기가 간절하다.

임승수

"가난을 끝장내는 유일한 방법은 빈민들에게 권력을 주는 것입니다"라는 우고 차베스 베네수엘라 대통령의 말을 좋아한다. 민주노동당 서울시당 교육부장, 민주노동당 집권전략위원회 기획위원 등을 역임했고, 돈 중심 세상을 넘어 사람 중심의 참다운 세상을 만들기 위해 계속 노력하고 있다. 따로 혹은 함께 쓴 책들로 《원숭이도 이해하는 자본론》 《차베스, 미국과 맞짱뜨다》 《세상을 바꾼 예술 작품들》 《미국과 맞짱뜬 나쁜 나라들》 등이 있다.

2장

미국의 손을 떠나버린
남미 공동체

'중남미 통합' 과정이라는 교훈

필자가 '21세기 사회주의 혁명'의 용광로인 중남미의 베네수엘라를 방문했을 때 곳곳에 시몬 볼리바르(1783~1830)에 관한 흔적이 가득한 것을 보고 큰 인상을 받았다. 시몬 볼리바르의 생가뿐 아니라 박물관, 묘소, 기념광장 등 베네수엘라의 수도 카라카스는 그야말로 볼리바르를 기리기 위한 도시 같았다. 카라카스 외곽에 있는 빈민가에 가보면 벽에 온통 시몬 볼리바르를 칭송하는 낙서들이 가득했다. 우리에게는 다소 생소한 시몬 볼리바르는 사실 중남미의 민중들에게는 그 누구와도 바꿀 수 없는 영웅이며 '해방자El Libertador'다.

약 500년 전 콜럼버스가 이른바 아메리카 대륙에 도착했을 때, 그는 그곳을 '발견'했다고 서슴없이 주장했다. 콜럼버스가 발견했다고 주장한 그곳에는 이미 엄청난 인구의 사람이 살고 있었는데도 말이다. 아마 콜럼버스의 눈에는 그들이 사람으로 보이지 않은 모양이다. 이렇게 시작된 중남미에서의 스페인 제국주의의 침략은 그곳에 살던 선주민 수천만 명을 여러 가지 방법으로 학살하면서 진행된다. 현재 중남미의 그

카라카스의 주민자치센터 건물 벽에 체 게바라(좌)와 함께 그려진 시몬 볼리바르(우)

수많은 나라들이 왜 거의 다 스페인 어를 사용할까? 그 속에는 이러한 참혹한 역사가 담겨 있다.

그런데 이러한 스페인의 압제로부터 중남미의 6개국을 해방시킨 '해방자'가 있으니 그가 바로 베네수엘라 출신의 시몬 볼리바르다. 베네수엘라, 에콰도르, 니카라과, 파나마, 콜롬비아, 페루를 스페인으로부터 해방시킨 혁명적 군인 시몬 볼리바르는 인간평등사상을 신봉하는 철저한 공화주의자였다.

그의 혁명에 대한 불굴의 의지를 잘 보여주는 일화가 있다. 볼리바르가 한창 스페인과 해방전쟁을 벌이고 있던 1812년 3월, 엄청난 지진이 일어나서 수많은 사람들이 죽었다. 당시 스페인 제국주의의 앞잡이였던 가톨릭 사제들은 볼리바르의 해방전쟁에 대한 신의 분노로 지진이 일어났다는 소문을 냈다. 이에 대해 시몬 볼리바르는 단호하게 "자연이

"자연이 우리를 거역한다면, 우리는 맞서 싸워 복종시킬 것이다"라는 문장이 새겨져 있는 벽. 문장 위쪽의 국가 문장들(콜롬비아, 베네수엘라, 에콰도르, 볼리비아, 페루, 파나마)은 볼리바르가 해방시킨 나라들이다.

우리를 거역한다면, 우리는 맞서 싸워 복종시킬 것이다"라는 말로 대응했다고 한다. 필자는 카라카스 시내에서 이 명언이 크게 새겨져 있는 건물 벽을 발견하고 한동안 감상에 젖어 있기도 했다.

시몬 볼리바르의 꿈은 스페인 제국주의가 임의로 국경선을 그어 나눠놓은 중남미국가들을 하나로 통합하는 것이었다. 이름 하여 대大콜롬비아 공화국 건설. 볼리바르는 중남미가 제국주의로부터 진정한 독립을 얻어 자주적인 삶을 살기 위해서는 하나로 단결해야 한다고 생각했다. 그러나 볼리바르의 이러한 선구자적인 시도는 제국주의자들의 방해와 내부의 분열 등으로 결국 이루어지지 못했다.

시몬 볼리바르는 생전에 미국이 이후 중남미 민중들에게 큰 위협이 될 것이라고 경고했다고 한다. 시대를 앞서 갔을 뿐 아니라 시대를 만들어낸 사람의 선견지명일까? 스페인 제국주의가 물러난 곳에서 주인이 된 것은 중남미 민중들이 아니었다. 미국은 스페인의 자리를 고스란히 물려받아서 스페인보다 더욱 교묘하고 악랄하게 자신의 지배체제를 구축해나갔다. 미국은 쿠바의 바티스타 정권, 칠레의 피노체트 정권 등 중남미 각국에 꼭두각시 독재정권을 세워서 그 나라의 민중들이 피땀 흘려 일군 부를 자국으로 빼돌렸다. 물론 자신에게 협조한 독재정권들에게 떡고물을 떼어주는 것도 잊지는 않았지만 말이다. 그러나 자신에게 협조하지 않는 진보정권이 들어서 자국 국민의 이익을 지키기 위한 행동을 하면 경제적·정치적·군사적으로 다양한 보복을 했다. 칠레의 아옌데 정부를 무너뜨렸고, 파나마의 토리호스 대통령을 암살했으며 쿠바의 카스트로를 암살하려는 여러 가지 시도가 그것을 증명한다. 중남미가 그야말로 미국의 뒷마당이었다는 것은 이미 잘 알려진 사실이다.

그래서일까? 중남미의 민중운동 세력들은 자신들이 500년이 넘는 제국주의와의 투쟁의 역사를 가지고 있다고 얘기한다. 1492년 콜럼버스가 이른바 아메리카 대륙을 발견했다고 주장한 이후 중남미 민중들의 삶은 제국주의와의 투쟁의 삶이었으며 지금은 미제국주의와 한판 대결을 벌이고 있는 상황이다.

21세기에 접어든 현재 중남미에서 볼리바르의 검이 다시 부활하고 있다. 그 검을 높이 치켜 든 이는 역시 베네수엘라의 혁명적 군인이자 사회주의 혁명가인 '우고 차베스' 대통령. 그는 볼리바르의 검을 들고 볼리바르가 못다 이룬 꿈, '중남미 통합'이라는 혁명과제를 수행하기 위해 자신의 모든 것을 바치고 있다. 차베스가 자신이 추진하는 혁명에 '볼리바리안 혁명(볼리바르를 따르는 혁명)'이라고 이름 붙인 것만 보아도 그의 결연한 의지를 엿볼 수 있다. 바뀐 것이 있다면, 볼리바르의 적은

베네수엘라의 우고 차베스 대통령. 그 뒤로 보이는 볼리바르의 초상
화가 인상적이다.

스페인 제국주의였던 반면에 차베스의 적은 미제국주의라는 점, 그리
고 그때는 컴퓨터가 없었지만 지금은 컴퓨터가 있다는 정도?

　차베스가 처음 대통령에 취임한 1999년에는 쿠바 말고는 미국에 대
항하는 좌파정권이 전무한 상황이었다. 당연히 많은 사람들은 차베스
가 추진하는 '중남미 통합'을 비현실적인 몽상으로 치부했다. 그러나
이후 브라질의 룰라, 아르헨티나의 키르치네르, 볼리비아의 모랄레스,
에콰도르의 코레아, 파라과이의 루고, 니카라과의 오르테가 등 줄줄이
좌파정권이 집권하면서 차베스를 중심으로 하여 '중남미 통합'이 걷잡
을 수 없는 속도로 진행되고 있다.

　'중남미 통합'의 놀라운 기세에 당황한 미국이 다양한 루트로 중남
미의 각 나라들에게 회유와 협박을 하고 있지만 상황은 미국에게 좋지
않다. 그동안 미제국주의에 의해 다양하고 교묘한 방식으로 수탈당하
고 억압당한 중남미의 민중들은 더 이상 제국주의의 노예로 사는 것을
거부하고 당당하게 사회의 주인으로 나서고 있다.

필자는 이 글에서 미국의 제국주의적 행태에 당당히 맞서 엄청난 속도로 진행되고 있는 '중남미 통합' 과정의 구체적인 모습을 각 분야별로 독자들에게 소개하고 그 의의와 전망에 대해서 간략하게 논해보려한다. 자본주의만이 인류의 유일한 삶의 모습이라고 생각하고 미국만이 우리가 닮아야 할 모델이라고 생각하는 한국사회에서, '21세기 사회주의'를 내세우며 제국주의와 자본주의에 맞서 자주적이고 평등한 새 세상을 만들어 나가는 중남미 민중들의 모습은 분명 시사 하는 바가 클 것이다. 미국 일극체제가 무너지고 다극화체제가 형성되는 상황에서 중요한 행위자이자 새로운 '극'으로서의 중남미는 그 자체로도 중요하지만, 무엇보다도 외세에 의해 반도의 허리가 잘려 있는 우리에게 다가서는 의미는 또 다르다.

정치적 독립, 남미국가연합

　신문에서 국제면을 빼놓지 않고 읽는 사람이라면 중남미의 주요한 선거에서 좌파세력이 연이어 집권하고 있다는 소식은 이미 식상한 얘기일 것이다. 1998년에 베네수엘라에서 우고 차베스가 대통령에 당선된 이후로, 2002년 브라질 대선에서는 중도좌파로 분류되는 노동조합위원장 출신인 룰라가 승리했다. 2003년에는 아르헨티나에서 페론주의자이자 좌파로 분류되는 키르치네르가 대통령에 당선되었으며, 2004년 우루과이에서는 역시 좌파인 타바레 바스케스가 대통령으로 당선되었다. 2005년에는 볼리비아에서 최초로 선주민 출신인 사회주의자 에보 모랄레스가 대통령에 당선되더니, 2006년에는 칠레에서 미첼 바첼렛, 에콰도르에서는 라파엘 코레아, 니카라과에서는 돌아온 '산디니스타' 다니엘 오르테가가 줄줄이 대통령에 당선되었다. 2008년에도 좌파 열풍은 멈추지 않고 파라과이에서는 해방신학으로 무장한 신부 출신의 좌파 페르난도 루고가 대통령에 당선되는 기염을 토한다.

　중남미 지도를 꺼내서 위에 언급된 나라들만 한번 빨간색으로 색칠

해보기를 권한다. 중남미 대륙 대부분이 빨간색으로 바뀐다는 사실을 쉽게 알 수 있을 것이다. 그 누가 자본주의를 인류의 유일한 선택지라고 했나? 적어도 중남미에서는 정도의 차이는 있지만 대부분의 나라가 공공서비스와 사회복지를 대폭 강화하고 무상의료와 무상교육 등 사회주의적 성격을 강하게 띤 정책들을 실시하고 있다.

사실 중남미에 줄줄이 좌파정권이 등장하게 된 데는 미국의 역할(?)이 컸다. 미국이 중남미의 각 나라들에 회유와 협박을 통해 강요한 신자유주의 때문에 중남미의 민중들이 엄청난 피해를 보았기 때문이다. 공공서비스와 사회복지는 해체되거나 민영화되고 국가의 전략산업들이 미국의 독점자본들에게 헐값으로 팔렸다. 규제 철폐라는 명목으로 노동자를 맘대로 해고할 수 있게 만들고 비정규직과 실업자가 대량으로 발생했다. 1980년대 초반부터 미국의 꼭두각시 정권들을 통해 중남미에 도입된 신자유주의는 서민들에게 엄청난 피해를 남겼으며, 1989년 2월 베네수엘라에서는 미국이 IMF를 통해 강요한 신자유주의에 반대하는 대규모의 민중봉기가 발생해서 수천 명이 사망하기도 했다. 이러한 엄청난 수업료를 지불한 중남미의 민중들은 신자유주의를 앞세운 자본주의와 제국주의에 명백한 거부의사를 표현하기 시작했다. 그것이 바로 중남미에 연이어 좌파정권이 집권하는 큰 동력이 되었다.

이렇게 집권한 좌파정권들은 정도의 차이는 있지만 반미反美 혹은 탈미脫美라는 측면에서 공동의 목표를 지향한다. 공공의 적이 강대할수록 그에 대항하는 반대세력들도 똘똘 뭉치게 마련이다. 그리고 그 구체적인 형태로 등장하고 있는 것이 '남미국가연합UNASUR'이다.

2008년 5월 23일에 브라질의 수도 브라질리아에서 남미대륙 12개국의 정상과 정부대표들은 정상회의를 통해 남미국가연합의 출범을 공식

선언했다. 남미국가연합은 아르헨티나, 브라질, 파라과이, 우루과이가 회원국인 남미공동시장MERCOSUR(메르코수르)과 볼리비아, 콜롬비아, 에콰도르, 페루가 회원국인 안데스공동체CAN를 합친 기구이며 칠레, 가이아나, 수리남, 베네수엘라 등도 참여하고 있다.

출범 공식선언 당일, 정상회의 개최국인 브라질의 룰라 대통령은 "남미국가연합은 앞으로 국제사회에서 남미의 입지를 강화해주는 역할을 할 것"이라면서, 특히 에너지, 환경, 식량 등의 문제에서 남미지역이 큰 영향력을 행사할 것이라고 강조했다. 룰라 대통령은 특히 "향후 5년 안에 중남미, 카리브지역 모든 국가들이 가입할 수 있도록 문호를 개방할 것"이라고 말해 남미국가연합을 남미뿐 아니라 중미와 카리브지역으로도 확대할 뜻을 밝혔다.

룰라 대통령의 이 말을 확인시켜주듯이 2008년 12월 16일에는 브라질 북동부 바이아 주州의 휴양도시인 코스타 도 사우이페에서 33개국 정상과 정부대표들이 참석한 가운데 제1회 중남미 · 카리브 정상회의가 개최됐다. 미국이나 유럽연합EU이 참석할 여지가 전혀 없이 치러진 이 정상회의에는 중남미 국가들뿐 아니라 카리브지역의 국가들까지 함께 함으로써 이 지역에서 추진되고 있는 국가 통합 움직임이 심상치 않음을 명백하게 보여주고 있다.

에보 모랄레스 볼리비아 대통령은 2008년 9월 23일 유엔총회에 참석한 자리에서 "남미국가연합은 미국 제국주의의 안마당이었던 남미지역을 해방시키기 위해 준비하고 있다"면서 남미국가연합이 남미 독립의 영웅인 시몬 볼리바르 장군이 가졌던 통합의 이상을 이루어줄 것이라고 주장했다. 주로 개별 국가들에 직접적으로 개입해 들어가거나 미주기구OAS를 통해 자신의 뒷마당(남미)에 영향력을 행사해왔던 미국으로서는 매우 당황스러운 상황이 아닐 수 없다. 미주대륙 북쪽에 위치한 미국의 입장에서는 남미국가연합에 개입할 명분이 없기 때문이다.

한편 2008년 10월 17일 볼리비아 중부 코차밤바 시에서 열린 남미국가연합 회원국 의원회의에서는 향후 남미국가연합 의회 출범과 운영방식 등을 협의하기 위한 기술그룹 구성에 합의했다. 모랄레스 대통령은 남미의회 본부를 유럽의회보다 더 큰 규모로 건설하겠다는 방침 아래 코차밤바 시내에 최대 300헥타아르의 부지를 마련할 것으로 알려졌다.

이렇듯 거칠 것 없이 진행되는 중남미의 통합 논의는 앞서도 언급했듯이 미국의 잘못된 제국주의적 정책 때문이다. 2006년 유엔 정상회담에서 했던 우고 차베스의 연설내용에는 이러한 정서가 잘 나타나 있다.

　　악마가 어제 여기에 왔었습니다. (차베스는 이 이야기를 하며 성호를 긋고, 청중들에서 박수와 웃음이 터져 나옴.) 어제 악마가 바로 이 장소에 왔었습니다. 제가 말하고 있는 이 탁자에서는 아직도 유황 냄새가 납니다. 어제, 신사숙녀 여러분, 바로 이 의사당에 미합중국의 대통령(조지 W. 부시), 제가 '악마'라고 부르는 사람이 와서 마치 자기가 세상을 소유한 것처럼 이야기했습니다. 미국 대통령이 어제 했던 연설을 분석하기 위해서는 정신과 의사를 불러야 할 것입니다. …… 미국 대통령은 어제 이 의사당에서 다음과 같은 이야기를 했습니다. 제가 인용해 보겠습니다. '여러분들이 고개를 돌리면 어디서나 폭력과 테러, 순교를 통해 비참함에서 벗어나 당신의 존엄성을 되찾을 수 있다고 이야기하는 극단주의자들의 이야기를 들을 수 있습니다.' 그가 보는 곳마다, 그에게는 극단주의자가 보입니다. 확신하건데, 그는 당신, 형제의 피부색을 보고, 당신이 극단주의자라고 생각할 것입니다. 어제 여기 있었던 저 고귀한 볼리비아의 대통령 에보 모랄레스, 그는 그 피부색 때문에 극단주의자입니다. 제국주의자들은 온 사방에서 극단주의자들을 봅니다. 그런데, 아니오, 우리는 극단주의자가 아닙니다. 세계가 깨어나고 있고, 모든 곳에서 민중들이 봉기하고 있습니다. 네 맞습니다. 그들은 우리, 세계의 완전한 자유, 사람들 간의 평등과 국가주권에 대한 존중을 요구하는 우리를 극단주의자라고 부릅니다. 우리는 제국주의에 맞서, 지배의 모델에 맞서서 봉기하고 있습니다. ……"

IMF로부터 독립, 남미은행

중남미는 1980년대에서 1990년대 사이에 특히나 외환위기를 많이 겪었다. 외화가 부족하면 어김없이 달러를 빌려주겠다고 나서는 기관이 있으니 바로 국제통화기금IMF이다. 그런데 IMF는 절대 그냥 지원을 해주는 경우가 없다. 우리나라의 1997년 외환위기를 떠올려 보면 잘 알수 있다. 당시 우리 정부는 IMF에 급하게 돈을 빌릴 수밖에 없는 상황이었는데, IMF는 달러를 그냥 빌려주지 않았다. 여러 번에 걸쳐 조금씩 빌려주면서 수많은 단서를 달았는데 대략 다음과 같은 내용이었다.

–국영기업 민영화
–정부규제 철폐
–복지 등 공공지출 대폭 축소
–임금 동결 및 삭감
–외국 기업을 위한 완전한 시장개방
–기업에게 세금 감면

－노동조합 무력화

－노동유연화

　이러한 조치들을 통해 결국 이득을 보는 것은 미국을 중심으로 한 제
국주의 독점자본이다. IMF가 긴급 자금지원을 무기로 하여 관철하는
것은 바로 제국주의 독점자본들이 해당 국가를 착취하고 수탈하기 좋
은 환경을 조성하는 것이다. 그들은 민영화한 국영기업을 헐값에 인수
하고 규제 철폐를 통해 자신들이 맘대로 노동자를 착취하는 데 방해받
지 않기를 원한다. 또 금융시장을 개방해서 자국의 투기자본들이 맘대
로 활개 칠 수 있는 환경을 마련한다. 미국의 투기자본 론스타가 우리
나라의 외환은행을 말아먹는 과정을 보면 알 수 있지 않은가. 이러한
IMF의 조치들은 엄청난 비정규직과 실업자의 증가, 그리고 말할 수 없
는 빈부격차의 증가로 이어진다는 것은 이미 상식이 되어 있다.

　어떻게 이러한 미국의 의도가 IMF를 통해 관철될 수 있는 걸까? 그
것은 IMF의 의사결정구조 때문이다. 180개국의 회원국으로 이루어진
IMF의 의사결정구조는 1국가 1표가 아니라 1달러 1표다. 말하자면 IMF
에 출자한 금액만큼 투표권을 가지는 것이다. 출자금의 구성을 따져보
면 미국과 친미국가들의 자금이 절반을 훌쩍 넘고 있으니 IMF가 결국
누구의 의도대로 운영되는 곳인지는 뻔하다. 특히 중남미는 이러한
IMF의 신자유주의식 처방을 혹독하게 받은 것으로 유명하다. 한때 IMF
긴급 자금지원의 약 80퍼센트가 중남미지역에 집중되었다는 사실을 보
면 중남미가 미국의 뒷마당이라는 말이 실감난다.

　1980년대와 1990년대를 지나면서 IMF의 정체를 깨달은 중남미의 민
중들은 대안을 준비하고 구체화하기 시작했다. 그리고 2007년 12월

9일에 남미은행Banco del Sur을 출범시켰다. 남미은행은 그동안 미국이 중남미에서 신자유주의를 전파시키는 데 첨병역할을 했던 IMF를 정면으로 겨냥한 것이다. 아르헨티나, 볼리비아, 브라질, 에콰도르, 파라과이, 우루과이, 베네수엘라 등 7개국이 참여하고 있는 남미은행은 2010년에 공식 가동할 예정이다. 남미은행은 향후 남미국가연합을 구성하고 있는 남미대륙 12개국 모두를 참여시킨다는 계획이다.

2009년 11월 현재, 베네수엘라 수도 카라카스에 본부를 둘 남미은행의 초기 자본금은 70억 달러로 브라질, 아르헨티나, 베네수엘라가 각각 20억 달러를 제공하고, 에콰도르와 우루과이는 4억 달러씩, 볼리비아와 파라과이가 1억 달러씩 분담하게 된다. IMF의 의결방식과는 달리 7개 회원국은 남미은행 집행이사회 의사결정 과정에서 동등한 발언권을 행사할 수 있으며, 7억 달러를 넘는 금융지원을 승인할 때는 회원국 3분의 2 이상의 동의를 얻도록 했다.

21세기 사회주의를 내세우며 사회주의 혁명을 부르짖고 있는 우고 차베스 베네수엘라 대통령이 남미은행의 창설을 사실상 주도하고 있는 가운데 미국은 중남미에서 자국이 주도하고 있는 IMF와 세계은행World Bank, 미주개발은행IDB 등의 영향력이 상실될 것을 우려하면서 모든 촉각을 곤두세우고 있다.

2007년 5월에 IMF 수석부총재인 존 립스키는 "남미은행을 창설하겠다는 아이디어가 아직 분명치 않다"고 딴죽을 걸며 남미 관련국들 간에 합의도 이루어지지 않은 상태라는 점에서 실행 가능성이 낮다는 견해를 나타냈다. 그는 이어 남미은행 창설안이 경제위기를 맞는 남미국가들에게 재정지원을 한다는 목표 아래 기금 조성을 추진하고 있으나 이에 대한 구체적인 이행방안이 마련되지 않는 등 현실성을 잃고 있다고 지적했다. 사실상의 반대표시다.

한편 언론과의 인터뷰에서 로드리고 카베사스 베네수엘라 재무장관은 "남미은행은 남미국가들의 금융구조 개선을 위한 지역금융기구가 돼야 한다"면서 IMF와 세계은행을 대체해야 한다는 입장을 강하게 피력했다. 이는 남미은행 설립을 주도해온 우고 차베스의 입장이기도 하다. 카베사스 장관은 "남미국가들의 적극적인 참여가 이루어질 경우 남미은행 자본금을 1600억 달러 수준까지 늘릴 수 있다"면서 IMF와 세계은행과의 관계 단절을 전제로 한 '남미를 위한 금융기구'로서의 역할을 강조했다. 특히 차베스 대통령은 "남미은행은 워싱턴에 본부를 둔 IMF와 세계은행과는 달리 미국의 영향력을 완전히 배제할 수 있다"면서 남미은행에 정치적 의미를 잔뜩 부여하고 있다.

사실 베네수엘라는 IMF의 경제처방 때문에 큰 상처를 입은 경험이 있다. 1989년 2월에 베네수엘라 카라카스에서 시민 수천 명이 계엄군의 총격으로 사망한 참사는 그 직접적인 원인이 IMF의 경제처방 때문이었다. 이밖에도 브라질, 아르헨티나, 페루, 볼리비아, 멕시코 등 대부분의 나라들이 IMF가 내세우는 신자유주의식 경제처방으로 쓴 맛을 보았다. 이러한 경험은 남미국가들이 남미은행을 추진할 충분한 이유가 되었다. 중남미의 대표적 친미국가인 콜롬비아조차 관심을 보이고 있을 정도다. 콜롬비아의 알바로 우리베 대통령은 2007년 10월 12일, 차베스 대통령과 라파엘 코레아 에콰도르 대통령 등이 참석한 가운데 열린 콜롬비아의 푸에르토 바에나스와 베네수엘라의 마라카이보를 연결하는 가스관 준공 기념식에서 조만간 공식 출범하는 남미은행에 콜롬비아도 합류하고 싶다고 공식으로 밝혔다.

북미자유무역협정에 맞서는
미주지역을 위한 볼리바르 대안

우리도 최근 몇 년 동안 미국과의 자유무역협정FTA 문제로 시끄럽기 때문에 어느 정도 시사에 관심이 있는 사람이라면 FTA가 굉장히 문제가 많은 무역협정임을 알고 있을 것이다. 단순히 무역협정이라고 하기에는 우리나라의 경제주권을 통째로 미국에 건네주는 매국적 협정내용 때문에 아직도 국민들이 반신반의하고 있다. 남미에서는 1990년대에 북미자유무역협정NAFTA(나프타)을 체결하면서 FTA가 본격적으로 수면 위로 부상했는데, 미국과 FTA를 체결한 이후 멕시코 경제가 미국에 의해 완전히 무너지는 과정이 〈KBS 스페셜〉을 통해 한국 국민들에게 알려지면서 FTA에 대한 경각심이 커졌다.

지난 2005년 11월 4~5일 아르헨티나의 남부 휴양도시 마르델플라타에서는 전미자유무역지대FTAA 미주정상회담이 열렸다. 나프타로 북중미를 통째로 먹은 미국이 아직도 배가 고픈지, 역내 자유무역을 통해서 남미시장을 장악하려 한 것이다. 이러한 미국의 FTAA 시도에 맞서 차베스는 "FTAA를 묻을 삽을 가져왔다"고 선언하면서 회담에 참여했다. 이 회의에서 우고 차베스를 선봉장으로 하여 미제국주의에 맞서 단결하고 있는 남미국가들에서 FTAA를 추진하는 것은 불가능하다는 것이 판명됐다. 조지 부시 미국 대통령은 회의 일정을 다 마치기도 전에 자리를 떠버리는 비참한 모습을 보여주었다.

우고 차베스는 미제국주의 경제침략의 일환인 FTAA 시도를 저지하면서, 대안으로 '미주지역을 위한 볼리바르 대안ALBA'을 결성했다. FTAA 미주정상회담이 열리기 전인 2005년 4월 30일에 우고 차베스는 쿠바의 피델 카스트로 의장과 만나 ALBA 추진을 공식화하는 협정을 맺었다. ALBA는 단순히 자유무역이나 추진하는 기존의 협소한 경제공동체를 넘어서 연대의 정신을 기반으로 하여 경제적·정치적으로 평등한 관계의 국가공동체 건설을 목표로 하고 있다. ALBA의 구체적인 상은 쿠바와 베네수엘라 간의 협력관계를 보면 짐작할 수 있다. 베네수엘라는 에너지 문제로 고통 받는 쿠바에 저렴한 가격에 석유를 제공하고 있으며, 쿠바는 그에 대한 답례로 베네수엘라의 무상 의료제도인 미션 바리오 아덴트로Mision Barrio Adentro에 세계 최고의 의료수준을 자랑하는 쿠바 의료진을 13000명이나 파견한 상황이다.

ALBA는 대체적으로 다음과 같은 원칙에 의해 운영된다.

　　－이윤이 아닌 국민들의 삶을 향상시키기 위해서 협력을 바탕으로 회원국 간의 무역과 투자를 증진한다.
　　－회원국은 서로 협력하여 모든 회원국 국민들에게 무상의료와 무상교육을 실시한다.
　　－국민들의 수요에 맞춰 회원국의 에너지 자원을 통합한다.
　　－미국과 지역 신자유주의 매체에 대응하는 대안 매체를 만들어

남미의 정체성을 찾는다.

−회원국은 토지를 재분배하고 식량안보를 지켜낸다.

−국영기업을 육성한다.

−기본 산업을 발전시켜 경제적으로 독립한다.

−노동운동, 학생운동, 사회운동을 장려한다.

−ALBA의 모든 사업은 친환경적이어야 한다.

FTAA의 대안으로 떠오르고 있는 ALBA는 점점 다른 나라들의 공감을 얻어 2008년 현재 베네수엘라, 쿠바, 볼리비아, 니카라과, 도미니카, 온두라스가 회원으로 참여하고 있으며 아이티는 옵서버 자격으로 참여하고 있다. 차베스는 칠레의 지식인 마르타 하르네케르와의 인터뷰에서 국가 사이의 협력체제에 대한 구상을 다음과 같이 언급한다.

나는 말뿐이 아니라 실질적인 통합의 필요성을 절감하고 있습니다. 이러한 경제통합은 '너희가 우리 것을 사준다면 우리도 너희 것을 사주겠다'는 식의 전통적인 상호주의나 관세 혹은 자유무역지대 같은 방식을 넘어서야 합니다. 무엇보다 각국의 생산물을 실질적으로 연결시키는 것이 필요할 것입니다.

예를 들어 우리가 콜롬비아와 매우 흥미로운 협정을 맺었다고 생각해 봅시다. 베네수엘라는 구야나 지방에서 고품질의 알루미늄을 생산하고, 이 중 많은 양을 유럽과 미국에 수출합니다. 한편 콜롬비아는 우리보다 훨씬 발달된 수중 알루미늄 처리공장을 갖고 있습니다. 그러나 콜롬비아는 유럽이나 다른 나라들로부터 알루미늄 원자재를 구입하고 있습니다. 만약 베네수엘라와 콜롬비아가 알루미늄과 그 가공품들을 공동으로 생산하고 이를 전 세계에 수출한다고 생각해 보십시오. 얼마나 훌륭합니까? 이것이 내가 말하고 있는 통합입니다.

내가 갖고 있는 또 다른 아이디어는 '남미석유회사'입니다. 베네수엘라는 전 세계에서 가장 많은 석유를 보유하고 있습니다. 콜롬비아는 국내 정치의 불안정에도 불구하고 하루에 70만 배럴의 석유를 생산하고 있습니다. 에콰도르도 석유를 갖고 있지만, 무엇보다 천연가스를 많이 보유하고 있습니다. 페루도 마찬가지입니다. 볼리비아는 주로 천연가스를 갖고 있습니다. 볼리바르가 해방시킨 이 다섯 나라는 모두 석유와 천연가스 같은 풍부한 자원을 갖고 있습니다. 여기에 브라질까지 포함시켜 봅시다. 브라질은 자신은 석유나 가스를 수출하고 있지는 않지만 역시 내수용으로 석유와 가스를 생산하여 사용하고 있습니다. 베네수엘라 바로 옆에 있는 트리니다드 토바고도 액화가스의 주요 생산국입니다. 이 지역에서 OPEC 같은 남미석유회사를 못 만들 이유가 없습니다.

최근에는 달러에 대항하는 남미통화 추진도 탄력을 얻고 있다. 2008년 11월 26일에 남미의 좌파 성향 지도자들이 한데 모여 전 세계적인 금융위기에 대처하는 한편 달러에 대한 의존도를 줄이기 위해 '공동통화존'을 결성하는 데 합의했다. 우고 차베스는 미래의 통화를 '수크레Sucre'라고 부를 것을 제안했다. 그리고 이듬해인 2009년 10월 16일, ALBA는 볼리비아 중부 코차밤바에서 정상회담을 열고 공동통화 수크레 사용에 합의했다. ALBA는 수크레 사용을 통해 회원국들의 달러와 유로에 대한 의존을 낮추고 환차손을 없애는 것은 물론 중남미국가들의 경제 · 통화

주권을 확보한다는 목표를 세우고 있다. 또 장기적으로는 회원국 간의 무역거래뿐 아니라 미국이나 EU와의 역외 무역거래에서도 수크레를 대금결제 수단으로 사용하겠다는 입장이다.

한편 1990년대부터 추진되어온 남미공동시장은 이러한 분위기를 타고 급속도로 진전되고 있다. 몇몇 국가에서 지나친 반미노선을 문제 삼아 논란이 되고 있는 베네수엘라의 가입문제도 곧 해결될 것 같다. 베네수엘라의 가입이 이루어진다면 남미공동시장은 인구 2억 5000여만 명, 면적 1270만 제곱 킬로미터에 달하는 시장으로 확대되고 국내총생산GDP 규모도 남미 전체 GDP의 76퍼센트에 달하는 1조 달러에 달할 것이다. 베네수엘라가 남미공동시장에 가입한다면 그 틀 안에서 ALBA가 추구하는 국가 공동체의 상을 강하게 추진할 것이다.

자원 및 전략 산업의 국유화

　중남미의 모든 국가에서 일어나는 일은 아니다. 특히 좌파적 성격이 강한 베네수엘라, 볼리비아 등의 나라에서 주로 일어나는 일이지만 신자유주의식 민영화와는 완전히 정반대에 있다고 할 수 있는 중요한 정책이 있으니 바로 '국유화'다. 중남미 전역에서 동시다발적으로 일어나는 일이 아님에도 불구하고 국유화가 큰 의미를 가지는 이유는 이 정책이 기존의 권력관계를 순식간에 바꿀 만큼 엄청난 위력을 발휘하기 때문이다.

　베네수엘라의 예를 들어보자면, 1920년 즈음에 베네수엘라에 석유가 발견된 이후로 실질적으로 이 석유를 통제한 것은 베네수엘라 정부나 국민이 아니라 미국의 록펠러가 끌고 온 스탠더드 오일이었다. 세계 5위의 산유량을 자랑하는 베네수엘라의 국민들 중 80퍼센트가 빈민이었던 이유는 바로 이 때문이다. 완전히 민영화된 석유산업에서 나오는 대부분의 부는 미제국주의와 서구열강의 석유자본, 그에 기생하는 매국노 자본들만의 것이었다. 기존의 베네수엘라 정부는 이러한 상황을 안전하게 지켜주는 경비업체에 불과할 뿐이었다.

그러나 차베스가 집권한 1999년 이후로 많은 것이 달라졌는데 그중에서 가장 중요한 조치는 석유산업 국유화였다. 국유화를 통해 석유자원에 대한 통제권을 가져온 베네수엘라 정부는 여기서 나오는 재원으로 무상의료, 무상교육 등 대규모 사회복지 정책을 추진할 수 있었다. 그러나 국유화 조치는 미국의 독점자본과 국내 기득권세력들의 심기를 매우 불편하게 했기 때문에 2002년 4월 11일에는 차베스를 암살하고 정부를 전복하려는 보수반동세력의 쿠데타가 있었다. 하지만 21세기 사회주의 혁명을 지지하는 베네수엘라 민중들과 애국적 군인들이 보수반동세력의 쿠데타 시도를 막아냈다. 베네수엘라는 석유산업의 국유화 조치를 성공적으로 끝낸 이후 전기, 통신, 철강 등 신자유주의 정부시절 민영화됐던 국가 전략산업을 다시 국유화하는 조치들을 연이어 실시하고 있다.

볼리비아는 에보 모랄레스 정권이 들어선 이후 천연가스 산업을 국유화하는 조치를 취했다. 이에 반대하는 미국과 기득권세력들은 천연가스 산업이 발달한 지역을 분리독립시키려는 파렴치한 캠페인을 벌이고 공공연하게 위기를 조성했지만, 연이은 선거와 투표에서 국민 대다수의 지지로 대승을 거둔 에보 모랄레스의 사회주의 정부는 국유화조치를 전력산업 등으로 확대하려는 움직임을 보이고 있다.

좌파정권들의 이러한 국유화 조치는 사회복지를 위한 재원을 마련한다는 의미뿐 아니라 국유화한 산업에서 나오는 재원으로 미개발 산업에 투자해 산업다각화를 이룰 수 있는 중요한 기반이 된다. 이전의 신자유주의 정부에서는 중요한 자원산업에서 나오는 재원이 미국 독점자본의 이윤추구와 소수의 기득권세력들의 치부에만 쓰였는데, 국유화

조치를 취한 이후 베네수엘라나 볼리비아 정부는 자국 산업의 자립기반을 마련하기 위해 다양한 산업에 투자하고 농업을 장려하는 등 바람직한 조치들을 취하고 있다. 베네수엘라는 이러한 조치 이후 농업자급력이 20퍼센트에서 40퍼센트로 급등했고, 중남미에서 가장 높은 수준의 경제성장률을 유지하고 있다.

그뿐 아니라 베네수엘라, 볼리비아 등의 나라들은 미국이나 서구열강 국가들에 대한 수출의존도를 낮추기 위해 중국, 러시아, 이란 등의 나라들과 교류협력을 대폭 확대해 나가고 있다. 베네수엘라는 2009년 1월 현재 하루 평균 33만 8000배럴의 원유를 중국에 판매하고 있는데 2012년에는 이를 100만 배럴 수준으로 늘릴 계획이다. 아울러 중국은 베네수엘라 동부 오리노코벨트의 중질유 개발 프로젝트에 수십억 달러를 투자하기로 하는 한편 베네수엘라의 사회간접자본 개발에도 40억 달러의 투자를 약속했다. 또 2008년 10월에는 베네수엘라가 중국에 주문 의뢰해 통신위성을 발사하기도 했다. 베네수엘라는 이 위성을 통해 국가 전역에 인터넷 서비스를 제공하고, 인터넷으로 시골지역 환자의 기록을 도시의 병원까지 전달해 신속하게 진단이 가능하도록 하는 원격진단 시스템을 도입할 계획이다. 2008년 8월에는 러시아 국영 가스회사 가즈프롬과 베네수엘라 석유공사PDVSA가 모스크바 동쪽 오렌부르그 시에서 양국 정상이 지켜보는 가운데 협력의향서에 서명했다. 우고 차베스는 "러시아와 베네수엘라가 원유와 천연가스 개발과 관련해 공공 컨소시엄을 구성하게 될 것"이라고 말했다.

2008년 9월에는 에보 모랄레스 볼리비아 대통령과 마흐무드 아흐마디네자드 이란 대통령이 "모든 형태의 제국주의에 반대하는 동맹관계를 맺기로 했다"고 밝혔다. 두 정상은 이어 "양국 국민의 자주적 권리와 자유에 대한 존중을 바탕으로 민주적이고 평등하며 정의로운 국제관계 건설을 위해 제국주의에 맞서 싸울 것"이라면서 양국이 정치, 통상, 에너지 등에 걸쳐 조건 없는 전방위 협력을 확대하기로 합의했다고 말했다.

이러한 움직임은 명백하게 미국과 서구열강들을 대상으로 한 것이다. 한편 아흐마디네자드 대통령은 ALBA와의 관계강화 의사도 밝혔다. 이보다 1년 전인 2007년 9월에는 아흐마디네자드 대통령이 볼리비아를 방문해 공식 외교관계를 수립하고 2012년까지 천연가스 산업 등에 11억 달러를 투자하겠다고 약속하기도 했다.

미국의 군사적 위협에 맞서는 남미안보협의회

미국의 강한 힘은 하드파워Hard Power, 즉 강력한 군사력에서 나오는 것이다. 압도적인 군사력을 보유한 미국은 언제든지 군사적 옵션을 사용할 수 있다는 위협으로 자신의 뜻을 관철하는 막무가내의 모습을 보여왔다. 쿠바와 파나마를 침공하고 칠레의 피노체트 정권이나 니카라과의 소모사 정권 같은 군사독재를 배후에서 지원한 것은 이미 잘 알려져 있는 사실이다. 최근의 이라크와 아프가니스탄 침공은 미국이 언제든지 무력을 사용할 만반의 준비가 되어 있음을 보여주는 것이다.

이러한 미국의 군사적 위협에 맞서 남미국가들은 남미 판 나토 격인 '남미안보협의회'를 추진하고 있다. 처음에는 남미통합군 형태로 제기되었는데, 남미통합군에 대한 얘기가 언론을 통해 알려진 것은 2006년 1월이다. 룰라 브라질 대통령과 키르치네르 아르헨티나 대통령, 차베스 베네수엘라 대통령이 2006년 1월 19일 브라질리아에서 가진 정상회담에서 중남미안보기구 및 공동방위군 창설문제를 논의한 것이다. 당시만 해도 언론들은 미국 정부가 브라질과 베네수엘라와의 브라질산 군용 훈련기 판매 계약을 방해한 데 대한 반발로 이루어진 것으로 관측했다. 그만큼 남미 공동방위군 창설문제는 현실성이 없어 보이는 황당한 계획으로 받아들여진 것이다. 하지만 2006년 11월에 브라질 정부는 공식적으로 남미통합군을 추진하겠다고 발표한다.

2006년 11월 13일 브라질의 대통령 직속 국가전략위원회가 발표한 '2022년 선진국 진입을 위한 50개 중장기 국가성장전략 계획'에 남미통합군에 관한 내용이 포함되었다. 오스발도 올리바 네토 국가전략위원회 위원장은 "통합군 창설은 역내 특정 국가가 군사적인 모험을 감행하는 것을 막는 동시에 외부의 침략으로부터 중남미지역 전체의 안전을 도모하기 위한 것"이라고 말했다. 브라질 정부가 성장전략 계획을 수립하는 과정에는 EU의 전문가 그룹이 참여하고 있어 남미통합군은 나토군을 모델로 한 것으로 알려졌다.

브라질 정부는 특히 통합군 창설을 통해 중남미지역 전체를 단위로 운영되는 국방 시스템을 갖추는 것 말고도 미래에 예상되는 석유를 비롯한 에너지와 생물종·수자원 쟁탈전에 대비한다는 목표도 가지고 있다. 브라질 측에서 내세우는 남미통합군의 상은 주로 자국의 경제적인 이익을 보호하려고 한다는 점을 언급한 것으로 볼 때 매우 실용적임을 알 수 있다.

이에 반해 차베스가 그리고 있는 남미통합군의 상은 단순히 경제적인 이익뿐 아니라 정치적인 측면, 즉 반제국주의 군대의 성격을 강하게 띠고 있다. 국경을 접하고 있는 콜롬비아에 대규모의 미군이 주둔하고 있는 상황에서 자신이 추진하고 있는 '21세기 사회주의 혁명'을 수호하기 위해서는 미제국주의의 침공위협에 적극적으로 대응할 필요가 있기 때문이다.

이러한 중남미국가들의 군사협력 움직임은 브라질이 남미안보협의회라는 구체적인 조직형태를 제안하면서 급물살을 타고 있다. 특히 2008년 초에 있었던 콜롬비아 정부군과 좌익 무장 혁명조직 콜롬비아 무장혁명군FARC 간의 충돌이 한때 지역 국가들 사이의 군사적 긴장으로 번지면서 남미안보협의회의 필요성이 더욱 부각되었다.

군사적 협력을 강화하고 있는 중남미국가들의 움직임에 불안을 느낀 미국은 2008년 3월에 급히 콘돌리자 라이스 국무장관을 브라질에 보냈고 라이스 방문 이후 브라질은 넬손 조빙 국방장관을 미국에 보냈다. 브라질 일간신문《폴랴 데 상파울루》의 3월 15일 보도에 따르면 조빙 장관은 로버트 게이츠 국방장관과 콘돌리자 라이스 국무장관 등 미국 정부의 고위 관계자들을 잇달아 만나 남미안보협의회의 창설 필요성과 이에 대한 지지를 요청했다고 한다. 조빙 장관의 미국 방문은 4월부터 시작되는 남미 12개국 순방을 앞두고 이루어졌는데, 남미안보협의회가 나토 같은 군사동맹을 추구하는 것이라는 미국의 강한 의혹에 해명하기 위한 것이었다.

이어서 4월에 베네수엘라의 차베스 대통령을 만난 조빙 장관은 이후 기자회견에서 "남미안보협의회가 연말 이전에 공식 출범할 수 있을 것"이라면서도 "남미안보협의회는 전통적 의미의 군사동맹이 아니기 때문에 군사작전을 수행하는 병력을 보유하지는 않을 것"이라고 말해 남미안보협의회 창설을 계기로 나토를 본뜬 남미통합군 구성을 주장하는 차베스 대통령과는 다른 견해를 나타냈다. 차베스 대통령은 전날 국영방송 연설에서 "나토가 존재한다는 사실을 감안하면 남미조약기구를 만들지 못할 이유가 없다"고 말해 '남미판 나토군'으로 불리는 남미통합군 구성에 강한 의욕을 나타냈다.

대부분의 나라들이 남미안보협의회 창설에 동의하는 가운데 콜롬비아는 참가를 거부하고 있다. 남미의 대표적 친미국가인 콜롬비아의 알바로 우리베 대통령은 5월 21일 RCN 라디오 방송과의 회견을 통해 "지금은 콜롬비아가 남미안보협의회에 참여할 시점이 아니라고 생각한다"고 말했다. 우리베 대통령은 "남미지역을 위한 기구로는 이미 미주기구가 있다"면서 특히 좌익 게릴라 조직인 FARC의 성격 규정을 놓고 브라질과 베네수엘라 간에 견해차가 존재하는 상황에서 남미안보협의회에 참여할 수 없다는 입장을 밝혔다. 이와 관련해서 브라질의 조빙 장관은 "콜롬비아가 남미안보협의회에 참여하지 않을 경우 역내에서 고립될 수 있다"면서 "콜롬비아의 불참은 남미지역 전체를 위해서도 결코 바람직하지 않다"고 경고했다.

한편 미국은 최근 카리브해 연안과 남미에 주둔하는 미 해군을 지휘하기 위해 제4함대를 다시 창설하기로 했다. 미 해군 제4함대는 대서양함대와 태평양함대에서 이 지역으로 편성되는 군함들에 대한 작전권을 행사하게 되는데, 제4함대는 비상사태에 대비한 작전과 대對마약작전, 이 지역 국가 해군들과의 연합 군사훈련 등을 수행한다. 제4함대는 지난 2차 세계대전 당시 미 해군의 주력함대였으나 지난 1950년대에 해체됐었다.

이러한 미국의 움직임에 대해 룰라 대통령과 차베스 대통령이 본격적으로 의문을 제기했고, 남미공동시장 의회는 2008년 7월 29일에 공식 반대입장을 표명했다. 남미공동시장 의회는 우루과이 수도 몬테비데오에서 열린 회의에서 "미국의 제4함대 재창설은 남미지역의 안보를 불안하게 하고 군사적 갈등을 초래할 수 있다"는 내용의 선언문을 채택했는데, 선언문은 "남미대륙은 불간섭원칙에 따라 모든 갈등을 평화적·민주적으로 해결하고 있다"면서 "전쟁의 위협이 없는 남미지역에 제4함대를 재창설한 것은 부적절하고 불필요한 일"이라고 강조했다.

도미노 핵 개발과 러시아와의 군사협력

미국이 유일 초강대국의 지위를 누리고 있는 핵심적인 요소에는 핵무기확산방지조약NPT이 한 몫을 한다. NPT는 말 그대로 '확산방지' 조약이기 때문에 거칠게 말하자면 기존의 핵보유국은 용인하면서 나머지 국가들에게 핵무기가 확산되는 것을 막자는 것이다. 매우 불평등한 이조약은 기존의 핵보유국에게 엄청난 기득권을 주고 있다. 핵무기는 재래식 무기와는 달리 한 번의 사용으로 그 지역을 완전히 섬멸할 수 있는 가공할 무기다. 미국은 걸핏하면 선제 핵무기 사용 등을 운운하며 말을 듣지 않는 이른바 '불량국가'들을 윽박질러왔다.

이러한 미국의 NPT 체제에 파열구가 일어난 곳이 바로 동북아시아다. 1998년 북한(조선)은 인공위성 광명성 1호를 쏘아 올리는 과정을 통해 운반로켓 백두산 1호의 성능을 만반에 과시했다. 쉽게 말하자면 대륙간탄도탄을 보유하고 있다는 의미다. 그리고 2006년에 소형 핵실험에 성공한다. 소형 핵실험에 성공했다는 것은 핵탄두를 소형화해서 대륙간탄도탄에 장착할 수 있다는 의미다. 만약 미국이 기어이 북한(조선)

을 침공한다면 워싱턴에 핵탄두를 장착한 대륙간탄도탄을 날릴 수 있는 능력을 갖추게 된 것이다. 이로 인해서 미국의 군사적 옵션은 사실상 사라졌다. 아무리 미국이 세계 최강국이라 하더라도 자국 한복판에 핵미사일을 맞을 수 있는 상황에서는 전쟁을 감행하기 어려운 것이다. 이후에는 외신의 보도에서 알 수 있듯이 평화협정과 한(조선)반도에서의 핵무기 폐기를 놓고 줄다리기가 계속되고 있다.

이러한 과정은 당연히 미제국주의와 맞서고 있는 다른 나라들에게도 모범사례(?)로 여겨졌다. 이란이 핵무장을 추진하고 있으며, 이 과정에서 미국과 갈등을 벌이고 있는 것은 잘 알려져 있는 사실이다. 한편 최근 베네수엘라는 러시아와의 긴밀한 협력 아래 핵에너지를 개발하기로 합의했는데, 2008년 11월 26일 평화적 목적의 핵에너지 개발을 골자로 하는 협력협정을 체결했다. 한편 타바레 바스케스 우루과이 대통령은 2008년 12월 3일 핵에너지의 사용 가능성을 검토하기 위한 기술그룹을 구성하기로 했다고 밝혔다. 바스케스 대통령은 이날 주요 정당 지도부와 회동을 가진 뒤 기자회견에서 "기술그룹 구성은 핵에너지−전력 계획에 따른 첫 번째 조치"라면서 "핵에너지 사용 여부는 최종적으로 국제원자력기구IAEA와의 협의를 통해 결정될 것"이라고 말했다. 이 밖에도 브라질과 아르헨티나 같은 남미의 대국들은 이미 꾸준히 핵에너지 개발을 추진하고 있으며, 에콰도르 역시 러시아와의 핵 협력에 나서고 있다.

특히 러시아는 핵에너지뿐 아니라 중남미, 특히 베네수엘라와의 군사협력도 강화하고 있다. 러시아와 베네수엘라 양국 해군은 2008년 12월 1일 카리브해에서 냉전 종식 이후 처음으로 합동 군사훈련을 실시했다. 양국의 국명을 따 '벤루스 2008'이라고 명명된 이번 훈련에 러시아에서는 핵추진함 표토르대제 호를 중심으로 구축함 차반넨코와 지원함 2척 등을 파견했고 베네수엘라에서는 전함 11척을 동원했다. 차베스 대통령은 이번 합동훈련이 미국 혹은 주변 국가들에 도발하기 위한 것이 아니라고 강조하면서도 미 해군이 베네수엘라를 위협하기 위해 제4함대를 부활시킨 상황에서 러시아가 남미지역에 모습을 보인 것은 다행한 일이라고 평했다.

2009년 2월 러시아를 방문한 볼리비아의 모랄레스 대통령은 국방·에너지 협력협정을 체결한 이후 언론과의 기자회견에서 "러시아가 ALBA와 남미국가연합과 더욱 긴밀한 관계를 구축하기 바란다"고 말했다. 모랄레스 대통령은 러시아가 앞으로 남미통합을 위한 과정에도 적극적으로 참여할 수 있을 것이라면서 "러시아는 중남미 좌파정권들의 모임인 ALBA와 남미지역 통합체인 남미국가연합에 대해 지지 입장을 밝혔다"고 말했다. 한편 러시아 정부는 남미국가연합 산하 남미안보협의회에 옵서버 자격으로 참여하고 싶다는 입장을 나타내기도 했다.

우리의 목소리는 우리가 낸다, 텔레수르

미국은 미디어 강국이다. 국내의 범위를 넘어서 전 세계에 자신들의 입장을 담은 전파를 엄청나게 쏟아낸다. 이 미국으로부터의 소식을 들은 사람들은 어느덧 자신의 입장에서 세상을 보지 못하고 미국의 입장, 특히 미국 독점자본의 구미에 맞는 세계관으로 세상을 보게 된다. 그만큼 미디어의 위력은 대단한 것이다. 우리나라에서도 한나라당과 재벌, 그리고 족벌신문들이 합작해서 그 말도 안 되는 미디어 관련법을 강행하려는 것을 보면 얼마나 미디어가 큰 권력을 가지고 있는지 짐작해볼 수 있다.

미국의 일방적인 미디어 공세에 맞서서 남미의 국가들이 힘을 모아 만든 방송국이 바로 텔레수르Telesur다. 남미 판 알자지라 방송국이라고 하면 쉽게 이해가 될 것이다. 텔레수르는 2005년 7월에 첫 방송을 시작했고 베네수엘라 수도 카라카스에 본사를 두고 있으며, 베네수엘라 51퍼센트, 아르헨티나 20퍼센트, 쿠바 19퍼센트, 우루과이 10퍼센트의 참여로 사실상 베네수엘라가 주도하고 있다.

미국의 반응은 매우 민감했다. 2005년 5월에 텔레수르가 시험방송을 시작했을 때부터, 당시 미국 국무부 대변인이었던 리처드 바우처는 "이는 미국에 대항하기 위한 베네수엘라의 새로운 무기로 활용될 것"이라며 노골적으로 반감을 드러냈다. 하지만 텔레수르에 대한 관심은 폭발적이어서 첫 방송을 시작한 지 한 달 만에 아르헨티나, 브라질, 볼리비아, 콜롬비아, 코스타리카, 쿠바, 에콰도르, 엘살바도르, 과테말라, 도미니카공화국, 우루과이 등 중남미의 수많은 나라들에서 시청이 가능할 정도로 인기를 끌고 있다.

텔레수르는 중남미 전 지역뿐 아니라 영국, 중동, 러시아, 스페인, 이탈리아 등 해외의 곳곳에 중남미의 목소리를 직접 전달한다는 야심찬 계획을 실행에 옮기고 있다. 이러한 계획의 일환으로 2008년 10월에 중국의 도움으로 통신위성 '시몬 볼리바르'를 쏘아올린 베네수엘라는 텔레수르의 시청권을 비약적으로 확대할 수 있는 조건을 만들어가고 있다.

다른 세계는 가능하다! 21세기 사회주의

　미국이 강요하는 신자유주의 세계화를 정면으로 거부하고 있는 중남미에서 '21세기 사회주의'를 내세우며 사회의 근본적 변혁을 추진하고 있는 베네수엘라의 모습은 특히 주목할 만하다. 필자는 베네수엘라를 방문했을 때 석유산업 국유화를 통해 확보된 재원으로 무상의료, 무상교육 등의 사회복지를 실현해가는 모습을 직접 확인했다. 그 당시에 방문했던 기억을 되살려보겠다.

　당시 필자가 방문한 곳 중에 파브리치오 오헤다FABRICIO OJEDA라고 불리는 곳이 있었는데, Nucleo de Desarrollo Endogeno(자생적 발전의 핵)이라는 실험이 진행 중이었다. 자생적 발전이라는 개념은 외부에 의존하지 않고 내부에서 자기완결성을 가지는 경제구조와 생활구조를 만드는 것이다. 예를 들어서 국가 차원에서의 자생적 발전이라고 하면 석유산업 의존도가 강한 베네수엘라의 경제구조를 다각화하는 것이다. 지역 차원의 자생적 발전은 지역에 Nucleo(핵)를 건설하는데, 여기에는 의료시설, 협동조합, 교육시설 등이 한꺼번에 갖춰져서 자기완결성을

21세기 사회주의에 대해 언급하고 있는 간판. '자생적 발전의 핵' 지역 입구에 있다.

가지는 공동체가 건설되는 것이다. 필자가 방문한 곳은 바로 이 '자생적 발전의 핵'의 시범지구다.

이 지역에서 필자는 의료시설을 방문했다. 베네수엘라의 무상의료 시스템으로 유명한 미션 바리오 아덴트로의 2단계에 해당하는 병원이었다. 1단계는 Consultorio(진료소)라고 불리는 작은 보건소이고, 2단계는 적정 규모를 가진 2차 의료기관이다. 필자가 방문한 지역의 2차 의료기관은 'Fabricio Ojeda' Clinica Popular라고 불리는 곳이다. 이 병원의 소장이 나와서 설명해주었다.

소장의 얘기에 따르면 이 병원에는 17명의 의사가 상주하고 있다. 내과, 가정의학, 방사선, 치과 등 웬만한 진료는 이곳에서 해결되며 당연히 치료비는 무료다. 하루에 500명 정도가 이용한다는데, 병원은 24시간 쉬지 않고 운영된다. 이 의료기관은 단순히 병을 치료하는 것뿐 아니라 지역의 주민들에게 예방의학을 가르쳐서 병에 걸리지 않도록 하

2차 의료기관의 소장. 전염병 분야 전공의라고 한다. 우리에게 병원 내부를 친절하게 설명해주었다.

는 부분에 신경을 많이 쓴다. 사회주의 의료체계는 돈벌이를 목적으로 하지 않기 때문에 질병예방이 가장 우선이다. 하지만 질병치료를 통해 돈을 버는 자본주의 의료체계에서는 예방의학에 대한 관심이 적다.

조금 짓궂은 질문을 했다. "민간 의료기관보다 보수가 적을 텐데 의사로서 어떻게 생각하느냐?" 소장은 자신의 일에 만족하고 있으며, 21세기 사회주의를 지향하는 혁명사업에 참여하는 것에 보람을 느낀다면서 행복한 표정을 지었다. 그리고 공공 의료기관이 무상으로 치료해주는데다가 서비스의 질도 계속 좋아지고 있어서 민간 의료기관들을 대체해가고 있다는 말도 덧붙였다. 베네수엘라 국민뿐 아니라 외국인도 무상으로 의료서비스를 받을 수 있는 게 참 인상적이었다.

이 병원의 바로 옆에는 154명의 조합원들이 일하는 협동조합이 있다. 의복을 만드는 곳이다. '자생적 발전의 핵'이라는 이름답게 직장,

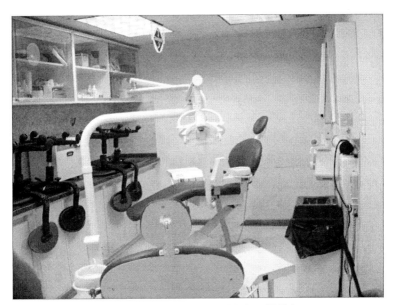
치과의 모습. 병원 내부는 검소하면서도 깨끗했다.

병원 등의 기관들이 한곳에 모여 있다. 이곳의 모든 조합원들은 모두 같은 임금을 받는다. 또 일터의 대표자인 조합장과 각 조의 조장을 조합원 직접투표로 선출한다. 자본주의 회사처럼 회사의 주인인 사장이 따로 있는 것이 아니라 모두가 자신이 일하는 일터의 주인이다. 우리에게 협동조합에 대해 설명해준 분은 조합의 운영자금에 관한 업무를 담당하는 분이었는데, 이 협동조합에서 일하는 사람들은 이전에는 자본주의적 회사에서 착취당하면서 살았거나 혹은 실업자로 지내던 사람들이라고 일러줬다.

이 협동조합은 사회복지사업 미션 부엘반 까라스Mision Vuelvan Caras의 일환으로 2004년에 설립되었으며, 베네수엘라 국영석유회사인 PDVSA의 도움으로 회사부지와 건물, 장비 등을 마련했다고 한다. 정부가 초기 운영자금으로 20억 볼리바르를 무이자로 대출해줬으며 원금은 아직 상환 유예받고 있다. 이곳에서는 주로 군복이나 공공부문에 필요한 옷들을 만든다. 조합원 모두가 INCE라고 하는 협동조합 관련 교육기관에서 교육을 받는다. 이 과정은 조합원 절반이 교육을 받으면 나머지 절반은 일을 하는 식으로 진행된다. INCE는 협동조합들에게 볼리바리안 혁명사상과 협동조합 운영에 필요한 내용을 교육하는 기관이다. 일은 오전 8시부터 오후 4시 30분까지 하며, 일과 후에는 역시 무상교육 프로그램 중 하나인 미션 리바스Mision Ribas에 참가해서 고등학교 과정

협동조합 공장 내부

협동조합에 대해서 설명해주고 있는 아주머니. 조합에서 자금부분을 담당하고 있다.

을 공부한다. 예전에 가난 때문에 공부를 제대로 하지 못한 사람들이 무상교육의 혜택을 받고 있는 것이다.

파브리치오 오헤다에서의 일정을 마치고 다음 장소로 이동했다. 필자가 도착한 곳은 소아암센터였다. 이곳은 오초아 박사Dr. Gilberto Rodriguez Ochoa의 이름을 딴 병원이었다. 베네수엘라의 무상의료 시스템인 미션 바리오 아덴트로의 실질적 설계자로 알려진 오초아 박사는 훌륭한 의사이자 차베스 정권의 초대 보건복지부 장관이었는데 불의의 사고로 사망했다고 한다.

병원 관계자들이 병원 내부를 보여주면서 자세한 설명을 들려주었다. 이 소아암센터는 미션 바리오 아덴트로 3단계에서 속하며, 전국의 8개 암 진단기관과 협력관계를 맺고 있다. 미션 바리오 아덴트로 3단계면 우리의 종합병원에 해당한다. 2006년 8월 20일에 개원했으며, 쿠바 소아암센터를 모델로 만들어졌다. 특히 쿠바 의사와 간호사들이 베네수엘라로 건너와서 많은 도움을 주고 있다고 한다. MRI 등 최신식 의료장비가 가득한 이 병원 역시 무료다. 병원에 있는 의료장비들은 여러 나라들과 협정을 맺어서 들여온 것이라고 한다. 예를 들어 아르헨티나

소아암 센터. 매우 현대적이고 깨끗한 병원이다.

에서 들여온 한 장비는 베네수엘라의 석유와 교환했다고 한다.

이 병원은 의료기관뿐 아니라 교육기관의 역할도 하고 있다. 의학을 전공하는 학생들이 이 병원에서 실습을 하고 있었다. 의학도들 역시 정부의 도움으로 무상교육을 받고 있으며, 장학금을 받는다고 한다. 이렇게 국가공동체에서 혜택을 받은 의사들은 당연히 국가공동체를 위해서 자신이 배운 의료기술을 사용하게 된다. 소아암센터라는 특성에 맞게 이 병원에서 치료를 받는 아이들을 위한 공부방도 인상적이었다.

현재 이 병원의 가동률은 50퍼센트 정도라고 한다. 의사가 부족하기

식당에 모여 있는 의학도들의 모습. 전액 무료로 공부하며 장학금을 받는다.

볼리바리안대학교 건물. 이전에는 국영석유회사 PDVSA의 본사 건물이었다.

때문이다. 베네수엘라의 민간 의료기관에서 일하는 의사들이 공공 의료 서비스 분야에 비협조적인 분위기가 적지 않다. 하지만 이 병원에서 공부하는 의학도들이 있기 때문에 2년 뒤에는 가동률이 100퍼센트로 올라갈 것으로 예상하고 있다.

이 병원은 142명이 입원 가능하고 중환자 병상 33개, 수술실은 4개가 있다. 베네수엘라 국민뿐 아니라 외국인에게도 완전 무상의료 서비스를 제공한다. 실제 우리가 방문했을 때도 볼리비아에서 온 아이가 입원해서 치료를 받고 있는 모습을 볼 수 있었다. 병원 바로 옆에는 지방이나 외국에서 온 환자들의 가족이 머물 수 있는 숙소를 짓고 있었다. 2개월 후에 완공된다고 하는데, 이 숙소 이용 또한 무료다.

이러한 사업에 필요한 재원은 국영석유회사인 PDVSA가 석유사업을 통해 얻은 이익에서 나온다. 이전에는 미제국주의와 국내 소수 기득권만을 위해 봉사하던 PDVSA가 혁명정부가 들어서면서 민중을 위한 회사로 바뀐 것이다. 재미있는 사실은 PDVSA의 본사가 대학교 건물로 용도변경되었다는 사실이다. 필자가 방문한 볼리바리안대학교가 바로 그곳이다.

2002년 11월부터 2003년 2월까지 보수반동세력들은 당시 어용노조인 PDVSA의 노조를 앞세워서 전국적인 총파업을 벌였다. 그러나 차베스를 지지하는 가난한 사람들과 노동자들은 정지된 PDVSA 공장을 다시 가동시키고 문을 닫은 상점들 대신 민중상점들을 열면서 보수세력들의 총파업은 실패한다. 차베스는 총파업 후에 PDVSA 본사 건물을 볼리바리안대학교의 건물로 사용하는 조치를 취했다.

차베스 정부는 예산 중 상당 부분을 무상의료(미션 바리오 아덴트로), 무상교육(미션 로빈슨, 미션 리바스, 미션 수크레) 같은 사회복지사업을 위해

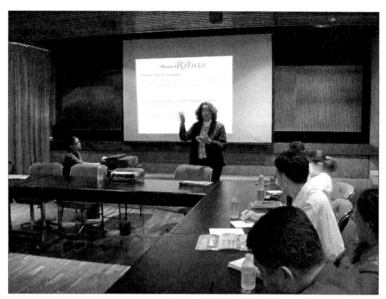
대학 관계자가 베네수엘라의 무상교육 시스템을 설명해주고 있다.

쓰고 있다. 사회복지 프로그램에 대한 민중들의 관심과 참여는 폭발적
이다. 중등교육을 담당하는 미션 리바스의 경우, 2003년에 시작해서
2006년 말까지 150만 명이 무상교육의 혜택을 받았다. 물론 보수반동
세력들의 반대도 만만치 않았다. 보수적인 베네수엘라의 의사들은 세
계최고 의료수준을 자랑하는 쿠바의사들을 돌팔이라고 매도하면서
"쿠바 의사 죽이고 애국자 되자"라는 입에 담지도 못할 슬로건을 내걸
고 실제 실행에 옮기기도 했다. 그러나 대부분의 국민들, 보수적인 서
방의 언론들조차도 사회사업의 성과들에 대해서는 입을 모아 칭찬하
고 있다.

베네수엘라 전문연구 사이트 〈Venezuelanaysis〉의 2006년 12월자
보고서에 따르면, 2007년 베네수엘라 정부 예산 536억 달러 중 44퍼센

트가 무상의료와 무상교육 등의 사회보장비에 배정되어 있다고 한다. 이 매체가 차베스 정부의 성과를 분석한 자료를 보면, 1998년 총인구 중 60~70퍼센트가 기본적인 의료혜택을 받지 못했지만, 2005년에는 이들 중 70퍼센트가 거주지역 근처에서 기본적인 의료혜택을 받고 있다. 유네스코 보고서는, 1998년 7퍼센트였던 문맹률도 현재는 거의 제로인 것으로 밝히고 있다.

볼리바리안대학교 관계자에게 학생은 어떻게 선발하는지 물어보았다. 관계자는 입학시험은 따로 치르지 않고 선착순으로 학생을 선발한다는 충격적인 대답을 했다. 그리고 지방에 사는 학생들을 위해 여러 곳에 분교를 세우고 있다고 했다. 베네수엘라의 무상교육 프로그램들의 특징은 학습과 지역의 사회사업을 연결시킨다는 점이다. 학생에게는 학기마다 과제가 주어지는데, 과제의 내용은 지역에서의 사회사업 활동과 연계시키고 있다고 한다. 재미있는 것은 학생을 평가하는 방식이다. 우리나라처럼 시험문제를 풀어서 점수를 매기는 것이 아니라 학생들이 회의를 통해서 서로를 평가하고 반성하면서 평가를 진행한다. 장학금을 줄 때도 학생들이 회의를 해서 가장 어렵고 장학금이 필요한 사람에게 준다고 한다. 베네수엘라의 무상교육 프로그램 자체가 민주주의의 학교라는 느낌이 들었다.

볼리바리안대학교를 떠나 다음으로 방문한 곳은 리베르따도르 주에 있는 지역공동체. 이곳에서 필자는 무상교육 프로그램 중 하나인 미션 로빈슨에서 수업하는 모습을 볼 수 있었다. 미션 로빈슨은 문맹퇴치와 초등교육을 담당하는 프로그램이다. 교실에서 수업중인 78세의 까를로따 뻬레스 씨는 "이름이 어떻게 되세요?"라는 물음에 이름을 직접 써보였다. 뻬레스 씨는 "늦었지만 이제라도 글자를 읽고 쓰게 돼 기쁘다"고

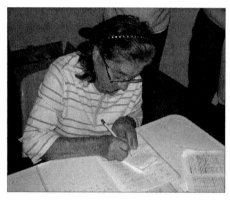
78세의 까를로따 뻬레스 씨가 자신의 이름을 써보이고 있다.

말했다. 뻬레스 씨가 공부하고 있던 작은 교실에는 다양한 연령대의 사람들이 10명 내외로 모여서 영상자료를 보며 학구열을 불태우고 있었다. 수업진행을 돕는 야릭사 모따 씨는 "600여 명이 글을 익히고 초등교육을 받고 있다"고 설명했다. 모따 씨 같이 수업을 진행하는 이들은 대개 이 지역 자원봉사자들이다.

차베스가 추진하는 21세기 사회주의 혁명의 성과에도 불구하고 베네수엘라의 보수언론들은 여전히 우리나라의 조중동 족벌신문처럼 거짓말과 왜곡으로 점철된 반혁명 선동을 떠들어대고 있다. 마침 베네수엘라의 언론사들을 몇 군데 방문할 기회가 있어서 이와 관련된 이야기들을 들을 수 있었다.

필자가 처음 방문한 언론사는 《디아리오 베아Diario VEA》라는 작은 신문사였다. 20여 명의 기자가 일하고 있으며 발행부수는 하루 10만 부 정도라고 한다. 차베스가 추진하는 사회주의 혁명을 지지하고 대중들에게 진실을 알리려는 열정으로 가득 차 있는 곳이었다. 2002년 4월 보수반동세력의 쿠데타 이후에 이러한 소규모의 진보적 언론사들이 많이 생겼다고 한다. 쿠데타가 일어나던 당시 보수언론들은 진실을 감추고

〈톰과 제리〉 같은 만화만 방송하면서 대중들의 눈과 귀를 가렸다. 물론 그 쿠데타는 진보적 군인들과 민중들이 대통령궁과 거리를 탈환하고 섬에 갇힌 차베스를 구출하면서 극적으로 반전되었다.

이 신문사의 편집장 루이스 사라가는 "2002년 차베스가 보수세력의 쿠데타로 잠시 물러났을 때 보수적인 방송매체들은 만화영화 '톰과 제리' 등을 방영하며 상황을 보도하지 않았다. 그러나 카라카스의 빈민가 까띠아 지역의 공동체 방송국은 차베스는 사임한 것이 아니며 보수세력 등이 쿠데타를 벌이고 있다는 사실을 전했고, 이로 인해 이 지역에서 주민들의 시위가 크게 일어났다"고 말했다.

다음으로 방문한 곳은 1941년에 설립했으며, 베네수엘라 최대 발행 부수를 자랑하는 《울티마스 노티시아스Ultimas Noticias》. 그나마 다소 진보적 성향의 일간지라고 한다. 발행부수 2위와 3위를 달리는 《엘 나시오날El Nacional》과 《엘 우니베르살El Universal》은 극렬한 보수신문이다. 《울티마스 노티시아스》는 서민들이 많이 보고 《엘 나시오날》과 《엘 우니베르살》은 부자들이 주로 본다고 하니 왠지 남의 일 같지 않았다. 베네수엘라에서는 전체 언론의 70퍼센트 이상을 시스네로스 그룹 등 몇 개의 미디어 재벌이 소유하고 있다. 이 가운데 시스네로스 가문은 세계 39개국에 70개 계열사를 거느리고 있다. 시스네로스 그룹의 연간 매출액은 2002년 기준 35억 달러(3조 3000억 원)에 이른다. 이들 거대 언론재벌들이 소유하고 있는 상업방송은 기득권의 대변인 역할을 해왔다.

마지막으로 방문한 언론사는 방송국이었다. VIVE TV라고 불리는 방송국인데 공영방송사다. 기존의 방송들과는 달리 공동체, 학생, 노동자, 농민들이 방송에 참여하고 만들어나가는 진보적인 방송국으로 규모는 크지 않지만 혁명적 에너지가 넘치는 곳이다. 프로듀서 에릭 가나

"Se han equivocado mucho, los que creen que la libertad de la información es un derecho del periodista. Nada de eso, se trata del derecho del lector del periódico. O sea que es la gente, es la gente en la calle, la gente que compra el periódico, quien tiene el derecho de ser informada. Es la gente que trabaja en una fábrica, en la construcción, en una oficina, quien tiene el derecho de saber lo que está pasando"

Jean-Paul Sartre

폴 사르트르가 언론에 대해 언급한 말이라고 한다. 공영방송 VIVE TV 입구에 크게 걸려 있었다. '언론의 자유라고 하는 것은 언론 종사자의 자유가 아니라 언론을 통해 올바른 정보를 얻을 수 있는 민중들의 자유' 라는 내용이다.

씨는 "엘리트들이 만든 프로그램을 일방적으로 전달하던 기존 방송구조를 바꾸려고 노력하고 있다" "농민활동가가 취재를 요청하면 그들의 이야기를 방송에 내보내기도 하고, 시민들이 스스로 제작한 프로그램을 방영하기도 한다"고 말했다.

하루 24시간 차베스와 혁명에 반대하는 방송을 하는 방송국, 좀 덜 심하면 하루에 12시간 차베스와 혁명에 반대하는 방송을 하는 방송국. 이것이 베네수엘라 언론의 현실이라고 한다. 어디서나 보수언론들이 딴죽걸기는 만만치 않다는 것이 느껴졌지만 한편으로 이런 대안적 미디어들이 열심히 활동하고 있는 모습에 안심이 되었다.

체 게바라의 딸이자 쿠바에서 소아과 의사를 하고 있는 알레이다 게

바라와의 인터뷰에서 차베스는 이 놀라운 혁명의 성과들은 쿠바의 도움이 없었다면 이뤄내기 어려웠다고 다음과 같이 고백한다.

이전에 베네수엘라에서 능숙히 글을 읽을 수 있는 수준에 이르는 사람들은 한 해에 많아야 15000명 정도 생겼습니다. 그런데 2003년에 6개월 동안 우리는 100만 명에게 읽고 쓰기를 가르치고 있습니다. 단 한 해 만에 15000명에서 100만 명으로 폭발적으로 증가한 것입니다. 우리는 각 과정들을 매우 엄격한 기준으로 평가하고 촉진하고 있습니다.

예를 들어볼까요. 나는 학교 문턱을 넘어본 적도 없는 102세의 노인이 7주 동안에 글을 배우는 것을 직접 보았습니다. 85세의 할머니도 보았고요. 아버지가 없는 8살, 10살 그리고 12살짜리 형제들이 눈물을 글썽이며 이렇게 말하더군요. "대통령 아저씨, 우리는 지금까지 학교에 다닐 수 없었는데 지금은 글을 배우고 있어요." 그 아이들은 지금 학교에 다니고 있고 정규교육 체계의 보호 아래에 있습니다.

이런 것은 초기의 교육 구상이었고 충만한 자신감으로 미션 수크레를 출범시켰습니다. 우리는 문맹퇴치 프로그램에 등록되어 있는 150만 문맹자들의 성공을 지켜보면서 고등학교를 마친 학생들이 대학교육을 받지 못하는 현실을 깨달았습니다. 거기에 착안해서 미션 수크레가 나오게 되었습니다. 어느 일요일에 대상자들을 소집해보았습니다. 열풍이 일어난 것처럼 60만 명이 넘는 어쩌면 100만 명에 가까운 사람들이 몰려들었습니다.

그 뒤 우리는 많은 사람들이 초등학교에 입학한 뒤 6년 과정을 마치지 못하는 것을 알게 되었습니다. 우리가 이 사람들을 모아보니 역시 100만 명에 가깝더군요. 우리는 '잃어버린 고리'를 고안해냈습니다. 어느날 이른 아침에 피델(카스트로)과 대화하다가 우리가 잃어버린 고리를 놓치고 있다고 했지요. 그러자 피델이 이러더군요. "잃어버린 고리라니, 차베스?" 저는 대답했습니다. "잃어버린 고리란 제2의 교육을 받게 됐는데도 마저 끝마치지 못하는 사람들이죠." 우리가 그들을 파악해보니 거의 70만 명이었습니다. 현재는 보시다시피 각 부류의 사람들이 자기에게 맞는 미션에 참여하고 있습니다. 베네수엘라에서는 전 인구의 60퍼센트가 배우고 있는 중이죠.

카터 전 미국 대통령이 최근 방문해서 카라카스 시의 지역인사를 만났을 때 그는 정확하게 보았습니다. 카터는 나와 나눴던 대화내용을 TV 기자회견에서 또다시 발언해서 과두지배 세력을 분노하게 만들었습니다. 그는 "이 지역 지도자들과의 만남은 내 생애에서 가장 놀라운 만남 중 하나입니다"라고 말했어요. 그 지역 모임에서 만난 한 사람은 그 지역에 거주하는 20만 명의 주민들이 지금까지 의사를 구경도 못했다는 말을 카터에게 했습니다. 그리고 나서 쿠바 의사들이 참여하고 있는 미션 바리오 아덴트로에 대해 말했지요.

거의 40년 동안 그 지역의 20만 명이 넘는 주민들에게 의사는 없었습니다. 어떤 사람은 응급치료를 기다리다 죽기도 했고, 임산부는 마룻바닥에서 출산을 하고 아이들은 천식과 설사로 목숨을 잃었습니다. 그러나 지금은 의사가 있습니다. 이제 한 시간 내에 의사에게 신속한 치료를 받지 못하는 사람은 그 지역에서 한 사람도 없습니다. 게다가 의사들이 약품도 비치하고 있어서 더 이상 약을 사지 않아도 됩니다. 카터는 이것을 말하고 있는 것입니다.

또 어떤 사람은 카터에게 요즘 우리 동네에서는 춤추고 술 한 잔할 시간이 일요일밖에 없다고 농담을 하기도 했죠. 왜냐고요? 남녀노소를 가리지 않고 대부분의 사람들이 평일 5시 이후에는 학습을 하기 때문입니다. 모든 주민들이 공부하고 글을 배우고 학교 시험공부를 하고 있습니다. 이 모든 것들이 피델이 있기에 가능한 것입니다.

혹자는 나에게 "당신 제정신입니까? 한 해 동안 이 모든 미션들을 시작한다니요?" 라고 말하기도 했습니다. 지금 물론 광범위한 대중의 참여로 모든 미션들이 진행 중에 있습니다. 되풀이 말하지만 이것은 쿠바의 놀라운 지원이 있어 가능했습니다. 비록 많은 사람들이 내가 쿠바 이야기를 꺼낼 때마다 화가 나서 길길이 뛰겠지만 상관없습니다. 나는 내가 어디에 있든, 누구와 있든, 세계포럼에서 연설을 하든 쿠바에 대한 감사를 공식적으로 상기시키고 부각시킬 것이며, 이를 표현하는 데 주저하지 않을 것입니다.

미국의 경제봉쇄 속에서도 사회주의를 굳건히 지키며 무상의료, 무상교육 등의 수준 높은 사회복지 시스템을 유지하고 있는 쿠바의 도움이 있었기에 베네수엘라는 21세기 사회주의 혁명사업을 차질 없이 진행할 수 있었다. 그리고 지금은 볼리비아, 에콰도르, 니카라과 등의 더 많은 국가들에서 이러한 21세기 사회주의 모델을 도입하고 있다. 1959년에 바티스타 독재정권을 무너뜨리고 집권한 쿠바혁명의 불씨는 미국의 거센 방해에도 꺼지지 않고 21세기에 더욱 큰 들불로 타오르고 있는 것이다.

"가난을 끝장내는 유일한 방법은 빈민들에게 권력을 주는 것입니다!"

우고 차베스 대통령의 그 유명한 말이다. 미국 일극체제가 무너지고 다극화체제가 형성되어가는 전 세계적 구도 속에서 특히 중남미에서 일고 있는 21세기 사회주의의 바람이 돋보이는 것은 미국이 잃어버린 권력을 인수하는 세력이 바로 민중 그 자신이기 때문이다. 차베스의 말대로 중남미의 민중들은 그 지긋지긋한 가난을 끝장내기 위한 유일한 방법에 한걸음씩 다가서고 있다.

미국의 변화와 중남미의 미래

　　신자유주의로 대변된 미국식 모델은 날개 없이 추락하고 있다. 미국의 주택시장 거품에서 시작된 불황은 미국이 전 세계에 퍼트린 신자유주의식 금융세계화의 파생상품을 타고 역사상 유래 없는 공황을 일으켰다. 특히나 미국식 신자유주의 모델을 적극적으로 받아들인 나라들에서 그 피해는 더욱 심각하다. 이러한 현실에서 미국의 영향력에서 벗어나 남미국가연합을 추진하려는 남미국가들의 움직임은 더욱 가속화될 것이 불을 보듯 뻔하다. 미국인들조차도 변화를 원하고 있다. 조지 부시 공화당 정권에 엄청나게 실망한 미국인들은 역사상 최초로 흑인인 민주당 대통령 후보 버락 오바마를 대통령으로 선출하는 이변을 보여주었다.

　　조지 부시 대통령에게 엄청나게 실망했던 남미국가들은 이제 오바마를 주시하고 있다. 차베스 대통령은 2008년 11월, TV로 중계된 연설에서 베네수엘라와 미국 사이의 관계가 지난 몇 년간 최악상태라고 진단하고 오바마 후보가 대통령에 당선되면 그의 집권기간 중에 양국관계가 개선될 수 있을 것이라고 말했다. 차베스 대통령은 그러나 "대등하고 상호존중한다는 조건에서만" 오바마를 만날 것이라고 밝히고 "오바마와 함께 새 시대로 진입하기를 바란다"고 강조했다.

룰라 브라질 대통령은 당시 취임식을 앞둔 오바마에게 "취임 후 중남미지역에 대한 과거의 낡은 관점에서 완전히 벗어나기 바란다"며 중남미에 대한 시각변화를 촉구했다. 룰라 대통령은 "중남미는 더 이상 공산주의자나 테러리스트, 마약밀매업자들의 땅이 아니"라면서 "과거의 관점을 버리고 중남미지역에서 민주주의가 발전하고 있는 모습을 보아야 한다"고 말했다.

"Yes, we can. Yes, we can change. Yes, we can. Yes, we can heal this nation."

"네에, 우리는 할 수 있습니다. 네에, 우리는 바꿀 수 있습니다. 네에, 우리는 할 수 있습니다. 네에, 우리는 이 나라를 치료할 수 있습니다."

잘생긴 외모에 유창한 달변으로 '변화Change'를 외치며 혜성처럼 등장한 민주당의 '흑인' 오바마는 말 많고 탈 많았던 조지 부시 공화당 정권을 끝장내고 미국의 대통령에 당선되었다. 미국 역사상 최초의 흑인 대통령이고, 조지 부시 공화당 정부가 야기한 정치와 경제의 절대적 위기 상황에서 구원투수로 등장한 오바마가 내건 키워드는 '변화'다. 오바마 정부가 들어서고 난 후 중남미에 과연 어떤 '변화'가 일어날까?

최근에 중남미의 작은 나라 온두라스에서 군부를 중심으로 한 보수세력들의 쿠데타가 있었다. 당시 온두라스 대통령이었던 마누엘 셀라야는 빈민들을 위한 복지정책을 강화하고 기득권세력들을 견제하는 정책을 폈다. 그리고 쿠바와 베네수엘라가 추진하는 진보적 국가공동체 기구인 ALBA에 가입을 추진하더니 혁명적 정치개혁을 위해서 헌법을 새로 제정하는 제헌의회 소집을 추진했다. 이런 셀라야 대통령의 행보에 큰 불안을 느낀 보수세력들이 군부를 앞세운 쿠데타를 통해 셀라야 대통령을 추방하고 임시로 자신들의 대통령을 임명하는 웃지 못할 상황이 발생한 것이다. 그리고 이 사건의 배후에는 역시나 미국이 개입되어 있다는 얘기가 끊이지 않고 있다. 거의 모든 중남미국가들이 온두라스 군부 쿠데타를 비난하면서 미국에게 온두라스 괴뢰정부에 압력을 넣을 것을 구체적으로 요구했지만 '오바마'의 미국은 전혀 움직이지 않았다.

이 일뿐이 아니다. 최근 중남미의 대표적 친미국가인 콜롬비아에 7개의 미군기지가 추가로 설치된다는 소식이 전해지면서 중남미 전역이 충격에 빠졌다. 볼리비아와 에콰도르에 좌파정부가 연이어 들어서면서 해당 국가에서 미군기지가 철수할 수밖에 없는 상황에서 미국은 친미국가인 콜롬비아에 미군기지 건설을 추진하고 있는 것이다. 콜롬비아는 미국이 눈엣가시로 여기고 있는 베네수엘라와 국경을 맞대고 있는 나라다. 차베스 대통령은 콜롬비아와 단교할 것이라며 강력하게 반발하고 있다. 콜롬비아를 제외한 대부분의 중남미국가들은 미국과 콜롬비아를 한 목소리로 비난하고 있다. 오바마 정부가 들어선 지 얼마 되지도 않았는데 중남미에 벌써 이렇게 역동적인 '변화'들이 연이어 일어나는 것을 보면, 오바마가 말하는 '변화'가 과연 무엇인지 궁금해지지 않을 수 없다.

만약 오바마의 목적의식적 주도 아래 이런 일들이 일어났다면, 그는 피부색이 검은 제2의 조지 부시나 다름없다. 만약 오바마가 이런 일들이 발생하기를 원하지 않지만 통제하지 못하고 있다면, 그는 착하지만 무능한 대통령일 뿐이다. 이 둘 중 어느 것도 미국을 '변화'시킬 수 없다는 것은 자명하다.

김애화

김애화는 오랫동안 노동운동에 종사해왔고 2000년부터는 국제노동 관련 연대활동
을 해왔다. 아시아 노동단체인 아시아정보센터AMRC와 미국 코리아타운노동자센
터KIWA에서 활동했으며, 현재 여성노동자협의회CAW 운영위원으로 활동중이다.
한미FTA 범국민운동본부 국제연대팀장과 한국진보연대 국제연대위원장으로 활동
하면서 주로 무역 관련 국제연대사업을 했다. 현재는 민주노동당 부설 새세상연구
소의 여성정책 전문연구위원으로 활동하고 있다.

글로벌 슈퍼파워의 진용을
갖춰가는 유럽연합

조종은 그대를 위해 울린다

누구든 그 자체로서 온전한 섬은 아니다

모든 인간은 대륙의 한 조각이며 본토의 일부다

만일 흙덩이가 바닷물에 씻겨가면 유럽은 그만큼 작아지며

모래톱이 그리되어도 마찬가지다

그대의 친구들이나 그대 자신의 농토가 그리되어도 마찬가지다

어떤 사람의 죽음도 나를 손상시킨다. 왜냐하면 나는 인류에 포함되어 있기 때문이다.

그러므로 누구를 위하여 조종이 울리는지를 알려고 사람을 보내지 말라

조종은 그대를 위해 울린다

— 존 던, 묵상 17 중에서

2009년 10월 3일 아일랜드에서 리스본조약이 국민투표를 통해 통과됐다. 15개월 전에 아일랜드는 동일한 조약에 반대표를 던졌었다. 1차

국민투표에서 거부되자 좌절한 유럽의 초국적기업과 엘리트 관료집단은 15개월 동안 아일랜드에서 재투표 실시와 찬성표를 유도하기 위한 수많은 달래기 작전을 시행했다. 그 결과 거부되었던 리스본조약이 통과되었고 주요 언론은 일제히 유럽연합EU이 정치적 통합체가 되었다고 소리쳤다.

일명 '미니 유럽헌법'으로 불리는 리스본조약은 EU 조직을 개혁하고 정치적 통합을 이루기 위한 조약이라는 의미가 있다. EU 27개 회원국으로부터 찬성을 얻어야 하는 과정 때문에 아일랜드의 거부는 EU의 정치적 통합과정에 먹구름을 드리우는 것과 같았다.

아일랜드에서 리스본조약이 통과되자 관심을 끄는 또 하나의 이슈는 누가 EU 정상회의 상임의장(EU 대통령)과 외교안보정책 고위대표가 될 것인가로 모아지고 있다. 두 대표의 선출과 관련한 분위기는 경제공동체에서 정치공동체로의 전환을 실감나게 해주고 있다(2009년 11월, EU 정상회의 상임의장으로 벨기에의 총리 헤르만 판롬파위가 선출됐고, EU 외교안보정책 고위대표로 영국의 EU 통상담당 집행위원인 캐서린 애슈턴이 지명됐다). 리스본조약 발효를 앞두고 독일의 《슈피겔》지 10월 9일자에 기고한 한 유럽인은 "이제 더 큰 EU를 향해 나갈 때다. 유럽연합군을 창설하는 것도 좋은 출발점이 될 것이다"라고 주장했다. 이 글대로라면 EU는 명실상부한 연방국과 같은 체제로 변화되는 것이다.

EU는 인구는 5억 명에 GDP가 15조 달러에 달해 숫자만 보면 미국(3억 명, 13조 달러)이나 중국(13억 명, 3조 달러)에 견줄만한 덩치가 되었다. EU는 미국, 중국과 함께 글로벌 슈퍼파워로의 움직임을 시작하려 하고 있다. EU의 변화는 유럽국가들의 변화만을 의미하는 것이 아니다. 지구적 파워의 변화를 의미하는 것이다.

그리고 세계에서 EU에 관심이 집중되는 또 하나의 이유는 지역주의 운동의 영향 때문이다. 미국 중심의 일극적 세계체제가 약화되면서 다극화체제로 이전하는 방향에 지역주의가 중심동력으로 자리잡고 있다. 특히 아시아, 남미 등의 지역에서 활발하게 논의가 진행되고 있는 지역주의 운동의 주체들이 그 모델로 EU를 생각하고 있기 때문이다. 이렇게 유럽통합은 21세기 전 세계의 발전방향에 커다란 반향을 일으키면서 전개되고 있다.

이 글의 목적은 독자들에게 새로운 정치적 형태로 등장한 지역통합의 결정체, EU에 대해 기초적인 소개를 하고 EU가 다른 지역의 지역통합의 바람직한 모델인지 나아가 EU의 경험이 아시아에서의 지역통합운동에 주는 교훈은 무엇인지를 생각해보고자 하는 것이다. 이러한 목적을 위해서 미국과의 관계 속에서 설명할 것이다. EU가 미국과 불가분의 관계 속에서 발전했고, 향후 발전전망도 미국과의 관계 속에서 조명될 수 있기 때문이다. 또 복잡한 EU의 발전과 문제를 쉽게 공유하기위해서 질문과 대답형식으로 서술하려고 한다. 이 글을 계기로 아시아에서도 민중연대를 위한 고민이 깊어지길 소망한다.

간략한 용어해설

- 지역주의regionalism: 지역적 인접성에 바탕을 두고 국가들과 다른 행위주체들이 제도화된 협력을 발전시켜나가는 지구정치의 한 현상을 말한다.
- 통합integration: 상이한 구성부분들(회원국가들)을 서로 묶어서 하나의 새로운 정치체제를 만드는 것이다.
- 초국가주의supranationalism: 공동의 제도들은 독자적인 정책결정의

권위를 지니기 때문에 회원국들에게 정책들을 강제할 수 있다는 통합이론의 한 개념이다.

- 협력cooperation: 정책 이슈들에 관한 국가 간의 정기적이고 지속적인 상호관계로 이를 통해 공동의 제도를 창출하고 공동의 제도는 다시 국가 간 상호교류를 심화시킬 수도 있다.

- 개방적 지역주의open regionalism: 지역 차원의 경제협력을 범세계적인 자유화로 확장하자는 구상. EU와 미국의 구상으로 지역적 협력을 추진하되 다른 지역에도 개방해야 한다는 것이다. 사실상 신자유주의적 구상이다

《세계정치론》, 옥스포드 대학)

* 필자가 볼 때 현재 통합이 무엇인가에 대한 합의는 존재하지 않으나 일반적으로 통합을 상태로 정의하기도 하고, 하나의 과정으로 보기도 하는 것 같다. 따라서 통합이란 개념도 발전하고 있는 중이라고 할 수 있다.

유럽연합은 유럽을 가리키나?

최근에 유럽을 여행한 사람은 공항이나 기차역 부근에서 멈칫한 경험이 있을 것이다. 특히 유럽연합EU 회원국가들을 여행하다보면 공항이나 기차역에서 여권검사를 하지 않는다는 사실을 깨닫는다. 그러다 보니 무엇인가 놓친 것 같아서 국제터미널에서 두리번거린다거나 출입국심사 장소를 찾기도 한다. 줄서지 않아도 되고 제복 입은 사람 앞에서 어색한 표정으로 서 있을 필요가 없다는 것이 유럽과 다른 대륙과의 차이를 실감나게 한다.

그렇다면 유럽 전체가 그럴까? 그렇지는 않다. EU의 다른 회원국가에서 영국으로 들어갈 때는 여권검사를 한다. 이렇기 때문에 여행 중 혼란을 겪은 독자도 있을 것이다. 영국은 EU의 조약 중 하나인, EU 내에서의 자유로운 이주를 보장하는 센겐조약에 가입하지 않았기 때문에 다른 EU 회원국과 달리 여행할 때 출입국 심사를 거쳐야 한다.

EU는 유럽 전체를 가리키나? 아직은 유럽대륙 전체를 지칭하지는 않는다. 명확하게 유럽과는 다른 성격이라고 할 수 있다. EU는 일정 수

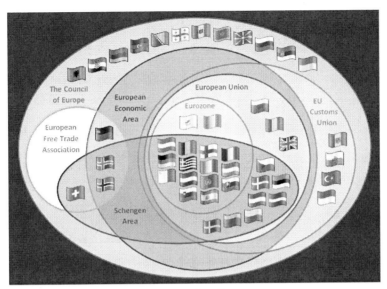

한 블록 내의 다양한 그룹(위키피디아)

준의 공동 합의를 하는 유럽 내 국가들로 구성된 공동체다. 서유럽 중에 EU에 가입하지 않은 국가(노르웨이, 스위스, 아이슬란드)도 있고, EU 회원국이라 해서 EU의 (공동)조약에 모두 동의하는 것은 아니다. 예를 들어 영국, 덴마크, 스웨덴 등은 EU의 공동통화인 유로 화 사용국이 아니다. 그래서 유로 사용국가들의 그룹을 유로존이라 부른다. 또 영국은 앞서 말한 센겐조약에 가입하지 않았다. 반면에 노르웨이, 스위스, 아이슬란드는 EU 회원국은 아니지만 센겐조약에 가입해 있다. 이렇게 EU는 현재 유럽 전체를 포괄하고 있지 않으며, EU 회원국들도 동일한 수준의 결속력을 가지고 있다고 할 수 없다.

그런데 EU의 발전과 동시에 끊이지 않고 제기되는 질문이 있는데, 바로 유럽이 무엇인가라는 질문이다. 유럽을 너무나 쉽게 당연한 자연적인 사실로 간주하고 하나의 대륙으로 칭하는 것이 일반적이다. '유럽적'이라는 말은 유럽시민에게 다른 대륙, 특히 미국과 차별성을 드러내는 자신들만의 정체성을 드러내는 개념으로 받아들여졌다. 이 말은 유럽통합의 기초로서 아주 자연스런 이념으로 받아들여지고 위기의 시기를 헤쳐가는 통일된 이념의 역할을 해왔다.

그런데 유럽은 본래부터 공동적 정체성을 가지고 출발한 것이 아니다. 오히려 유럽의 역사는 분열과 전쟁의 역사다. 프랑스의 구국 여전사 잔다르크로 유명한 백년전쟁을 보자. 100년 동안의 전쟁을 통하여 영국과 프랑스가 보호하고자 했던 것은 각 왕조의 세력이었다. 그리고 백년전쟁 후 장미전쟁도 왕조 간의 세력투쟁이었다. 이밖에도 유럽은 무수한 전쟁을 거치면서 현재의 국민국가라는 경계선을 가지게 되었다. 그래서 '유럽적' 이란 정체성은 본래부터 존재하는, 자연스런 것이 아니다.

유럽은 무엇보다도 하나의 정치적이며, 문화적인 개념이다. 몇 세기 동안 꿈꾸어온 정치지배세력의 꿈일 수 있다. 니체의 말은 이런 점에서 시사하는 바가 크다. "꿈도 계속 꾸다보면 완벽한 현실로 느껴지고 현실로 판정될 수 있다." 어쩌면 '유럽적'의 정체성은 그 진위성 논란보다는 그 정체성을 누가 만들어가는가 또 누구를 위해서 만들어가는가가 더 중요한 문제일 수 있다. 따라서 '유럽'이란 가공적이고 인위적인 실체를 자연적이고 당연한 실체로 이해하는 것은 유럽통합 과정이 가지는 중요한 정치적 기획의 의도를 놓치기 쉽다.

이런 정체성의 실제적인 논란이 EU에서는 신규 회원국에 대한 자격조건으로 불거지기도 한다. 이는 다른 말로 하면 EU 가입대상의 폭과 지리적 범위는 어디까지 할 것인가라는 문제다. 그 구체적인 예로 러시아와 터키가 EU의 회원자격이 있는가라는 논란이 제기되고 있다. 이슬람국가인 터키의 가입에 대해서는 문화적 차이를 들어 거부감을 보이는 유럽시민들이 있다. 즉 터키가 유럽적이지도 기독교적이지도 백인도 아니라는 것이다. EU는 출발부터 이러한 문화적 성격을 분명히 드러냈다. EU 깃발에 있는 노란색 12개의 별은 예수의 12제자를 상징하는 것으로서 전통적인 기독교 사상을 표현하고 있다. 러시아는 서쪽으로 유럽과 변방을 이루고 있어서 서부지역 러시아인은 자신들을 유럽의 전통과 문화를 공유하는 유럽인이라고 생각한다. 이처럼 유럽이란 정체성에는 지리적으로 문화적으로 복잡한 문제가 있음에도 불구하고 어떻게 현재까지 발전할 수 있었는가를 살펴보는 것은 흥미로운 일이다.

유럽국가들은 왜 또다른 정부가 필요했을까?

EU의 시민에게는 두 개의 국가가 있는 셈이다. 국민국가와 또 다른 권력인 EU다. 이들의 상호관련성을 살피기 전에, 국민을 실질적으로 책임지고 대표하는 각국의 정부가 존재함에도 또다른 정부인 EU가 필요했던 이유, EU를 가능하게 했던 유럽 프로젝트의 배경을 살펴보자.

우선 수많은 전쟁으로 인한 유럽인들의 전쟁공포증이 그 배경이 될 수 있다고 할 수 있다. 유럽에서는 18세기 중반부터 250년간 160건의 전투가 발생했고, 이중 60건 이상은 사상자가 8000만 명 이상이나 되는 어마어마한 규모의 전투였다고 한다. 게다가 2차 세계대전은 유럽을 황무지로 만들었다. 2차 세계대전으로 유럽 전역에서 수백만 명이 죽었고, 수많은 도시가 파괴되었고, 비극이 유럽 전체로 확산되었다. 전쟁 후 사회적 대립은 깊어지고 국가 간 증오가 팽배했다. 특히 유럽의 강대국이라 할 수 있는 프랑스와 독일의 대립은 깊었다. 두 국가 간의 대립은 중세부터 시작된 오랜 역사적 유산이었다. 우리나라 교과서에도 소개된 알퐁스 도데의 소설, 〈마지막 수업〉으로 유명한 알자스-로렌

지역의 역사는 두 국가의 대립을 극명하게 보여준다.

유럽통합은 바로 유럽 내의 잦은 전쟁이 빚어낸 비극에서 벗어나기 위해 시작되었다. 이제 더 이상의 유혈사태는 없어야 한다는 데 뜻을 같이 한 것이다. 그러자면 무엇보다 유럽국가들의 상호관계가 달라져야만 했다. 특히나 전쟁을 일으킨 독일에 대한 견제가 필요했다. 이러한 분위기 속에서 유럽통합의 아이디어를 제안한 사람이 훗날 유럽의 아버지라 불리는 장 모네다. 그는 전쟁의 주요한 기반산업이 되는 석탄과 철강의 생산을 공동으로 통제하자는 아이디어를 냈고, 이 아이디어를 당시 프랑스 외무장관이었던 로베르 쉬망에게 제출했다. 이것이 이른바 '쉬망계획'으로 탄생한다.

쉬망계획이 제출된 5월 9일은 이후 유럽일이 되어 매년 기념하고 있다. 이 계획을 근간으로 하여 1951년 파리조약이 체결되고, 유럽석탄철강공동체ECSC[1]가 만들어진다. 공동체의 주요 업무는 회원국의 경제활성화, 고용증대, 생활여건 개선에 일조하는 것이었다. 이것이 유럽 프로젝트의 시작이었다. 전쟁이 끝난 지 불과 몇 년 후에 한때의 적과 그런 공동체를 설립할 수 있었던 배경에는 유럽 전체에 팽배했던 전쟁공포증과 전쟁으로 인한 참혹한 파괴가 있었다.

두 번째 배경은 유럽통합을 위한 유럽 프로젝트는 유럽의 내부적 요구뿐 아니라 미국의 유럽에 대한 정책, 즉 전쟁 후 재편정책에 의해서 시작됐다는 것이다. 2차 세계대전 이후 유럽은 동서 분리선의 양쪽으로 나누어졌다. '철의 장막'으로 두 개의 블록으로 나뉘어져서 새로운 초

---

1 1952년 석탄과 철강의 생산과 판매를 위해 창설한 공동관리 협력기구로 당시 6개국이 참가했다.

1945년 얄타회담에서 처칠과 루즈벨트, 스탈린(위키피디아)

강대국, 미국과 소련 각각의 직접적인 감독 아래 동·서유럽 프로젝트가 시작되었다.

미국이 유럽국가들의 통합에 적극적이었던 이유는 유럽국가들의 단결이 미국의 냉전전략에 필요했기 때문이다. 즉 반공전략, 동유럽 견제를 위해서 서유럽이 단결할 필요가 있었던 것이다. 동시에 동유럽과의 경쟁력을 높이기 위하여 서유럽의 경제부흥이 필요했다. 그리하여 미국은 전쟁으로 황폐화된 유럽의 경제재건을 위한 지원정책인 마샬플랜을 소개한다. 그런데 유럽이 미국의 원조를 받기 위해서는 조건이 따랐다. 유럽의 16개국이 무역관계를 자유화하고 관세제한을 철폐해야 했다. 또 이를 감시하고 필요한 경우 제재조치를 취하게 될 유럽경제협력기구OEEC에 모두 가입해야 했다. 열악한 경제적·정치적 상황 탓에 유럽은 결국 조건을 받아들일 수밖에 없었고, 이 과정은 후에 경제협력개발기구OECD로 발전한다. 이렇게 마샬플랜의 수행을 위해 설립된 OEEC와 소련에 대한 군사적 봉쇄정책의 수행을 위해 만들어진 나토[2]는 미국과 서유럽 간 협력의 토대가 되었고 냉전체제 아래에서 유럽의 균형을 이루는 토대가 되었다.

그리고 세 번째 배경을 든다면 유럽 프로젝트는 세계에서 차지하는 유럽의 힘의 약화가 가져온 결과다. 2차 세계대전은 서유럽이 지배했던 식민지 곳곳에서 유럽으로부터의 독립을 촉진했고, 서유럽은 100년에서 500년 동안 자신들이 소유했던 식민지들을 잃게 되었다. 자신이 더 이상 세계를 지배하지 않는다는 사실을 유럽은 인정해야 했다. 이러한 유럽세력의 약화과정은 동시에 미국이 진 세계적인 강대국으로 부상했다는 것을 반영하기도 했다. 이와 함께 경제, 문화, 특히 과학분야에서 미국의 우위가 확실해졌다. 전쟁 이후의 폐해, 유럽의 분단을 낳은 냉전과 식민지 손실이라는 암울한 전망으로 충격을 받은 유럽국가들은 미래 구상에 있어서 변화를 꾀할 수밖에 없었다. 유럽이 살아남기를 원한다면, 나아가 다시 한번 강대국이 되기 위해서는 경제·군사정책 분야에서 유럽 내의 협력이 절대적으로 필요했을 것이다.

이처럼 유럽통합은 근본적으로 정치적 동기에서 비롯됐고 실질적인 통합노력은 주로 경제분야에 집중되어왔다. 이런 배경에서 시작한 유럽 프로젝트에 의해서 '라인 강의 기적' 같은 전후 서유럽의 경제적 회생을 위한 토대가 마련되었다.

2 북대서양조약기구North Atlantic Treaty Organizations, NATO는 1949년 4월 4일에 유럽의 여러 국가와 미국, 캐나다 사이에 체결된 군사방위조직이다. 나토는 1989년까지 소련과 동유럽 공산주의 국가들의 방위체제인 바르샤바조약기구와 경쟁적으로 발전했다.

유럽통합은 어떻게 진행되었나?

　유럽통합은 국민국가 간의 국제적 협력과정으로 출발했기 때문에 유럽통합의 역사는 기본적으로 협력의 합법적 토대를 마련하기 위한 국가 간 조약 마련과 그 변천과정이라고 할 수 있다. 즉 EU는 다양한 국제조약이 만들어낸 건축물이다.

　그런데 우선 유럽통합의 역사를 훑어보기 전에 유념해야 할 것이 있다. 유럽이 가지고 있는 복잡성이다. 아시아의 입장에서 볼 때, 유럽은 확실히 통일성이 강한 하나의 커다란 단위처럼 보인다. 아시아와 비교하여 언어, 종교, 역사 등의 다양성이 적어 보일 수 있다. 이러한 이해가 틀린 것은 아니다. 그럼에도 불구하고 유럽의 다양성과 복잡성도 무시할 정도는 아니다. EU만 하더라도 공식언어가 23개고, 정치적 전통·해외정책·경제적 구조·사법적 구조·노동운동 구조·노동법 등에서 다양하다. 마찬가지로 유럽국가 각각의 지배층이 조직되어 있는 방식도 매우 다양하다. 이점은 민중도 마찬가지다.

　민중과 지배권력 모두에게 유럽통합의 과정은 매우 복잡하다. 무엇

하나 자연스럽게 주어진 것이 없다. 따라서 이러한 다양한 의견과 차이와 복잡성이 있음에도 불구하고 짧은 기간 안에 유럽통합의 진전이 이루어진 것은 경이롭다고 할 수 있다.

유럽통합의 시작과 발전

유럽통합의 역사는 크게 3기로 나누어 볼 수 있다. 1기는 탄생과 성장의 시기로, ECSC의 탄생에서부터 프랑스 드골 대통령이 유럽통합에 강한 불만을 드러내는 1960년대 중반까지다. 유럽통합에 절대적으로 중요한 요소는 바로 유럽의 강대국인 프랑스와 독일의 협력이었다. 프랑스와 독일은 역사적으로 긴 대립관계를 유지하고 있었으나 앞서 설명한 바와 같이 당시 황폐해진 자국의 경제적 재건을 위해서 유럽통합에 적극적으로 나서게 된다.

프랑스를 중심으로 하여 유럽 프로젝트의 발전과정을 살펴보면, 프랑스의 유럽정책은 두 가지 방향으로 전개되어왔는데 첫째는 동유럽국가들과 '데탕트(긴장완화), 화합, 협력'의 정책을 수행하는 것이고, 둘째는 유럽 각국의 주권과 기본적인 이익을 매우 확고하게 지키면서 로마조약을 실행하는 것이다. 그런데 프랑스는 당시 EEC(유럽경제공동체)의 집행위원회가 부여된 권한을 남용하고 있다면서 1965년에 6개월 동안 장관들이 참여하는 각료이사회에 참가하지 않는다.

드골은 유럽의 공동체가 국민국가 간의 협력기구로 발전하길 희망했다. 따라서 EEC가 협력기구의 성격을 벗어나 국민국가의 상부구조로 발전하려는 경향에 대하여 반기를 든 것이다. 결국 이 사태는 '룩셈부르크 타협'으로 해결되는데, 한 회원국가가 자신의 이익이 근본적으로 위협받고 있다고 판단한다면 거부하는 것을 허용하여, 만장일치가 아

샤를 드골(구글)

니면 결정을 내릴 수 없다는 것이 그 내용이다.

2기는 1960년대 후반에서 1980년대 중반까지의 기간이다. 이 기간은 유럽통합 발전이란 측면에서 전 시기와 비교하여 정체된 시기다. 이러한 정체는 부분적으로 외부 상황의 변화가 그 원인이었다. 잇따른 석유파동은 유럽의 경제침체로 이어졌고, 이는 유럽국가들을 국내문제에 몰두하게 만들었다. 그러나 관세동맹의 결성이 이루어지는 등 그 성과를 결코 무시할 수 없다.

1기와 2기 동안 유럽 전체를 보면 복지국가의 황금기라고 할 수 있다. 자본주의 사회도 사회주의 유토피아도 아닌, 사회적 관용과 경제적 효율성을 결합해 개혁자본주의에 기반을 둔 제3의 활로로 복지국가를 펼쳤다. 1960년대 후반에 접어들면서 덴마크와 스웨덴을 필두로 한 북유럽의 복지국가들은 '서비스 국가'가 되었다. 건강 서비스에 더하여

베를린 장벽(구글)

특별히 가족의 욕구에 부응하는 방대하고 포괄적인 서비스의 하부구조가 구축되었다.

3기는 1985년 국경 개방조약인 센겐조약이 체결되는 시기부터 현재까지다. 신자유주의적 정책이 유럽에 전면적으로 도입되고, 유럽통합도 이러한 정책의 영향을 받는 시기다. 오히려 이 시기는 신자유주의적 정책에 의해서 유럽통합의 도약이 더욱 요구되었다. 이러한 필요성은 1992년 마스트리히트 조약으로 결실을 맺는다. 그리고 더 나아가 정치적 연방국가를 만들기 위한 구체적인 조약으로 2004년 유럽헌법과 2007년 리스본조약이 만들어진다.

유럽통합 역사의 골간이 되는 것은 1957년 서명된 로마조약과 1990년대 초반에 서명된 마스트리히트 조약이다. 그런데 두 조약에는 상당한 차이가 있다. 로마조약은 유럽통합의 경제적 정책의 기반을 제공한 것이고, 마스트리히트 조약은 로마조약에 공동외교안보정책CFSP과 공동내무사법정책JHA 두 개의 축을 추가한 것이다. 이 두 조약은 기본 내용상의 차이뿐 아니라 유럽통합에 관한 전망, 기본 지향에서 근본적인 차이를 내포하고 있다. 이후 다시 설명하겠지만 마스트리히트 조약은 로마조약과는 다른 유럽통합의 방향으로 전면적으로 선회하는 전환점적인 계기를 제공하는데, 최근에 전개되는 EU 내부의 공방, 즉 어떤 유럽을 건설할 것인가와 관련된 논쟁의 출발을 제공한 조약이다.

마스트리히트 조약보다 더 큰 정치적 변동을 가져올 조약은 바로 2005년 거부된 유럽헌법과 그 헌법의 개정판인 리스본조약이다. 리스본조약은 2008년 6월 13일 아일랜드 국민투표에서 거부되었다. 그래서 유럽의 정치적 통합 움직임이 멈칫하는 듯했다. 하지만 리스본조약을 공식화하려는 유럽 지배층의 움직임은 멈추지 않았고, 아일랜드에서 2009년 10월 2차 국민투표를 실시하여 통과시켰다. 리스본조약은 정치적 통합과 동시에 의사결정 구조를 효율화시키는 데 근본적인 목적을 두고 있다. 따라서 EU는 미국과 같은 연방국가로서의 면모를 갖추게 된 것이다. 이제 '유럽합중국'이 공식 출범했다. 그리고 'EU 대통령'으로 불리는 정상회의 상임의장으로 벨기에의 총리 헤르만 판롬파위가 선출되어 2009년 공식업무를 시작했다.

유럽통합과 미국과 영국의 긴장

그런데 통합의 역사적 과정에서 주목해서 봐야 할 정치적 긴장관계가 있다. 바로 미국·영국과 다른 유럽국가 간의 관계다. 유럽통합의 적극적인 핵심 국가는 프랑스와 독일이다. 이러한 긴장관계는 미국·영국과 프랑스·독일과의 대립이라고도 할 수 있다. 나아가 이들의 긴장관계는 대서양을 둘러싼 강대국의 이해뿐 아니라 서구 자본가계급 내부의 차이를 이해하기 위해서 주목해야 한다.

영국은 유럽에 속해 있으면서도 독특한 입장을 가지고 있었다. 영국은 유럽 프로젝트 초기부터 유럽통합에 회의적이었고, 유럽보다는 미국, 호주 등에 더 동질감을 느끼고 있었다. 수세기 동안 유럽대륙 국가들 간의 분쟁에서 세력균형자 역할을 수행해왔던 영국은 20세기 들어서도 미국과 유럽대륙을 잇는 중재자로 자처해왔다. 또 영국은 유럽보다는 미국을 포함하는 범대서양 자유무역지역을 제안하는 등 다른 유럽국가들과 동떨어진 노선을 걸어왔다. 이러한 노선에는 영연방의 맹주로서 정치적 위신을 유지하려는 동기가 작용했다.

그러나 유럽통합의 움직임이 일정 궤도에 오르자 영국은 1960년대에 EEC에 가입하려고 시도했다. 하지만 프랑스 드골에 의해서 두 번이나 고배를 마셔야 했다. 드골은 영국을 미국의 트로이 목마라며 노골적으로 비판했다. 영국이 유럽보다 미국에 가깝다고 본 것이다. 영국은 현재까지 유로를 사용하지 않고 있다. 또 유럽에 속하면서도 대륙(유럽)식이 아니라 영미식 자본주의 시스템을 유지해왔다.

2차 세계대전 이후 추락한 서유럽은 달러의 우세 속에서 만들어진 브레튼우즈 기구(세계은행, IMF)[3]에서 중요하지 않은 제2위의 지위에 머무를 수밖에 없었다. 미국은 냉전구도에서 서유럽의 경제 재건에 협조했고 통합 초기에는 통합 구상에 적대적이지 않았다. 유럽과 미국과의 긴장이 점증적으로 증가한 것은 1970년대부터다.

---

3   브레튼우즈 체제Bretton Woods system는 국제적인 통화제도 협정으로 2차 세계대전 종전 직전인 1944년 미국 뉴햄프셔 주의 브레튼우즈에서 각국의 대표들이 협의하여 탄생했다. 브레튼우즈 협정으로 국제통화기금IMF과 국제부흥개발은행IBRD이 설립되었다. 그리고 미국 달러 화를 기축통화로 하는 금환본위제도의 실시되었다.

1970년대에 미국의 재정적자 증대 등으로 달러가 기축통화 역할을 하는 데 문제가 생기기 시작했다. 이러한 브레튼우즈 체제의 위기에 직면하여 EEC[4] 국가는 단일화폐를 만드는 계획을 구상했고 미국은 이러한 구상을 전쟁수준의 선전포고로 생각했다. 미국은 이 구상을 철회할 것을 강요했고 이에 EEC 국가는 단일화폐 철회의 대가로 1945년 이후 브레튼우즈 체제의 초석으로 지속되어온 고정환율 시스템의 폐지를 요구했다. 이에 미국은 승복한다. 세계의 지배적 위치에서 추락한 달러는 1973년부터 다른 화폐(마르크, 엔 등) 등에 대하여 변동환율이 적용되기 시작했다.

브레튼우즈 금융 시스템의 위기, 달러-골드 기준의 종료는 유럽과 미국의 경쟁이 심화되는 계기가 되었다. 특히 프랑스와 미국은 경제적으로 경쟁관계가 되고 분쟁이 증가했다. 결국 프랑스가 나토에서 탈퇴하고[5] 미국의 군사개입에 대한 유럽의 사회적 저항이 증가한다. 1970년대부터 미국의 전쟁정책을 반대하는 저항이 유럽에서 광범위하게 일어났다. 이에 대해 미국과의 정책적 차이를 정확히 보여주는 예가 많다. 유럽시민들은 미국이 베트남전쟁에 참전하는 것에 반대했다. 1979년 호메이니가 주도한 이란혁명에 대하여 미국은 이란에 대해 강경한 제재를 요구하는 반면 유럽은 지속적인 무역관계를 통해 국내의 온건세

---

4   유럽경제공동체European Economic Community, EEC는 유럽석탄철강공동체ECSC 6개국이 통합에 활력을 불어넣기 위해 만든 조직으로 석탄, 철강의 공동관리에서 얻은 경험을 경제분야로 확대한 것이다. 관세동맹 결성, 수출입 제한 철폐, 역외 국가에 대한 공동 관세와 공동 무역정책 수행, 역내 노동력 · 용역 · 자본 이동의 자유, 공동 농업정책의 수립 등을 목적으로 결성됐다.

5   드골이 탈퇴한 후 43년 만에 사르코지 대통령에 의해서 다시 복귀했다.

력을 지원해야 한다고 주장했다.

그러나 전반적인 국제관계나 경제적 이슈에 있어서 대체적으로 미국과 서유럽 간의 입장차가 크게 벌어지지는 않았다. 본질적으로 유럽정부들은 미국에 크게 저항하지 못했고 영국도 거의 동일한 입장을 견지하고 있었다. 이와 관련하여 비틀즈와 관련된 유명한 일화가 있다. 1965년 비틀즈는 엘리자베스 여왕으로부터 대영제국훈장MBE을 수여받았다. 대중가수로 이런 훈장을 받은 것은 처음이었다. 그러나 4년 후 존 레논은 "폐하, 저는 이 훈장을 영국의 나이지리아와 비아프라전쟁에 대한 개입, 베트남전쟁을 하는 미국에 대한 지지……항의하여 반환하겠습니다"라며 훈장을 반환했다. 이와 같이 시민사회의 입장과는 달리 영국을 비롯한 서유럽정부는 미국과 비슷한 입장을 취하고 있었다.

영국과 다른 유럽국가들과의 차이는 1989∼1991년의 소비에트 블록 붕괴, 즉 냉전시대의 종말 이후 EU와 미국이 어떻게 관계를 발전시킬 것인가에 대한 의견에서 나타났다. 프랑스 좌익정권의 수반인 미테랑은 "이제까지는 두 초강대국(미국과 소련)에 의지했다. 그러나 지금 마치 귀향자와도 같이 자신의 역사와 자신의 땅으로 돌아갈 것이다"라고 공언하면서 유럽이 미국으로부터 독립적인 지위를 가질 필요를 강조했다. 그러나 영국의 대처 수상은 다른 입장이었다. 그녀는 유럽의 독자적인 행동보다는 미국과 공고한 관계를 유지할 필요가 있다고 주장했다. 드골이 예견한 대로 영국은 항상 미국의 입장을 지지하는 쪽에 있었다.

일부 비판적인 그룹은 1970년대 후반부터 시작된 영국의 신자유주의에 대한 적극적인 선봉장 역할이 EU가 유럽식 사회적 모델을 포기하는 데 영향을 미쳤다고 본다. 1970년대 말과 1980년대 초, 레이건과 대처의 집권은 미국과 영국에 신자유주의가 정착되는 발판을 제공했다.

이러한 자본주의의 새로운 형태는 금융자본의 우위성에 기초해 있었고, 금융중심가인 미국의 월 스트리트와 런던의 더 시티[6]가 국가의 역할을 재규정하는 단계로 자본주의가 발전했다. 이것은 이른바 보수적인 혁명의 첫 단계였다.

전쟁 후 영광의 30년 동안 지켜온 사민주의적 전통이 파괴되기 시작했다. EU의 경제대국 중 하나인 영국은 보수당과 노동당 모두 EU 내부에서 보수적 역할, 미국식 자본주의의 첨병역할을 충실히 수행했다. 2008년 후반에 폭발적으로 드러난 금융위기의 구조적 기반은 이때 만들어진 것이다.

---

6   런던의 금융 중심거리를 말한다. 이곳에는 세계 어느 지역보다도 국제적 자본시장, 상품시장, 보험시장, 금융시장이 집중적으로 형성되어 있다.

EU도 행정부, 입법부, 사법부가 있나?

EU에는 행정·입법·사법부 역할을 하는 기구가 초창기부터 있었고 각 기구의 역할과 비중은 통합의 진행과정 속에서 변화발전을 거쳐왔다. EU의 민주적 역할과 민주주의 수준을 판단하기 위해서는 EU 주요기구의 지위와 역할을 살펴보는 것이 중요하다. EU의 주요기구는 다음과 같다.

형식적 최고 권력기구, 유럽이사회

유럽이사회는 정상들의 모임인 이사회The European Council와 각 장관급 회의인 각료이사회The Council of Ministers 또는 Council of the European Union으로 구성되어 있다. 이 두 이사회는 각 회원국을 대표하는 대표들의 모임이다. 보통 이사회라 하면 정상급 이사회를 일컫는다. 6개월마다 의장국을 바꿔가면서 개최되는 유럽이사회는 EU의 운영에 있어서 최고의 권한을 지닌 정치기구로 기본방향을 제시한다. 일상적인 토대에서는 장관급 모임인 각료이사회가 각 특별영역에서

안건에 대하여 결정한다. 그러나 정책입안을 하는 것은 집행위원회의 몫이다.

막강 파워, 유럽집행위원회

유럽집행위원회The European Commission는 각국 정부에 의해서 임명된 집행위원으로 구성된다. 집행위원들은 각 국가를 대표하여 선출되지만 그 임무는 소속 국가와 독립적이다. 집행위원회 의장은 회원국에서 추천한 후보자들 중에서 이사회가 임명한다. 집행위원회 위원과 의장은 회원국 정부와 독립적이며, 회원국과는 별도의 기구다.

집행위원회는 광범위한 공식 권력을 가지고 있다. 새로운 법을 제안할 수 있고, 일상적으로 공동체를 책임지고 조약이 잘 지켜지는지 감독한다. 또 EU 외부와의 관계에서 EU와 회원국을 대표하며, 조약의 협상권과 체결권을 가지고 있다. 예를 들어 WTO와 FTA 협상에서 회원국을 대표하여 EU 집행위원회가 협상한다. 한국과 EU가 자유무역협정에 관해 협상할 때 한국정부의 상대 협상대표들은 바로 유럽집행위원회 소속이었다.

이렇게 막강하고 많은 역할을 수행하다보니 유럽집행위원회의 사무국은 많은 유럽 관료들을 고용하고 있다. 또 유럽집행위원회의 사무실이 있는 브뤼셀에는 수천여 개의 이익집단과 지방정부 사무소가 들어서서 유럽집행위원회를 상대로 다양한 로비활동을 펼친다. 결국 고용된 공무원으로 직무가 수행되는 유럽집행위원회는 멀리 있는 회원국보다 가까이 있는 초국적기업과 각종 이익집단의 이해를 대변하기 쉽다. 그래서 유럽집행위원회의 관료주의와 기업과의 이해관계 유착에 대하여 사회운동의 비판이 높아지고 있다.

허약한 유럽의회

유럽의회The European Parliament는 1979년부터 각 회원국에서 시민들이 5년마다 직접 선출한 의원으로 구성된다. 1979년 이전에는 유럽의회 의원을 각국 의회에서 임명했었다. 유럽의회는 초기에는 권력이 없는 자문기구였으나 1970년부터 1987년까지 그 역할이 증가하여 이사회와 함께 여러 부문에 서 공동결정 과정에 참가하게 된다. 그러나 권한이 증가했음에도 불구하고 세 개의 기구 중 가장 권력이 약하다.

유럽의회는 여전히 많은 영역에서 공동 결정할 수 있는 권한이 없다. 중요한 부문인 외교안보·무역·내부시장·화폐·대부분의 농업과 사회정책에서 결정권이 없다. 의회임에도 불구하고 입법권이 없고, 집행위원회와 이사회가 제안하고 초안으로 내놓은 법규에 대하여 (종속적 위치에서) 개정을 협상할 수 있는 권한이 있을 뿐이다. 국제조약 또는 WTO와 관련하여 발언권이 없음은 말할 것도 없다. 또 유럽집행위원회의 의장과 위원 선출에 대하여 동의권과 불신임권을 가지고 있을 뿐이다. 전체 유럽집행위원회의 해산은 유럽의회 3분의 2의 동의가 필요하다. 따라서 근본적인 개혁이 없다면 유럽의회는 의회적 성격이 결여된 무늬만 의회인 상태로 남아 있을 것 같다.

EU는 심각하게 의회민주주의가 결여되어 있다. 유럽의회의 제한된 권한은 EU를 초국적기업의 이해를 위한 기구로 만드는 데 결정적인 역할을 하고 있다. 즉 EU는 회원국과 유럽시민들과 직접 관련이 없는 기술관료집단일 뿐이다. 진정으로 민주적 합법성이 결여된 기구들이라고 할 수 있다. 직접 선출된 유럽의회가 있다고 해서 EU 기구가 그 합법적 정당성을 획득할 수 있는 상태가 아니다.

여기까지의 세 개의 기구 말고 중요한 기구로는 유럽사법재판소와

유럽의회(구글)

유럽중앙은행이 있다.

EU의 경제모델은 미국과 얼마나 다른가?

미국과 유럽

아시아인에게 선진국은 보통 미국과 유럽이다. 그리고 종종 유럽의 기준과 미국의 기준으로 서구의 가치를 나누어 설명하곤 한다. 이렇게 미국과 유럽은 서구이면서 동시에 다른 가치를 상징해왔다.

EU와 미국 중 어느 쪽이 더 강한가는 독자들뿐 아니라 유럽인들과 미국인들도 궁금해 한다. 이들은 경제규모 면에서 서로에 대해 자신들이 우위에 있다는 것을 끊임없이 증명하고 싶어 한다. 다음 표는 위키피디아에 올라온 자료를 기준으로 단순비교한 것이다(2009년 3월 기준). EU의 경우 경제규모의 차이가 큰 서유럽과 신규 동유럽국가를 포함하고 있다는 것을 유념하고 비교할 필요가 있다.

표를 보면 경제규모의 차이가 큰 27개국의 연합체라는 점을 감안해도 최근 EU의 경제수준이 미국과 비교하여 우위 또는 비슷한 수준이라는 것을 알 수 있다. 오히려 최근 미국의 경제수준은 실질적으로 떨어졌다. 미국인의 월급인상률 중 상당 부분은 경제성장률보다 떨어진다. 생

경제규모에서 비교해본 EU와 미국

	EU	미국
면적	4,324,782km²	9,826,630km²
인구	499,673,300명 (2008년 통계)	305,905,000명 (2009년 통계)
인구밀도	114/km²(289/m²)	31/km²(80/m²)
GDP 총액 (구매력 기준, 2008년, IMF 통계)	15.292조 달러	14.334조 달러
1인당 GDP (구매력 기준, 2008년, IMF 통계)	30,645달러	47,025달러
GDP 총액(2008년, IMF 통계)	19.195조 달러	14.334조 달러
1인당 GDP(2008년, IMF 통계)	38,732달러	47,025 달러
지니계수[7]	0.31 (EU 25개국의 2005년 기준)	0.46(2007년 기준)
인간개발지수[8](2005년)	0.959~0.813	0.950
공식 언어	23개	?

산직 근로자의 실질소득이 1995년에는 1973년에 비해 14퍼센트 떨어졌다. 1995년과 1999년 사이 5퍼센트 증가율을 보인 후에는 2001년 경기침체 때 다시 떨어졌다. 2003년까지 10년 동안 미국의 GDP 성장률은 연평균 3퍼센트 수준이다. 반면에 유럽은 1.8퍼센트다. 그러나 미국의 경제성장은 경제적 성과보다는 인구증가 때문이라는 사실이 감추어져 있다. 결국 1인당 평균 GDP를 보면 미국의 성장률은 2.1퍼센트까지 떨어져 두 대륙 사이의 차이는 0.3퍼센트로 좁혀진다.

---

7 빈부격차와 계층 간 소득불균등을 나타내는 지수로서 0과 1 사이의 숫자로 표시된다. 0.4 이상이면 소득분배의 불평등이 높은 수준이다.

8 유엔이 매년 발표하는 지수로서 GNP와 달리 비물질적 요소(문자해독률, 평균수명 등)를 포함하여 각국의 선진화 정도를 나타내는 것이다. 0.9 이상이면 선진국으로 분류된다.

또 다른 오해로는 미국의 생산성이 유럽지역의 수준을 앞선다는 것이다. 미국의 생산량이 높은 이유는 미국인들이 장시간 노동하기 때문이다. 2003년 미국의 1인당 연평균 노동시간은 866시간인 반면 유럽 15개국은 691시간이다. 이런 차이의 상당 부분은 휴가기간에서 온다. 평균적인 미국 노동자가 연 10일 정도 휴가를 갖는 반면에 유럽의 평균 휴가일은 30일 이상이다. OECD 2003년 보고에 따르면 미국인들은 평균 1976시간 일하지만 독일인과 프랑스인들은 평균 약 400시간 적게 일한다. 영국 노동자들조차 미국에 비하면 매년 200시간 적게 일한다. 유럽 노동자들은 긴 휴가를 즐기면서 해고 걱정을 하지 않는다. 유럽인들은 미국인들의 4분 3만 일하고 훨씬 많은 소득재분배와 저소득층 지원비용을 지불하고서도 소득의 90퍼센트를 얻을 수 있다.[9]

따라서 경제와 성장에 대한 가치가 서로 다르다는 것을 알 수 있다. 유럽 가치의 기준은 높은 경제성장률보다는 경제성장의 결과인 생활의 질에 더 중점을 둔다. 그렇지만 신자유주의 아래에서 유럽의 경제 엘리트들은 '삶의 질'이란 가치 대신에 미국과 동일하게 전체적인 파이 늘리기(경제규모)를 기준으로 세계에서 경쟁하고 있다.

사회민주주의적 모델, '요람에서 무덤까지'

많은 사람들은 서구의 경제모델을 유럽식 모델과 영미식 모델로 나누어서 '복지를 중심으로 한 성장'과 '시장을 중심으로 한 성장'으로 비교하기도 한다. 유럽인들 대부분은 스스로 미국과 다른 유럽식 모델이

---

9   《유럽의 세계지배》, 마크 레오나르드 지음, 윤덕노 옮김, 매일경제신문사, 2006년.

있다고 생각하며 그것에 대해 자부심을 가지고 있다. 그것은 바로 유럽의 사회보장모델이다. 그런데 유럽을 하나의 모델로 말하기에는 어려움이 있다. EU는 많은 회원국으로 구성되어 그 내부의 경제적 격차가 크기 때문이다. 예를 들어 신규 가입국 10개국의 GDP 규모는 기존 회원국들 GDP의 5퍼센트에 지나지 않는다. 따라서 단순하게 단일국가인 미국과 경제를 비교하는 것에는 무리가 있다. 하지만 이 글의 목적을 위해서 EU의 초기 회원국인 서유럽을 중심으로 하여 유럽 경제모델의 변화를 서술하도록 하겠다.

유럽의 경제적 특징을 찾기 위해서는 우선 경제모델의 변화를 크게 두 시기로 나누어 살펴볼 필요가 있다. 우선, 유럽에 복지성장 모델이 정착되는 시기다. 2차 세계대전 이후 유럽 자본가들의 주류적인 사조는 시장 중심적인 모델이 아니었다. 새로운 유럽 프로젝트의 기반인 ECSC(유럽석탄철강공동체)와 서유럽 6개국이 서명한 로마조약의 목표는 단일한 '공동시장'을 만드는 것이었다. 유럽 프로젝트는 회원국 간의 관세 철폐에서 시작하여 현재까지, 공동시장의 내용을 실질적으로 확대하는 과정이라고 할 수 있다. 로마조약 체결 당시 유럽지배층에 의해서 선택된 정치경제적 프레임워크는 현재의 것과 아주 다른, 국민국가 중심의 경제로서 계획경제적 요소가 강한 혼용된 경제모델이었다.

2차 세계대전이 끝나고 1980년대까지 유럽은 상대적으로 좋은 공공의 이미지를 가지고 있었다. 인간의 얼굴을 가진 자본주의로 30년 동안 복지국가를 추구했다. 이 기간 동안 거의 완전고용에 가까웠다. 그런데 이러한 복지국가, 사민주의적 모델은 각 국민국가의 틀 안에서 노동자들의 조직화가 높았을 때 발전했다는 것에 주목해야 한다. 예를 들어 스웨덴의 경우는 노동조합 조직률이 80퍼센트 이상이었고 그 조직률을 기반으로 노사협의를 이끌어내 복지국가를 이룬다.

또 이 모델은 유럽만의 모델이 아니었다. 우리가 자유주의 시장의 표본이라고 생각하는 미국도 사실상 같은 시기에 유럽과 비슷하게 국가가 적극적으로 거시경제에 개입하는 계획경제와 자유경제가 혼용된 혼합경제모델을 채택하고 있었다. 현재 미국의 오바마 정부가 변화의 축으로 내걸고 있는 신케인스적 경제모델의 원조인 케인스주의 모델이 미국에서는 1930년대 중반부터 뉴딜정책으로 실현되고 있었다. 미국에서도 적극적으로 노동조합 조직화를 인정하고 노동자들의 복지실현을 통해 사회성장과 안정에 기여하는 모델을 추구했다.

서유럽에서 케인스주의와 사민주의적 모델이 본격적으로 작동한 것은 2차 세계대전 이후 1950년대와 1960년대 냉전체제에서였다. 다시 말하면 전쟁 후에 사회주의권의 도전과 노동자들의 조직화가 그 정치적 배경이라고 할 수 있다. 이는 1980년대 중반까지 지속되었다.

신자유주의적 모델, 마스트리히트 조약

유럽 경제모델 변화의 두 번째 시기는 유럽에 신자유주의적 모델이 도입 정착되는 때다. 영국은 1979년 대처 수상이 집권하면서 신자유주의적 전환을 시도한다. 그러나 대처 집권 처음부터 그녀의 개혁이 실현된 것은 아니었다. 그녀의 첫 작업은 인플레 억제였는데, 그녀의 정책 때문에 오히려 경제가 더 악화됐다. 실업자가 증대하고 시민의 폭동도 격렬해져 대처의 인기는 땅에 떨어졌다.

그런데 영국 보수당에 대한 불만이 높았던 1982년에 포클랜드 전쟁이 일어난다. 아르헨티나 남동쪽에 있는 포클랜드 제도는 1832년 영국이 식민지화한 이후 영국과 아르헨티나 사이에서 오랫동안 영토권 분쟁이 반복되어온 곳인데 1982년 아르헨티나가 결국 군사력으로 점령을 강행했다. 이때 대처는 재빨리 대규모 군대를 파견하여 약 70일 만에 아르헨티나 군을 굴복시켰다. 이 승리는 영국인의 애국심을 자극했고, 대처의 인기가 급격히 높아져 다음해 총선거에서 대성공을 거둔다. '철의 여인'의 정책 성공에는 신자유주의자들이 이론적으로 주장하는 순수한 경제적 동력, 시장의 힘만이 작용한 것이 아니다. 오히려 정치적 동기나 애국심이 신자유주의 모델이 성공하는 데 중요한 배경이 되었다.

총선에서 압승한 대처 정부는 소득수준이 높은 사람들의 세금을 83퍼센트에서 40퍼센트로 절반 이상 인하해주었고 소득수준이 낮은 사람들은 33퍼센트에서 25퍼센트로 직접세를 인하하는 대신 간접세를 인상했다. 이렇게 해서 고소득자는 엄청난 혜택을 본 반면에 저소득자는 간접세 인상으로 과거보다 훨씬 큰 부담을 갖게 되었다. 이렇게 하여 대처가 두 차례 집권하는 동안 실업자 수는 110만 명에서 300만 명으로 거의 세 배 가까이 늘어났고 인플레이션 억제를 위한 긴축재정으로 말미암아 파산하는 회사가 빈발했다.[10]

그렇다면 프랑스는 어땠을까? 프랑스는 영국과는 다르게 1981년 집권한 사회당 미테랑 대통령이 금융과 주요 산업체에 대해 국유화를 단행했으며 최저임금을 인상하고 사회보장 혜택을 확대했다. 그러나 미테랑의 사회주의 경제정책은 첫 임기가 끝날 무렵에 사실상 자유시장 경제체제로 돌아섰다. 따라서 유럽의 전반적인 신자유주의로의 전환은 1980년대 중반으로 보는 것이 좋을 듯하다.

---

10 《새로운 세계질서를 리드하는 유럽합중국》, T. R. 리드 지음, 김정혜 옮김, 이호근 감수, 한언, 2005년.

유럽을 전체적으로 신자유주의적 모델로 통일시키는 데 결정적 역할을 한 것이 1992년에 체결된 마스트리히트 조약이다. 그런데 우리는 마스트리히트 조약의 논의가 1989~1991년의 유럽의 지정학적 변화, 즉 동유럽의 붕괴와 함께 진행되었다는 점에 주목해야 한다. 즉 마스트리히트 조약은 소비에트 블록의 붕괴와 사회주의자들의 전망의 위기가 불러온 것이었다.

이런 와중에 유럽의 재계와 고소득 전문가 계층은 미국의 비슷한 계층에 필적하는 생활수준을 누리길 바랐다. 유럽의 CEO와 기업이 미국식 수준을 보장받기 위해서는 서유럽 인구 대부분의 희생이 필요했다. 유럽의 엘리트들은 미국의 CEO 같이 자신들이 부유해지는 것은 세계화의 불가피한 결과라고 말할지 모른다. 바꿔말하면 시장에서의 승자가 도덕적으로 정당하다는 의미다. 하지만 이것은 승자가 모든 것을 독식하도록 하기 위해 세계화의 주역들이 권력의 지렛대를 통제하고 있기 때문에 가능했다. 앞서 영국의 포클랜드 사례에서 본 것처럼 세계화의 주역들은 시장만을 이용한 것은 아니다.

유로화의 의미

마스트리히트 조약은 공동체를 명실상부한 단일시장으로 만들기 위하여 유럽중앙은행과 단일화폐(유로) 구상을 구체화했다. 처음에는 EU 내에서 유로에 대한 반대 분위기가 높았고 결국 영국과 덴마크, 스웨덴은 참가하지 않았다. 그런데 이들은 왜 반대했을까.

영국에서는 유로에 대한 반대가 우파적 경향이었던 데 반해 덴마크와 스웨덴에서의 반유로 운동은 좌파가 주도했다. 좌파들은 유로를 도입할 경우, 반드시 준수해야 할 '안정성협약'이 스칸디나비아 반도 국가들의 소중한 복지제도를 위협할 것이고 주장했다. 안정성협약이란 유럽중앙은행이 인플레 억제, 가격안정성 확보를 위해 각국이 은행이자 금리를 2퍼센트 이하로 낮추지 못하게 하는 등 엄격한 규제를 요구한 협약을 말한다. 즉 좌파들은 유럽중앙은행이 스웨덴이나 덴마크 정부에게 재정적자를 줄이도록 하기 위하여 그들의 의료보험, 연금, 교육혜택 등에 대하여 압력을 행사할 것이라고 예측했다. 스웨덴의 반유로 운동가들은 "유럽연합은 좋다. 그러나 유로는 안 된다"는 구호를 외쳤다. 즉 좌파는 유럽의 단일화폐에 반대하기보다는 유럽중앙은행 등이 갖는 반복지적 재정정책에 반대한 것이었다. 그리고 좌파의 이런 예상은 적중했다.

이러한 좌파의 반대와는 달리 찬성자들은 유로가 결정적으로 단일 유럽시장을 강화하고 유럽통화를 미 달러와 동등하게 지구적 보유통화로 만들 것이라며 지지했다. 이러한 주장도 적중했다. 전 세계 외환보유액 가운데 유로가 차지하는 비중은 1999년 17.9퍼센트에서 2008년에는 28퍼센트에 다다랐다. 반면 달러는 1999년 70.9퍼센트에서 점차 감소해 2008년 63퍼센트까지 낮아진 상황이다. 국제 금융시장에서의 자금흐름을 보면 2006년부터 유로가 달러보다 더 많이 사용되기 시작했고 개발도상국과의 교역에서 유로지역은 이미 가장 중요한 파트너가 된 지 오래다.

어쨌든 유로로의 전환은 2000년대의 가장 중요한 경제사건으로 기록되었다. 결국 유로의 찬성자와 반대자의 예상들은 모두 적중했고, 이들의 차이는 어떤 가치를 중심으로 유럽통합을 발전시킬 것인가의 전망에 대한 차이를 드러낸 것이다.

사회적 양극화, 만성실업 증가

1990년대 유럽은 복지국가의 단계적인 해체를 시작했고, 유럽 전체에 만성적인 실업과 불안정이 뿌리내렸다. 유럽사회의 전통적인 측면은 산산조각이 났다. 지금 대부분의 일자리는 불안정한 단기노동이며 이에 대한 사회적 보호장치도 아주 약하다. 불안정이 유럽에서 시대적 상징이 되어버렸다. 오늘날 EU 구舊 가입국가인 (서유럽) 15개국에서만 6000만 명이 평균임금 이하의 빈곤선 아래에서 살고 있다. 그리고 2003년 7월, 신규 10개국의 실업률이 14.6퍼센트다. 그리고 구 가입국 15개국에서는 약 300만 명이 노숙자고 1500만 명이 불안정한 일자리를 갖고 있다.

유럽의 신자유주의적 정책이란 결국 유럽 기업의 세계적 경쟁력을 높이기 위한 환경을 조성하는 것이었다. 유럽 기업의 힘은 계속 증대해 왔는데, 그 예증으로 현재 세계의 100대 다국적기업 중 41개가 유로존에 본부를 가지고 있다. 그밖에 12개가 영국에 있고 24개가 미국에 있다. 농업적 측면에서 보면 EU는 농산물의 40퍼센트를 전 세계에 수출하고 있으며 미국과 유럽의 생산이 전 세계 농업생산의 20퍼센트를 차지한다.

또 유럽의 친기업적 정책은 조세 측면에서도 드러난다. 신자유주의적 정책은 유럽 내부에서 법인세 등 부자들의 세금을 인하하고 있으며, 누진세 대신에 일률과세를 권장하고 있다. 구 유럽국가(보통 EU 초기에 가입한 회원국 15개국)는 1996년부터 2003년 사이에 평균 법인세가 39퍼센트에서 31.7퍼센트로 인하되었다. 1970년대 중반에는 노동자에게 분배되는 부가가치의 비율이 74퍼센트에 해당되었다. 그러나 60퍼센트로 떨어졌다. 이는 자본가의 몫이 1970년대 중반의 26퍼센트에서 40퍼센

유럽의 평균 실업률

시기	유럽의 평균 실업률(%)
1960~70년대	2
1984년	9.4
1980년대 후반	8
1995년	11
2006년	9

트로 상승되었다는 것을 의미한다. 1996년부터 2001년까지 GDP 대비 사회보장비용이 하락했는데, 비율이 2.1퍼센트까지 떨어졌다.[11]

이러한 정책은 사회적 양극화를 심화시켰다. 사회적 양극화를 나타내는 빈부격차를 보면 영미식 모델과 북유럽식 모델은 극히 대조적인 모습을 보인다. 지난 25년간 영국의 빈부격차는 상당히 커졌다. 유럽의 평균 빈부격차가 12.3퍼센트인데 비해 북유럽국가들의 빈부격차가 5.1 ~5.7퍼센트다. 그리고 영국에서는 빈곤층 비율이 13.4퍼센트를 차지하는 데 비해 핀란드, 스웨덴, 덴마크에서는 빈곤층 비율이 각가 5.1퍼센트, 6.6퍼센트, 9.2퍼센트를 차지한다.

사회적 양극화와 함께 유럽의 공통적 위기를 보여주는 것은 청년실업과 실업률이다. 위의 표에서 볼 수 있듯 유럽사회는 거의 완전고용에서 고실업 사회로 이동했다.

그런데 이 속에서 특히 유념해야 할 점은 장기실업률이 잠재적으로 늘어나는 현상이라는 것이다. 1990년대 말 벨기에 실업자의 60퍼센트, 프랑스 실업자의 40퍼센트가 장기실업자였다.[12]

---

11 《We, The People of Europe》, 수잔 조지Susan George 지음, Pluto Press, 2008.

미국과 유럽은 닮은 꼴

이제 마지막으로 질문의 핵심으로 돌아가보자. 미국과 유럽의 차이는 무엇인가? 그 차이를 드러내는 복지의 차이는 어떻게 발생했을까? 사민주의적 모델과 신자유주의적 경제모델은 미국과 유럽에서 동일하게 비슷한 시기에 생성 발전되었다. 그럼에도 불구하고 두 대륙의 복지제도는 큰 차이를 보이고 있다. 그 차이를 낳게 한 제도적인 차이는 바로 누가 복지의 주체가 되는가, 이다. 미국의 케인즈 모델은 기업 중심의 복지제도를 정착시켰다. 이에 비해 유럽에서는 국가가 복지의 주체가 되어서 더 많은 사람이 복지혜택을 받을 수 있게 했다.

기업 중심의 복지는 포드자동차의 창업주인 포드의 다음과 같은 발언에서 드러난다. "나는 나의 노동자에게 충분한 임금을 주겠다. 그래서 그들이 나의 자동차를 사게 하겠다." 즉 기업이 복지의 주체가 되는 것이다. 그런데 이러한 기업 중심의 복지는 신자유주의적 정책에 따라 쉽게 무너지게 되었다. 기업의 사활에 따라서 복지가 유동적일 수밖에 없다. 이는 일반 미국인들로 하여금 기업 밖에서의 사회복지 개념은 세금 낭비라고 느끼도록 한다.

간단히 몇 가지 제도로 미국과 유럽의 복지를 비교해보자. 우선 의료보험을 보면, 미국인들은 직장을 잃으면 건강보험까지 잃는다. 그러나 유럽은 실업자가 되어도 의료혜택에 변화가 없다. 그리고 대체율 replacement rate[13] 기준으로 실업보조 프로그램을 비교해보면, 미국에서

---

12 《암흑의 대륙—20세기 유럽 현대사》, 마크 마조워 지음, 김준형 옮김, 후마니타스, 2009.
13 노동자의 실질적 소득이 실업혜택으로 얼마나 대체되는가를 측정하는 비율.

3장 | 글로벌 슈퍼파워의 진용을 갖춰가는 유럽연합   171

는 주마다 제각각이긴 하나 평균적으로 기존 소득의 50퍼센트다. 동일한 조건일 경우 프랑스 실직가정의 대체율은 86퍼센트, 영국은 83퍼센트, 독일은 74퍼센트, 스웨덴과 네덜란드는 90퍼센트다. 그리고 유럽국가들의 빈곤가족[14]은 미국에 비해서 훨씬 적다. 미국의 경우 약 20퍼센트는 언제나 빈곤 속에서 생활한다. 반면 프랑스는 7.5퍼센트, 독일은 7.6퍼센트, 이탈리아는 6.5퍼센트로 미국의 절반 수준도 되지 않는다. 심지어 주변국들보다 복지체계가 다소 빈약한 영국조차도 성인 빈곤율은 14.6퍼센트다.

그렇기 때문에 유럽인들에게 복지는 그들의 사회적 지원체계에 대해 갖는 순수한 자부심을 가장 함축적으로 대변해주는 용어가 되었다. 때때로 유럽의 사회모델은 유럽국가를 진짜 유럽답게 만들어주는 요소다. 그들의 복지국가에 대한 신념은 타협의 여지가 전혀 없는 현실이다. 그래서 유럽의 정체성을 복지모델로 꼽기도 한다.

그러나 유럽의 복지국가들이 공격을 받기 시작했다. 국제통화기금 IMF과 경제협력개발기구OECD를 비롯해 많은 신자유주의적 경제학자들은 유럽의 복지국가 체제가 세계 경제에서 살아남을 수 없을 것이라고 주장하고 있다. 복지와 성장과의 연관성에 대하여 이 둘은 대립적이라고 주장한다. 미국보다 너그러운 유럽의 사회복지제도들이 성장을 질식시키고 높은 실업률을 낳고 있다는 주장이다. 높은 실업률이 조세수입을 감소시키고 재정지출은 늘린다는 점에서 복지국가의 유지를 한층 힘들게 한다는 주장이다.

---

14 최저빈곤선 가정이란 OECD 기준에 따르면 개인소득 전국평균에서 50퍼센트 미만에 속하는 가계소득을 얻는 가정을 말한다.

그러나 유럽 경제의 이런 문제가 복지국가의 지속불가능성을 입증하는 것은 아니다. 오히려 특별한 연관성이 없다. 유럽에서 경제문제가 가장 심각한 이탈리아와 그리스의 사회복지체제는 매우 미흡하다. 반면 덴마크와 스웨덴은 높은 수준의 사회복지 시스템을 갖추고 있으면서도 미국보다 취업률이 훨씬 높다.

EU의 정치적 결속력은 어느 정도일까?

　유럽 6개국에서 출발한 유럽통합은 현재 27개국의 회원국으로 구성된 EU로 급성장했다. 그렇다면 이들 내부의 정치적 결속력은 어느 정도이며, 왜 이들은 이렇게 빨리 확장하길 원했을까?

　유럽 프로젝트는 유럽 내부의 분쟁을 해결하는 축으로 단일시장을 채택했다. 경제는 EU를 건설하는 데 있어서 중심적인 축이다. 그러나 1990년대 초반부터 EU는 경제를 넘어 외교안보, 사법 등 다른 분야까지 통합의 영역을 확대하기 시작했다. 또 그 지역적 범위도 서유럽에서 남부유럽 그리고 동유럽으로 확장하기 시작했다. 그런데 유럽 프로젝트는 본래 서유럽의 구상이었고, 유럽 프로젝트의 확장과정은 서유럽의 권력이 유럽의 안과 밖에서 증대하는 과정이라고 할 수 있다. 그래서 일부는 유럽 내부에서의 식민화 과정이라고 비판하기도 한다.

내부의 식민지화, 불평등의 심화

자본가들이 EU에 동유럽을 포함시키려는 목적은 분명하다. EU의 시장을 확대하고 매우 싼 노동력(생산시설의 이동과 이주의 유입)으로부터 이윤을 얻기 위한 것이다. 또 동유럽국가의 핵심 회사, 은행, 공공서비스, 자원을 사유화하는 것이다. 이러한 효과에 추가하여 동유럽국가의 EU로의 흡수는 동유럽의 종합된 군사력이 일으킬 수 있는 문제를 약화시키며, 동시에 그들을 러시아 영향권에서 분리시킬 수 있는 효과가 있다.

그렇지만 동유럽의 확장은 확실하게 복잡한 게임이다. 신·구유럽 사이에는 문화적 차이뿐 아니라 소득의 격차도 크다. 2004년 EU에 가입할 당시, 동유럽 10개국의 1인당 국민소득은 구 회원국 평균의 40퍼센트에 불과했다. 더구나 동유럽국가들이 계획경제로부터 완전히 다른 자유시장으로 이전하는 과정은 순탄하지 않다. 그들은 종종 정치적 합법성과 정당성을 결여한 채 유럽통합 과정에 진입하고 있다. 또 여러 복잡한 문제 중 하나는 동유럽국가들이 미국과 강하게 연결되어 있다는 것이다. 이는 동유럽국가들이 소비에트 연방으로부터 독립하는 과정에서나 독립 후, 러시아에 대항하는 그들의 본원적인 보호자가 필요했기 때문일 것이다. 또 공산주의에 대한 피해의식이 미국과 EU에 대한 기대감을 높였을 것이다.

EU의 확장은 EU 기존 회원국과의 관계를 심화시키는 과정과 동시에 진행되기 때문에 EU가 소화하기에는 어려운 점이 많다. 또 동유럽이 가지는 이질적인 요소가 기존 회원국에게 일종의 두려움을 안겨주고 있다. 그래서 EU는 구 회원국가로부터의 기금 공급을 통하여 동유럽으로부터 오는 두려움을 해소하려고 노력하고 있다. 예를 들어 유럽의 부유한 지역에서 자원을 모아서 가난한 지역을 지원하는 기금을 만들거나 정치적 기구의 네트워크를 만든다.

기금은 크게 구조기금structural funds과 결속기금cohesion fund이 있다. 구조기금과 결속기금은 EU가 배분하는데, 인프라 구축, 특히 수송과 교통영역을 지원하기 위해 많이 사용되고 있다. 이것은 내부적·외부적 안보를 확보하기 위해서 가장 좋은 방법이 될 것이다. 그러나 회원국들 간의 소득불균형이 너무 커서 제한된 기금으로는 극복할 수 없을 정도다. 그리고 신자유주의적 자본주의 시장의 작동은 국가와 지역간, 유럽 내부의 불균형을 증가시키고 있다.

이에 따라서 EU는 점점 더 복잡하고 다층화되고 있고, 그 속에서 유로존의 비중은 더 높아지고 있다. 특히 독일과 프랑스, 영국의 비중이 커지게 되었다(영국은 유로존에 속하지 않음에도 불구하고 그 역할이 사라지지 않았다). 동시에 EU에 가입한 동유럽국가들의 EU에 대한 불만이 점점 증가하고 있다. 의회선거에서의 동유럽국가들의 낮은 참가율이 이를 증명한다. 2009년 6월 7일 유럽의회 의원 선거 투표율은 43퍼센트였다. 2004년 선거의 투표율은 45퍼센트였다. 따라서 50퍼센트 이하의 지지를 받는 의회에 대한 대표성 논란이 제기되고 있다.

유럽의회 선거의 낮은 투표율은 우연이 아니다. 동유럽의 투표율은 서유럽보다 훨씬 낮다. 2004년 선거에서 동유럽의 투표율은 26퍼센트였다. 폴란드나 슬로바키아의 투표율은 20퍼센트에도 미치지 못했다. 유럽시민들은 점점 EU로부터 멀어져갔다. 특히 구조조정의 영향을 받은 사람들은 자신들을 제2의 시민으로 보기 시작했고 그들은 점점 유럽 프로젝트로부터 버려진 것처럼 느낀다.

국가 위에 군림하는 연방주의 기구들

EU의 또다른 정치적 특징은, EU에 연방주의적 요소가 강화되고 있다는 점이다. 유럽은 로마조약 이후 두 개의 내부적 모순(긴장)을 가지고 있는데, 첫 번째는 EU가 갖는 엘리트/관리자 중심의 성격 때문에 생긴다. EU의 운영은 끊임없이 EU 기구의 민주성과 합법성 논란을 불러일으키고 있다. 이 점은 이미 앞에서 설명했다.

두 번째의 정치적 긴장은 EU가 정부 간 기구로 남아 있어야 하는가 아니면 (연방적) 초국가 실체로 발전해야 하는가에 대한 오래된 사회적 엘리트, 부르주아 내부에서의 긴장이다. 초국가적 성격을 주장하는 그룹을 보통 연방주의자 또는 통합주의자라 부른다. 이 논쟁은 오래 전부터 있었던 것으로, 특히 프랑스의 드골은 통합주의자들에 대해 우려하고 있었다. 드골은 유럽공동체를 국가 간 협상에 의해서 유지되는 동맹으로 묶으려 했다. 이러한 프랑스의 강력한 주장에 따라 1966년 유럽공동체의 초국가적 기능을 제한하고 모든 의사결정은 각료이사회에서 회원국 간의 만장일치 표결로 결정하기로 합의한다. 이것이 앞서 살펴본 '룩셈부르크 타협'이다. 이 때문에 유럽공동체는 국가 간 정치적 프로젝트로서의 성격이 강했던 것이다.

그러나 마스트리히트 조약은 이러한 성격을 전복시켰다. 이 조약은 연방주의의 요소를 강화했는데, 조약이 포함하고 있는 집행위원회와 그 의장 권력의 강화, '가중다수결제도' 강화가 그 예라 할 수 있다. 가중다수결제도는 만장일치제 대신 채택된 다수결제도로서 인구 수에 비례하여 결의권을 더 가중한다는 것이다. 즉 인구가 많은 강대국에게 유리한 제도다. 따라서 작은 국가의 권리를 제한할 것이라는 우려가 높다. 또 금융, 화폐, 외교안보정책, 내무사법, 형사법 등 전통적으로 국민국가 주권의 기본으로 인정되는 정책에 대해서 회원국보다 EU가 결정권을 더 많이 가지게 된다. 따라서 마스트리히트 조약을 연방주의자의 승리로 보는 견해도 있다.

확실히 정치적으로 현재의 유럽 프로젝트는 위기에 있다. 대중적 지지가 거의 없다. EU에 대해 유럽인들이 가지고 있는 이미지는 신구 자본가를 위해서 일하는, 많은 월급을 받는 관료를 거느린 집단, 소통불가능하고 베일에 싸인 대규모의 관료체제다. 그러나 이러한 위기는 유럽시민에게 새로운 유럽에 대한 대안을 고민하게 하고 있다. 유럽시민들은 위기를 기회로 작용할 수 있도록 노력하고 있다.

EU는 미국에 대해 독립적인 외교 · 군사능력을 가지고 있나?[15]

    소비에트 연방의 붕괴는 유럽의 외교 · 군사적 정책에서 새로운 변화를 부추겼다. EU의 공동외교정책 분야는 전통적으로 '정치적 협조 차원'의 외무장관회의 관할이다. 그리고 이 회의의 주요 핵심어는 '협조cooperation'였다. 마스트리히트 조약은 EU의 공동외교안보정책Common Foreign and Security Policy, CFSP을 탄생시켰는데, 이제는 외교안보분야에서의 회원국들의 상호관계가 전통적인 '협조'에서 '공동'으로 대체되었다. 1999년 첫 번째 CFSP의 고위 대표로 나토의 전 총사령관이었던 하비에 솔라나Javier Solana가 임명된다. 하비에 솔라나 임명은 EU의 군사적 야망과 미국과 군사적으로 협조하려는 의지 모두를 충족시키는 것이다.

    공동외교안보정책과 함께 연방주의자/통합주의자들은 그들의 야망을 성취하기 위해서 EU의 군사력을 증강할 필요가 있다. 그들은 EU가

---

15   http://www.europe-solidaire.org/spip.php?article11

연방국가가 되기 위해서 필요한 핵심적인 능력은 바로 전략적 군사능력이라고 생각한다. 이 전략적 군사능력이란 유럽지역뿐 아니라 세계 어디든지 개입할 수 있는 능력을 말한다. 군사력 증강에 대한 유럽시민의 저항이 증가하고 있음에도 불구하고 EU가 전 세계에서 유럽 기업의 경제적 이해를 보장하고 추구하기 위해서는 군사적·정치적 권력에 의지할 수밖에 없다.

그들 스스로가 볼 때 유럽이 전략적 군사능력을 가진 슈퍼 파워가 되지 못하는 가장 큰 약점은 명령구조의 취약성이다. 따라서 EU 자신을 정치군사적 초강대국으로 계획하고 건설하기 위해 명령구조를 분명히 세우는 것이 시급하다고 생각한다. 그러기 위해서는 이를 보장할 헌법이 긴급히 필요하다. 헌법에 관한 협상이 이라크전쟁의 조짐이 요동치는 기간 동안에 시작되었고 전쟁이 시작된 이후에도 계속되었다는 것을 기억할 필요가 있다.

유럽헌법의 목표는 현존하는 시장 중심의 유럽을 강화하는 것이었다. 공공서비스의 사유화와 세계무역의 자유화를 촉진하고, 다른 편에서 보면 비록 미국과의 관계 때문에 발전이 제한적일 수밖에 없지만 정치군사적 유럽을 건설하는 것이 유럽헌법이 갖는 목표였다. 이러한 정치군사적 유럽은 점점 다극화(중국, 러시아, 인도, 브라질)되는 경쟁관계에서 우위를 점하려는 유럽 자본을 위해서 필요한 것이었다. 더구나 EU가 터키, 크로아티아 등 점점 이질적인 국가를 포함할 것이라는 사실이[16] 군사적 강화를 더욱 부추겼다.

---

16 크로아티아의 가입은 곧 예상된다. 그리고 터키 가입에 대한 복잡한 협상이 이미 진행 중이다. 그리고 이들 국가에 추가해서 다른 유럽국가들도 역시 가입하려 줄을 잇고 있다.

또 유럽의 가장 취약한 점인 에너지 의존성 때문에 군사력 증강이 필요하다고 유럽시민을 설득하고 있다. 현재 유럽은 에너지의 80퍼센트를 해외에 의존하고 있다. 그래서 정치적으로 불안한 주변지역(중동이나 중앙아시아)에 분포되어 있는 천연자원(특히 화석연료)에 접근하기 위해서 군사력 증강이 필요하다는 것이다. 특히 러시아의 가스, 석유, 우라늄에 대한 강한 의존성 때문에 에너지 확보를 위하여 막강한 군사력을 가지고 있는 러시아와의 안정된 관계가 중요하다고 주장한다. 이에 대해 유럽시민들은 군사력 증강 대신 화석연료 사용을 억제하는 녹색유럽을 지향할 것을 주장하고 있다.

프랑스와 네덜란드 국민투표에 의해서 비준이 거부된 유럽헌법과 그의 대타로 등장한 리스본조약은 EU 회원국이 나토의 틀 밖에서 평화유지나 다른 군사적 업무를 수행하는 것을 허용하고 있다. 즉 유럽 밖에서 군사활동을 할 수 있는 것이다. 그러면서도 유럽의 공동안보와 방위정책은 나토의 후원 아래 있기 때문에 미국이 지휘권을 계속 유지한다. 리스본조약은 또 회원국이 '점점 더 그들의 군사력을 증강할' 의무를 명시하고 있다. 이렇게 나토 아래에서, 미국의 지휘 아래에서 군사력 증강을 보장하고 있다.

그런데 문제는 이를 해결할 재정이다. EU는 이를 만족시킬 재정이 없다. 프랑스의 (우익) 군사전문가 그룹인 경제방위위원회CED[17] 2005년 보고서는 "유럽은 유럽 GNP의 2퍼센트에 해당하는 군사비를 증가시켜야 한다"고 조언하고 있다. 그런데 현재 유럽국가 중 GNP 2퍼센트 수준

---

17 CED는 유럽헌법 초안 작성에 자문그룹으로 활동했다. 따라서 이들의 주장은 유럽헌법에 명시된 군사정책과 일치한다.

의 군사비를 지출하고 있는 국가는 영국과 프랑스뿐이다(미국은 3.8퍼센트에 이른다). 프랑스는 이미 공공재정의 15퍼센트를 군사비로 사용하고 있다. 만약 (최근에 가입한 불가리아와 루마니아를 제외하고) 다른 회원국 23개국이 이 수준에 이른다면 450억 유로가 군사비로 사용되는 것이다. 모두 합친다면 미국 펜타곤 군사시설비의 3분의 1에 해당되고, 미국 군사 조사비의 5분의 1에 해당된다. 만약 추가로 450억 유로를 사용한다면 이는 전체 25개국의 군사비가 28퍼센트 상승하는 것을 의미한다. 결국 군사비 증강은 이미 줄어든 유럽의 복지예산을 더 줄일 것이다.

유럽시민들은 왜 유럽헌법과
리스본조약을 거부하는가?

앞에서 유럽헌법과 리스본조약이 마스트리히트 조약을 확대한 것이란 점을 설명했다. 그러나 유럽헌법과 리스본조약의 어떤 점이 마스트리히트 조약보다 유럽시민을 더 불안하게 하는 것일까? 왜 유럽시민들은 유럽헌법과 리스본조약을 거부했나? 유럽헌법과 리스본조약의 문제점을 분석하기 전에 EU의 법조약이 회원국에 어떤 영향력을 가지고 있는지 그 관계를 이해할 필요가 있을 것 같다.

국가의 법보다 강한 EU법

EU법은 조약뿐 아니라 집행위원회, 유럽의회 그리고 각료이사회 3자 간의 합의를 통해 만들어진 여러 입법을 말한다. EU법 원칙 중 가장 핵심적인 것은 EU법의, 회원국 국내법에 대한 최고성과 직접 효력성을 들 수 있다. 최고성이란 EU의 법이 회원국의 국내법에 우선한다는 원칙이다. 이에 따라 회원국들은 EU에서 결정한 사항에 대해 국내법을 들어 거부할 수 없다. 사실 EU를 구성하는 조약에는 EU법의 우위성을 명시하는 조항이 없다. 그러나 여러 차례에 걸친 유럽사법재판소의 판례에 따라서 EU법의 우위성이 점차 확고해지고 있다.

또 직접효력이란 EU법이 EU 시민들에게 직접 권리를 부여하고 의무를 부과할 수 있는 원칙이다. 이 원칙에 따라서 회원국에 EU법을 이행할 수 있는 국내법이 없어도 EU법 자체로 회원국의 국내법 역할을 할 수 있다. 조약의 개정 등은 회원국 국내의 비준과정을 거쳐야 하지만, 그 밖에 일상적인 결정들은 대체로 회원국 내에서의 심의와 수정 또는 동의절차를 거칠 필요 없이 거의 자동으로 적용된다. 이는 회원국 의회의 고유권한인 입법권의 상당 부분이 EU에 이전되었다는 것을 의미한다.

이와 같은 원칙에 입각하여 EU법은 바로 EU의 초국가적 성격을 강화하고 확장하는 역할을 해왔다. 유럽헌법과 리스본조약은 이러한 수준을 더 강화하여 유럽을 완전한 정치적 통합체, 연방국가로 질적 전환하려는 시도라 할 수 있다.

자본을 위한 유럽헌법과 리스본조약

그렇다면 유럽헌법이 가지는 문제에 대하여 판단해보자. 유럽헌법 비준이 거부되었지만 내용적으로는 재생산되어 리스본조약에 포함되어 있기 때문에 유럽헌법의 문제점은 리스본조약과 맥락을 같이 한다. 유럽헌법 비준 거부 캠페인을 전개한 사회단체의 주장을 빌려와 유럽헌법의 문제점을 소개하면 다음과 같다.[18]

---

18 아일랜드 단체 PANA(Peace and Neutrality Alliance)의 홈페이지(http://www.pana.ie)를 참고했다. 〈사회정의와 민주주의를 위해서For social justice and democracy in Europe〉라는 문건에서 헌법 비준을 거부해야 하는 이유 네 가지를 들고 있다.

① 사유화되는 유럽에 반대한다

유럽헌법은 의료, 교육, 문화와 연관성을 갖는 무역협상에 대해 회원국 정부의 거부권을 박탈해 각 회원국 정부가 집행위원회의 협상에 대해서 거부권을 행사하지 못하게 된다. 또 EU 무역협상에 대한 정부의 거부권을 빼앗음으로써 집행위원회가 어떤 민주적 책임을 이행하지 않고 유럽시민들의 생활에 중대한 영향을 끼칠 영역과 의제에 대하여 자유롭게 협상하고 결정할 권리를 더 많이 갖게 했다.

나아가 유럽헌법에 의해서 회원국 각 정부들이 제공하는 공공서비스 기구에 대한 보조금이 금지될 수 있다. EU의 공공기관이 보조금을 통하여 유럽시민 또는 자국 시민에게 사기업보다 더 좋은 서비스를 제공할 수 있는 것은 경쟁에 위반된다고 생각하기 때문이다. 이에 따르면 결국 정부는 공공서비스를 현재보다 매우 낮은 수준으로 유지해야 한다. 헌법은 지속가능성보다 경쟁을, 보통사람들의 요구보다는 시장을 우선시한다.

② 군사화·핵기지화 되는 유럽에 반대한다

유럽헌법은 새로운 공동방위정책의 틀을 제공하는데, 이 공동방위정책은 전 세계에 간섭할 수 있는 능력을 갖추게 하여 유럽의 군사블럭을 강화할 것이다. 또 군사력 활용의 범위가 확대될 것이다. 국가들이 개별 작전에 군을 보낼지 말지 선택할 수는 있으나 중립은 허용되지 않는다. 모든 국가는 유럽의 외교안보정책을 지지하기 위하여 적극적으로 한편을 선택해야 한다. 회원국이 공격을 받거나 테러리즘의 위협이 있으면 모든 회원국은 서로에 대하여 상호지원과 연대의 의무를 지닌다. 그리고 공동행동에 참여하기로 결정한 국가는 소단위로 군사행동을 시작할 수 있으며, 다른 회원국의 거부를 무시할 수 있다.

유럽헌법은 또 모든 회원국이 EU 군사정책의 수행과 군사력 설치를 위해 비용을 부담하도록 하고 있으며 EU의 방위정책이 핵무장한 나토와 병립 가능할 것이라고 명시하고 있다. 그리고 유럽헌법에는 EU가 군사행동을 하기 전에 유엔의 위임을 받아야 한다는 조항이 없다. 또 유럽헌법은 유럽원자력공동체Euratom와 협조하여 EU가 선호하는 에너지로서 핵 발전의 촉진을 계속할 수 있도록 하고 있다. 이것은 EU의 안전한 환경을 만들려는 시도를 우습게 만든다. 즉 유럽헌법은 유럽의 평화보다는 군사주의를 강화한다.

③ 비민주적인 유럽에 반대한다

유럽헌법은 EU법이 국내법보다 우선한다는 원칙을 강화한다. 국내법은 선출된 대표에 의해서 변화할 수 있다. 그러나 EU법은 그렇지 않다. 유럽헌법은 형사법과 난민을 위한 피난처 같은 많은 새로운 영역에서 개별 국가의 거부권을 인정하지 않는다. 그리고 인구를 기준으로 결정하는 제도(예를 들어 가중다수결제도)는 작은 회원국에게 불리할 것이다.

④ 실효성 없는 '기본적 권리헌장'에 반대한다

'기본적 권리헌장The Charter of Fundamental Rights'은 인권의 중요한 기준이 되어야 한다. 그러나 헌장은 EU와 회원국의 법과 이행에 일치한 경우에만 적용된다. 헌장이 개별 국가의 인권 기준보다 낮은 경우도 있다. 재정 삭감으로 공공서비스가 제한될 수 있기 때문에 공공서비스 관련 재정의 감축은 폐지되어야 하지만 유럽헌법은 기본적인 공공서비스를 받을 수 있는 권리를 훼손할 수 있는 재정 삭감 등을 폐지하지 않

고 있다. 또 정치사회적 권리의 공평한 진전을 제공하지 않는다. 헌장의 권리는 유엔의 보편적 인권선언보다 뒤쳐진다. 특히 개인의 일할 권리를 보장하지 않고 있다. 따라서 국가가 고용을 보장하지 못할 경우에 국가가 제공해야 하는 사회보장책의 의무를 감소시킬 수 있다. 다른 EU 조약의 시장과 경쟁우선권에 대항하는 균형권을 제공하지 않으며 이를 개정할 권리도 제공하지 않는다. 결국 유럽헌법은 의사결정의 민주성을 고려하지 않고, EU 기구로 권력을 더 집중시킨다.

리스본조약은 유럽헌법과 무엇이 다른가

2005년 프랑스와 네덜란드에서 국민투표에 의해서 유럽헌법이 부결되자 유럽 정상들은 유럽헌법이 가지고 있던 내용을 관철하기 위해 '조약'으로 그 명칭을 변경하여 다시 시도했다. 리스본조약은 사실상 폐기

처분되어야 할 유럽헌법의 재탕이다. 리스본조약은 아주 방대하고 복잡했던 유럽헌법보다 더 어렵게 만들어졌다. 보통 시민들이 읽을 수 있는 한 개의 텍스트로 만들 수 없을 정도다. 소수의 전문가를 제외하고는 이해할 수 없게 만들어졌다. 그럼에도 불구하고 모든 것이 법적인 구속력이 있고 27개 회원국의 모든 법을 대체하게 될 정도의 막강한 영향력을 가지고 있다. 그러나 유럽시민들의 우려를 피하기 위해 눈 가리고 아웅 하는 식으로 도배질을 하여 '개정조약'으로 되살아났다. 그러나 2008년 6월 13일 아일랜드 국민투표에서 EU의 '미니헌법' 또는 '리스본조약'으로 불린 '개정조약'은 반대 53.4퍼센트, 찬성 46.6퍼센트로 부결되었다. 투표율은 당초 예상보다 높아 53.1퍼센트를 기록했다.[19]

---

19 수잔 조지, 앞의 책.

그렇다면 유럽시민은 어떤 유럽을 원하는 걸까?

프랑스, 네덜란드에서의 유럽헌법 비준 거부와 아일랜드에서의 리스본조약의 비준 거부가 필자가 본문에서 소개하는 주장들의 지지자에 의해서만 일어났다고 볼 수는 없다. 유럽의 주류 미디어가 주장하듯이 반대입장에는 보수적인 입장, 우익 민족주의자들이 있다는 것을 부정할 수 없다. 그러나 본질은 조약 등 중요한 의사결정에 유럽시민들이 참가할 수 있는 시스템이 옹호되어야 한다는 것이다. 하지만 비민주적인 현재의 체계와 이사회, 집행위원회의 의지에 의해서 강제적으로 리스본조약이 비준될 가능성을 배제할 수는 없다.

지금 유럽에서는 유럽헌법과 리스본조약 반대 캠페인을 통해서 유럽모델에 대한 비판적 의식이 확산되고 있으며 새로운 유럽에 대한 대안 개발이 활발히 진행되고 있다. 이러한 움직임이 새로운 유럽지역 통합을 이루기 위한 기초가 될 것이다. 유럽시민들은 새로운 유럽을 원하고 있다. 그렇다면 새로운 유럽은 어떤 원칙에서 건설되어야 할까? 우선 새로운 유럽의 기둥이 되는 원칙 이전에 유념해야 할 몇 가지 질문을 새겨보는 것이 필요할 것 같다.

적극적 지역통합을 위한 근본적 질문[20]

① 어떤 유럽이 필요한가

많은 정치인들 또는 언론들은 유럽헌법과 리스본조약의 찬성과 반대를 단순하게 유럽(현재의 EU) 지지와 파괴적인 구민족주의의 재부활에 대한 지지로 해석하려 한다. 그러나 핵심은 유럽의 통합을 원하는가 아닌가가 아니다. 핵심은 어떤 유럽이 만들어져야 하나, 그 경제적 · 사회적 · 민주적 내용은 무엇이 되어야 하는가 등이다. 그리고 이러한 질문에 대하여 모든 유럽시민이 고민해야 한다. 유럽의 지배층조차 이러한 문제에 대하여 확실한 답을 준비하지 못하고 있는 상태에서 유럽헌법은 EU 기구에게 권력을 집중하는 것에만 초점을 맞추고 있다.

② 누구의 유럽을 만들어야 하나

많은 유럽시민들은 현재 유럽이 브뤼셀 관료주의에 의해서 만들어졌다고 생각한다. 그 주역은 유럽집행위원회와 그 관료들이다. 그런데 유럽집행위원회는 단독적인 행위자인가? 유럽집행위원회는 회원국 정부가 임명한다. 그리고 권력은 바로 EU 회원국 정부로부터 온다. 이사회가 최고의 권력기구다. 유럽헌법을 추진하고 있는 단위도 바로 이사회다. 그럼에도 여론에게는 유럽집행위원회가 이 모든 결정과정에서 주역을 맡고 있는 것으로 비쳐진다. 이사회와 각국의 정상과 정부는 부

---

20 〈Another Europe is Possible〉, William Bos, TNI(Transnational Institute)

정적 영향을 미치는 내용에 대해서는 그 결정이 브뤼셀에서 벌어진 것처럼 보이도록 한다. 이것은 EU의 복잡한 정치게임이다.

유럽은 지난 수십 년 동안 시장을 위해서, 시장에 의해서 만들어졌다. 유럽의 정부들은 신자유주의를 수용했고 이러한 이념을 현실화하는 데 유럽집행위가 앞장서고 있다. 사실상 유럽이사회와 집행위는 한통속이고 유럽과 미국의 다국적자본이 세계화 뒤에 있는 숨은 실력자다. 기업이 신자유주의적 질서의 승자며, 대기업이 이러한 유럽의 경쟁적인 자유시장의 수혜자다. 피해자는 유럽이란 피라미드의 아래에 위치한 여성, 이주자, 장애인 등 공공복지에 접근하기 어려운 사람들이다. 그리고 유럽의 신자유주의 질서의 또 다른 피해자는 지구 남반구에 있는 국가들이다. 그리고 환경과 자연이다. 새로운 조약은 바로 이러한 피해자, 대다수의 유럽시민과 남반구 국가를 위한 것이어야 한다.

③ 큰 유럽과 작은 유럽 중 어떤 유럽을 원하는가

EU가 시스템 상으로 신자유주의적 정책을 촉진하는 데 이용되고 있기 때문에 유럽시민에게 인기가 떨어지고 있다. 많은 사람들은 더 이상 EU에게 호의적이지 않다. 그리고 작은 EU를 원한다. 그러나 신자유주의적 정책으로 인해서 발생된 문제의 해결이 국가별 정치영역에서 가능할까? 인류의 생존에 위협적인 지구온난화와 다른 생태적인 파괴와 관련하여 일국적 해결의 한계는 너무나 명백하다. 그리고 이러한 국가별 무제한적 경쟁으로 인한 재앙은 다국적기업의 절대권력과 자본이동만을 강화할 수 있다. 그리고 지구상의 빈부격차를 심화시키고 위기를 낳을 것이다.

이런 점에서 이를 견제할 강력한 정치적 힘의 집중이 필요하다. 오늘날의 문제를 해결하는 데 개별 국가는 힘이 없다. 만약 유럽이 힘을 합치는 것에 실패한다면 유럽의 각국은 서로에 대한 경쟁으로 힘을 소비할 것이다. 유럽 각국이 공동의 정치적·사회적·생태적인 행동을 할 수 있도록 유럽 수준에서의 협조가 필요하다. 위기극복을 위해서는 어느 때보다 더 강한 지역적 협조가 필요하다.

여전히 정치투쟁의 많은 부분은 국경 내에서 일어날 것이다. 그렇지만 산업정책, 고용정책, 사회정책 등의 핵심 이슈는 유럽 공동의 접근이 요구된다. 이유는 간단하다. 개별 국가의 힘이 시장에서 활개 치는 다국적기업과 그 기구보다 약하기 때문이다. 이 때문에 강한 유럽적 정책이 긴급하게 요구된다.

새로운 유럽을 위한 원칙

현재 유럽은 유럽 프로젝트 시작 이래 최대의 비극을 맞고 있다. 이런 비극은 유럽에만 국한된 것은 아니다. 전 세계가 맞고 있는 현재의 금융·식량·에너지 위기는 시장중심적 정치경제 구조에서 태생된 것이다. 따라서 이 위기를 극복하기 위해서는 신자유주의적 모델에 입각한 리스본조약을 전면적으로 재검토하고 유럽의 발전모델에 대한 새로운 원칙을 세우는 것이 필요하다. 유럽의 진보적 단체들은 다음과 같은 '사회적 유럽'을 주장하고 있다.[21]

---

21 수잔 조지, 앞의 책.

- EU 제1의 목적은 공공이익이어야 한다.
- 새 조약은 심각한 민주적 결함을 가지고 있다. 따라서 이를 개정해야 한다.
- 모든 유럽정책과 지침이 환경적인 지속가능성과 서로 일치되어야 한다.
- 공공부채와 인플레이션 수준에 한계를 규정하는 '안정협약'을 전체적으로 개정해야 한다: 공동의 유럽 재정정책이 필요하다. 그러나 각기 다른 조건에 있는 각국의 상황을 고려해 유연한 재정정책 공간도 보장되어야 한다.
- 공공이익을 위한 대안 유럽은 높은 수준의 상당한 자원을 사용할 수 있어야 한다: 유럽중앙은행은 재정을 엄격히 규제하여 지속가능한 사회에 필요한 재정을 제한하고 있다.
- 공공서비스가 유럽 프로젝트의 성공을 위한 핵심적이고 절대적인 요소로 인정되어야 한다.
- 같은 정신으로, 유럽은 국제무역협정(WTO 등)의 준수의무를 재평가해야 한다.
- 교육과 연구는 중요한 지위를 차지해야 한다: 학생들이 다른 나라에서 공부할 수 있는 에라스무스 프로그램Erasmus Program[22]과 '평생교육제도' 프로그램이 강화되어야 한다. 그리고 기초적인 조사와 응용조사가 중요하게 인식되어야 한다.

---

22 EU의 대학생들이 6개월 또는 1년간 EU 내 자신이 원하는 나라의 대학에서 공부하고 학점을 받거나 공동학위를 수여받는 학생교류 프로그램이다. 15세기 네덜란드 출신의 철학자이자 신학자, 인문학자의 이름을 따왔다.

- (회원국 간의) 협조의 증진은 모든 영역에서 확보되어야 한다.
- EU는 해외발전기금을 위해서 유엔이 1974년에 설정한 GDP 0.7퍼센트를 빠르게 충족해야 한다: 제3세계에 대한 원조를 높여야 한다.
- 안보와 방위정책은 유럽적이어야 한다. 유럽인들에 의해서 결정되어야 한다. 비유럽구조(나토)와 연결되어서는 안 된다.
- 모든 조약은 개정될 수 있다: 개정은 신중하게 고려되어야 하며 회원국과 유럽의회의 일정 비율이 요구할 때에는 조약이 개정될 수 있어야 한다.

새로운 유럽을 만들기 위하여
유럽시민들은 어떤 노력을 하고 있을까?

유럽의 사회복지체제를 강제해낸 사회적 조직인 노동조합과 노동자들의 투쟁은 여전히 유럽에서 중요하고 규모가 크다. 노동조합 중심의 조직적 동원은 일상적 일이 되었다. 그러나 노동자들의 투쟁은 여타 다른 세력에게는 추진성과 매력을 잃었다. 이는 유럽 노동조합의 보수성과 함께 노동조합으로 흡수되지 못하는 불안정한 미조직 노동자들과 실업자가 증가했기 때문이기도 하다. 유럽노동조합연맹European Trade Union Confederation, ETUC[23]은 그 내부에서 여러 갈등이 있었으나 공식적으로 유럽헌법을 지지했다. 과장해서 판단하면, ETUC는 노동자들 중 일부 상층을 대표하는 조직이 되어버렸다는 비판을 받고 있다.

그리고 주류인 좌파(본질적으로 사민당 계열과 몇몇 녹색당)도 불안정한 유럽시민을 대변하기는 부족하다. 이들은 내각에 있을 때 신자유주의

---

23 ETUC에는 36개국, 82개의 국가별 노동조합연맹과 13개의 유럽의 산업별 연맹이 참여하고 있으며, 약 6000만 명의 노동조합원을 포괄하고 있다.

적 정책을 도입 또는 확대하는 데 일조해왔다. 또 좌파와 우파 사이의 전통적인 정치분열도 애매해졌다.

1990년대부터 유럽시민들의 저항은 여러 가지 새로운 특색을 띄게 되었다. 우선 전통적인 방식과는 다른 새로운 방식의 운동이 전개되어 1세기 이상의 역사를 가지고 있는 전통적인 노동조합 중심, 정당 중심의 활동에서 벗어나고 있다. 전통적 주제, 계급적 이슈와 더불어 다양한 이슈가 제기되고 있다. 예를 들어 1990년대 초반에 시작된 제3세계의 부채탕감운동, 실업자 운동, 여성행진 등과 같은 운동은 유럽시민사회 저항운동의 변화를 상징한다. 이는 많은 청년층이 생태와 제3세계 운동에 관한 주제에 매료되었다는 것을 증명한다. 또 1990년대 후반부터 자본주의의 국제기구(IMF, 세계은행, WTO)에 대한 유럽 사회운동의 저항이 높아졌다. 유럽에서의 G8 투쟁과 시애틀에서의 반WTO 투쟁도 지구화에 대한 저항에 초점을 맞춘 것이다. 하지만 상대적으로 EU(역할과 정치 등)에 대해서는 관심이 적었다.

그러나 2000년부터 서서히 유럽의 신자유주의적 정책에 초점을 맞춘 저항운동이 진행되었다. 유럽모델에 대한 투쟁은 반세계화 투쟁과 동시에 전개되고 있다. 유럽시민이 유럽의 정책에 관심을 갖도록 아래로부터 조직하기 시작한 것이 유럽사회포럼이다. 1990년대부터 관심을 모으기 시작한 반세계화 운동과 제3세계 관련 활동이 초석이 되어 2002년부터 시작된 유럽사회포럼은 유럽시민, 사회운동, 협의회, 노동조합, 네트워크, NGO가 함께 할 수 있는 공동의 지역적 틀을 제공했다.

이렇게 유럽국가의 시민과 단체가 함께 모여서 활동하는 것은 매우 새로운 현상이다. 동시에 매우 어려운 임무이기도 하다. 왜냐하면 국가적 상황과 전통과 법규가 다양하기 때문이다. 또 지난 40년 동안 성장

S2B Network(구글)

한 노동운동이 전체 유럽 차원에서 함께 행동할 기회가 많지 않았기 때문이기도 하다. 제1회 유럽사회포럼이 2002년 이탈리아 플로렌스에서 개최된 이후 유럽사회포럼은 그 구성과 지도력, 주제, 정치적·사회적 다원주의뿐 아니라 조직형태의 다양성 면에서 진정으로 유럽적이라는 평가를 받고 있다.

이렇게 유럽시민이 공동으로 저항하는 모습이 일반화되고 있고 유럽시민들 간의 연대감이 높아지고 있다. 이런 시민사회의 공동활동은 유럽의 통합운동에 의해서 추진되었으며, 동시에 시민사회의 연대의식과 공동활동이 유럽통합에 기여하고 있다. 유럽 시민사회의 공동저항의 일례가 자유무역협정FTA 반대투쟁이다. 이는 현재 유럽시민들의 가장 중요한 활동이다. 이 활동이 시작된 것은 유럽집행위원회가 2006년 '글로벌 유럽'이란 전략을 발표한 후다. 이것은 세계 시장에서의 유럽기업의 경쟁력을 강화하기 위해서 유럽 내부도 더 많은 개방이 필요하고 다른 지역과 국가 간의 양자 간 자유무역협정을 적극적으로 추진해야 한다는 전략서다.

그런데 '글로벌 유럽' 전략이 발표되기 전부터 유럽 사회운동은 시애틀 브뤼셀 네트워크Seattle to Brussel Network, S2B Network[24]란 연결망을 통해서 유럽의 구식민지와의 경제협력협정인 EU-ACP 경제협력협정[25]에 대한 반대활동을 구식민지 지역의 단체들과 공동으로 진행해왔다. 유럽이 구식민지 지역에서 지속가능한 개발을 지원하기보다는 유럽의 자원 확보와 유럽 상품을 팔기 위한 시장 확장에 초점을 맞추어서 경제협정을 진행하고 있기 때문이었다. EU는 금융자본과 유럽의 다국적기업의 이해를 위하여 남미, 아프리카, 한국을 비롯한 아시아 지역에서 동시에 공세적으로 FTA를 진행하고 있다. 이에 따라서 여러 지역에서 동시적으로 신제국주의적 유럽에 대한 저항이 전개되고 있는데, 지금 유럽 사회운동은 EU FTA 반대 캠페인을, FTA 협상을 하는 상대 지역·나라와 연대하여 전개하고 있다.

경제적 불안은 유럽 전체에 불안정을 불러일으키고 있다. 이에 대해 공동의 저항뿐 아니라 각국의 저항도 높아지고 있다. 2005년 가을 프랑스에서 일어났던 아랍계 이민자 소요와 2006년 초기고용정책에 대한 저항은 전 세계를 놀라게 했다. 이러한 시위는 현재 유럽이 가지고 있는 사회적 양극화, 특히 청년층의 높은 실업률이 가져온 결과다. 또 2008년 금융위기의 삭풍이 유럽을 강타한 후에 유럽은 성난 민중들의 거리시위로 흔들렸다.

그런데 유럽 민중의 분노는 금융위기로 인한 직접적인 피해 때문에 발생한 것만은 아니다. 그동안 진행되어온 정부의 신자유주의적 정책에 대한 불만이 금융위기로 폭발한 것이다. 서유럽 프랑스에서 남유럽

---

24 1999년 시애틀 WTO 각료회담 반대투쟁 이후에 만들어진 '기업 중심의 세계화'에 반대하는 유럽 단체들의 네트워크다.

25 EU-ACP(African, Caribbean and Pacific) Economic Partnership Agreements(EPAs)는 아프리카와 카리브해, 태평양 지역과의 경제협력협정이다.

그리스, 동유럽국가들의 주요 도시에서 이들의 분노를 목격할 수 있었다. 특히 동유럽은 정확하게 20년 전에, 공산주의를 버리고 자본주의에 대한 믿음을 심어왔다. 그런데 지금 그들은 이러한 위기 속에서 심한 당혹감과 배반감을 느끼고 있다. 동유럽의 경기침체는 오히려 소비에트 체제 붕괴 이후보다 더 심각하다. 남유럽국가도 상황은 마찬가지다. 청년들은 일자리가 부족하고 전망이 없다. 교육 시스템이 붕괴되고 미래가 불투명하다. 이에 따라서 국민국가 내에서 EU 정책에 대한 관심과 저항이 끊임없이 전개될 것이다.

그런데 2009년 6월 7일 있었던 유럽의회 선거에서 사민주의적 정당이 패배한 걸로 나타났다. 하지만 사민주의 정당의 패배가 곧 통제 없는 시장으로의 회귀를 갈망하는 것은 아니다. 사민주의 정당이 패배한 이유는 유럽 대부분의 좌파정당이, 방식은 다양하지만 친시장·친세계화 정당이었기 때문이다. 앞부분에서 설명했지만 현재의 위기를 낳게 한 정책을 만들어낸 주역은 사민당이었다. 그러므로 유럽시민들에게 우파정당이나 좌파 사민당이나 커다란 차이가 없다.

또 이 결과를 두고 유럽정치가 우경화되고 있다고 볼 수도 없다. 왜냐하면 최근 집권한 우파정부, 프랑스의 사르코지 대통령 정부와 독일의 메르켈 총리 정부의 정책을 보면 상당히 좌파적인 정책을 수용하고 있기 때문이다. 2008년 미국발 금융위기 이후 '영미식 자본주의'에 대한 사회적 비판이 높아지면서 유럽의 우파정부들은 대체로 복지와 건강보험을 유지하면서 고용보호, 금융규제를 주장하고 있다.

그리고 또 중요한 평가는 이번 선거에서 유권자의 과반수가 기권했다는 점이다. 기권자 수는 전체 유권자의 56.9퍼센트로 1979년 EU 선거 이래 가장 높은 수치다. 프랑스의 경우 투표율은 41.5퍼센트밖에 안 된다. 여론조사 기관인 TNS 소프레와《르몽드》의 합동조사에 따르면 경제위기로 가장 큰 타격을 입은 서민계층이 투표에 불참한 것으로 나타났다. 노동자는 69퍼센트, 일반 봉급생활자 66퍼센트, 그 가운데 18세에서 35세까지 청년층의 투표 불참률은 70퍼센트 이상이다. 프랑스 국민이 EU 선거에 얼마나 무관심한지 보여주는 대목이다. 이들은 경제위기 속에서 EU 선거에 관심을 기울일 여유가 없다.[26]

마지막으로 이번 선거에서 우익정당이 약진을 보였는데, 이는 유럽인들 사이의 일자리에 대한 불안감이 터키의 EU 가입 반대, 이슬람 및 이민자에 대한 반대를 주장하는 정당에 대한 선호로 나타난 것이다. 실업위기 속에서 외국 이민자들로 인해 일자리를 잃을지 모른다는 불안과 불만의 발로라고 볼 수 있다.

경제위기는 자본주의의 죽음처럼 받아들여지며 현 경제 시스템에 대한 회의를 불러왔다. 이렇게 유럽시민들의 저항의 몸짓은 다양하게 분출되고 있다.

---

26 〈미래 불안한 유럽 보수파에 미소 짓다〉,《시사인》92호.

뱃머리를 어디로 돌릴 것인가?

　최근 몇 년 동안 언론에 비쳐진 유럽의 모습은 많은 독자들이 그간 가지고 있던 유럽에 대한 이미지를 깨뜨리기에 충분하다. 높은 수준의 민주주의와 '요람에서 무덤까지'로 표현되는 복지제도가 존재하는 유럽은 사실상 오래 전에 사라졌다.

　이제 신자유주의 흐름에서 방향을 전환해야 할 시점에 와 있다. 종이 울리고 있다. 경고의 종이, 종언을 알리는 종이 울리고 있다. 현재 요청되는 것은 파손된 배를 단순히 수선할 것이 아니라 뱃머리를 돌리는 것이다. 그러나 미국과 EU의 강대국들은 암초가 가득한 곳으로 항해를 계속하려 하고 있다. 최근 경제위기에 대한 대응으로 유럽 정부들은 부자들에게 감세혜택을 주고 부실기업과 부실 금융기관에 계속 구제금융을 제공하고 있다. 이러한 정책은 사회서비스를 위한 정부지출 삭감, 대량실업 창출, 임금인하, 착취 강화를 불러올 수밖에 없다. 이 정책들은 사회정책에 대한 근본적 개혁이 없이 초국적자본과 기업의 경쟁력을 보존하기 위한 것들로, 이 구조적인 위기를 벗어나기 힘들 것이다. 단기적으로 경기회복이란 경제지표들이 보일 수는 있겠지만 고용과 복지문제가 근본적으로 변화되지 않는다면 위기의 해결을 기대하기 힘들다.

유럽은 미국과 함께 케인스 모델에서 신자유주의적 모델까지 기본 전략을 공유하면서 60년 이상 동반자 관계를 유지해왔다. 그러나 EU와 미국이 다른 것도 있는데, 그것은 유럽에는 사회복지체제에 대한 전통과 그것을 지키기 위한 저항이 아직도 살아 있다는 것이다. 동유럽도 구사회주의에서 사회적 복지가 보장됐던 전통을 가지고 있다. 유럽시민들은 자신들이 가장 자랑스럽게 생각하는 자산인 복지사회를 강화해야 한다고 생각한다. 유럽 사회운동은 이런 위기의 진정한 해결을 위해서, 단기적 처방만을 급속하게 진행하기 위해 소수의 권력을 강화할 것이 아니라 민주적인 유럽을 선택해야 하며, 사회복지 유럽을 복구하고, 고용 없는 성장이 아니라 지속가능한 녹색 유럽을 지향해야 한다고 생각한다.

G20 반대투쟁(구글)

글의 서두에서 던진 '유럽적'이란 정체성이 이런 과정 속에서 만들어지길 희망해본다. 이런 정체성을 바탕으로 만드는 유럽은 단순히 유럽만의 희망이 아니다. 진정한 지역의 평화와 지속가능한 성장 그리고 다른 지역과 경쟁이 아니라 연대하는 모델은 전 세계가 같이 생존하는 방식이다.

우리는 대전환을 가져올 중요한 도전을 맞이하고 있다. 그 첫 번째 도전은 미국 패권을 중심으로 하는 일극체제의 균열이 빠르게 진행되고 있다는 것이다. 그리고 두 번째는 전 지구적인 금융·식량·에너지 위기다. 세계 권력의 변화와 전 지구적인 위기는 우리에게 중요한 시련이지만 동시에 새로운 기회를 제공하기도 하다.

이런 시대적 변화에 지역주의 운동이 강해지고 있다. 지역 차원의 적극적 협조체제를 만들기 위한 노력들이 눈에 띄게 활성화되고 있다. 그런데 이에 대해 어떤 지역적 통합을 실현할 것인가 하는 제도적 측면에만 포커스가 맞춰지는 위험성이 있다. 또 시장을 넓히기 위해 오히려 경쟁을 높이는 방향으로 지역주의가 선호되는 경향도 있다. 이는 한국도 예외가 아니다. 한국정부는 1997년 외환위기 이후 아시아 지역 내의 지역통합에 관심을 보여왔다. 그런데 그 운동이 대단히 자유무역 가치를 중심으로 하고 있다. 최근에 집권한 일본의 하토야마 정부의 동아시아 공동체 제안으로 지역적 구상에 대한 논의가 활발해질 것이다. 이러한 실제적인 흐름에 적극적으로 참가하기 위해서는 EU의 통합과정이 많은 교훈을 줄 것이다. 또 남미에서 빠르게 성장하는 지역주의 운동도 우리에게 중요한 이정표 역할을 할 것이다.

| 유럽을 이해하기 위한 추천 도서

- 《나만 모르는 유럽사》, 역사교육자협의회 엮음(일본 편), 양인실 옮김, 모멘토, 2004
- 《서양문화사 강의》, 이석우 지음, 형설출판사, 2005
- 《세계사일주》, 강응천 지음, 한겨레출판사, 2008
- 《독일 프랑스 공동 역사교과서》, 페터 가이스 외 지음, 김승렬 외 옮김, 휴머니스트, 2008

| 유럽을 이해하기 위한 추천 영화

- 〈식코〉, 마이클 무어 감독, 다큐멘터리, 2008
- 〈굿바이 레닌〉, 볼프강 벡커 감독, 독일 영화, 2003
- 〈스페니시 아파트먼트〉, 세드릭 클래피쉬 감독, 프랑스 영화, 2002

| 유럽 사회단체의 웹사이트

- 시애틀−브뤼셀 네트워크: http://www.s2bnetwork.org
- 다국적연구소Transnational Institute: www.tni.org
- 유럽헌법 반대 캠페인: http://www.caeuc.org

참고자료

- 《새로운 세계질서를 리드하는 유럽합중국》, T. R. 리드 지음, 김정혜 옮김, 이호근 감수, 한언, 2005
- 《유럽의 세계지배》, 마크 레오나르드 지음, 윤덕노 옮김, 매일경제신문사, 2006
- 《유럽문화사 상·하》, 페이커 리트베르헨 지음, 김경한 외 옮김, 지와사랑, 2003
- 《서양문명의 역사 4》, E. M. 번즈 외 지음, 손세호 옮김, 소나무, 1997
- 《나만 모르는 유럽사》, 역사교육자협의회 엮음(일본 편), 양인실 옮김, 모멘토, 2004
- 《서양문화사 강의》, 이석우 지음, 형설출판사, 2005
- 《세계사일주》, 강응천 지음, 한겨레출판사, 2008
- Ramon Fernandez Duran, The Complex Construction of Europe as a superpower, Virus, 2007
- Susan George, We The People of Europe, Pluto Press, 2008
- William Bos, Another Europe is Possible, TNI(Transnational Institute), 2007
- http://www.europe-solidaire.org/spip.php?article1180
- http://www.pana.ie

안영민

전쟁의 세계화가 아니라 연대의 세계화를 꿈꾸며 국제연대운동단체인 '경계를넘어'와 '팔레스타인평화연대'에서 활동했다. 제국주의와 중동지역에 관해 계속 공부하고 있다.

4장

미국을 수렁에 빠트린 중동

저물어가는 미국의 패권 그리고 중동

> 겨울이 지독하게 추우면 여름이 오든 말든 상관하고 싶지 않을 때가 있다. 부정적인 것이 긍정적인 것을 압도하는 것이다. 그러나 우리가 받아들이든 받아들이지 않든 냉혹한 날씨는 결국 끝나게 되어 있고, 화창한 아침이 찾아오면 바람이 바뀌면서 해빙기가 올 것이다. 그래서 늘 변하게 마련인 우리 마음과 날씨를 생각해볼 때, 상황이 좋아질 수도 있다는 희망을 품게 된다.
>
> —빈센트 반 고흐

팔레스타인에 갔을 때의 일이다. 내가 한국에서 왔다고 하니깐 어떤 사람이 "안녕하세요"라며 한국말로 인사한다. 어떻게 한국말을 배웠냐고 하니깐 아랍권 위성 텔레비전 가운데 '코리아 TV'라는 것이 있는데 거기서 물어보는 한국말 배우기 프로그램을 통해 알게 되었다고 한다. 또 어떤 사람은 자기도 옛날에 한국인들을 만난 적이 있다고 한다. 어디서 만났냐고 물어보면 주로 사우디아라비아나 쿠웨이트 등지에서 건설 관련 일을 하면서 만났다고 한다. 하루는 차를 타고 가고 있는데 눈앞에 전혀 생각지도 않았던 광경을 목격했다. 앞에 달리던 버스 뒤편 유리창에 '아이가 타고 있어요'라는 문구가 한글로 적혀 있었던 것이다. 팔레스타인뿐 아니라 여러 중동국가에서 한국산 중고 자동차는 인기 있는 물건이다. 한동안 이집트에서는 텔레비전 드라마 '겨울연가'가 인기더니 이란에서는 '대장금'에 이어 '주몽'이 큰 인기를 끌었다.

그동안 건설과 중고 자동차, 드라마 등이 중동과 한국이 인연을 맺어온 방식이라면 최근 들어서는 전쟁을 통한 인연 맺기가 시작되었다. 오바마 미국 대통령의 한국 방문을 20여일 앞둔 지난 2009년 10월 28일, 한국정부는 외교안보정책조정회의를 통해 아프가니스탄 파병을 확정지었다. 11월 12일부터 17일 사이에는 정부합동실사단이 아프가니스탄에 다녀왔다. 그리고 11월 19일에 있었던 한미정상 공동기자회견에서 오바마 미국 대통령은 "이 대통령께서 아프가니스탄에 지역재건팀PRT을 보내기로 한 결정을 환영한다"며 한국군 파병이 "아프가니스탄에서의 우리의 목적 달성에 필수적인 것"이라고 강조했다. 유럽국가들에게 병력 증파를 요구했으나 그들의 반응이 미온적이던 상황에서 한국의 파병 결정은 미국으로서도 중요한 문제였다. 베트남전 이후 한국군을 이라크와 아프가니스탄 등지에 파병했다 철수시킨 이후 다시 한 번 한국이 미국의 전쟁에 깊이 관여하게 된 것이다.

미국 국제정책의 핵심은 중동(이 글에서는 아프가니스탄 포함)에 있다. 지난 부시 행정부 시절 미국은 아프가니스탄과 이라크를 침공하고 소말리아를 폭격하는 등 강압적이고 군사적인 행동으로 많은 비난을 받았다. 그리고 2009년 새로 들어선 오바마 정부는 과거 부시 행정부와는 다른 행동을 취할 것으로 많은 사람들이 기대했다. 오바마 대통령이 지난 2009년 8월 라마단 기간에 "미국의 경계를 넘어서 우리는 좀더 평화롭고 안정된 세상을 건설하겠다는 책임을 이행할 것"이라며 무슬림들에게 인사를 건넨 것도 부시 행정부와는 다른 정책을 가진 것처럼 보이기 위한 것이었다. 하지만 현실에서는 오바마 정부 또한 이전 정부와 같은 중동정책을 유지하고 있다.

이 글의 목적은 단순하다. 국제정치를 쥐락펴락 하고 있는 미국의 중동정책에 대해서 좀더 알아보자는 것이다. 특히 중동을 이해하면 현재 저물어가는 미국의 패권을 이해하는 데 큰 도움이 된다. 지난 30여 년 동안 미국은 계속해서 중동에서 전쟁과 정치적 대결을 벌이고 있는데, 그 배경과 현실 그리고 미국의 중동정책을 살펴봄으로써 한국정부의 아프가니스탄 파병 결정이 정당한 것인지 아닌지 판단하는 데도 도움이 될 것이다.

1980년대, 소련을 무너뜨린 미국

1979년, 한국사회를 뒤흔드는 사건이 벌어졌다. 미국의 보호를 받으며 장기독재를 펼치고 있던 박정희가 살해당한 것이다. 한국에서 박정희 독재정권이 끝나던 그해 이란에서는 또 다른 친미정부가 무너졌다. 이란혁명이라고 불리는 이 사건은 이슬람운동, 민족주의자, 좌파 등 이란민중의 광범위한 참여로 일어났다.

그런데 이란혁명이 미국과 이란 사이의 오래된 악연의 시작은 아니다. 1941년에는 좌파정당인 투데Tudeh가, 1949년에는 무함마드 모사데크와 민족주의자들이 중심이 된 '이란민족전선Iran National Front'이라는 조직이 결성되는 등 1940년대 이란에서는 대중운동이 활발하게 벌어진다. 이들의 주요 요구 가운데 하나는 영국을 비롯해 외국자본이 장악하고 있는 이란의 석유산업을 국유화하는 것이었다.

1951년 모사데크가 이란의 총리가 되면서 그동안 '영국-이란 석유회사'가 장악하고 있던 이란의 석유산업에 대해 국유화를 선언했고 이에 대해 이란인들은 환영했다. 이전에 이란 국왕은 석유개발의 이익으로 노동자들에게 더 많은 임금을 주고 교육 등 사회복지사업을 펼치겠다고 했지만 석유개발의 이익은 왕족과 다국적 석유회사에게만 돌아갔기 때문이다. 다국적 석유회사와 영국이 국유화 조치에 반발했음은 물론이다. 그리고 1953년 미국과 영국이 지원하는 쿠데타가 일어나 모사데크 정부는 무너지고, 민족전선과 투데 등의 활동가들도 체포되거나 투옥된다. 그리고 이란의 석유는 다시 영국과 미국, 프랑스, 네덜란드 등의 손에 넘어간다.

왕정을 다시 복귀시키고 석유를 갈취하기 시작한 미국은 이란을 대소련 전진기지로 적극 활용한다. 1955년 미국과 영국의 요구로 터키, 이라크, 이란, 파키스탄, 영국이 참여하는 바그다드조약이 만들어지는데, 바그다드조약은 나토를 본보기로 하여 미국이 소련에 대응하기 위해 만든 것이다. 그런데 이라크에서 혁명이 일어나고 1959년 이라크가 이 조약에서 탈퇴하자 바그다드조약은 중앙조약기구CENTO로 이름을 바꾸었다. 그리고 미국이 중앙조약기구에 참여하면서 사실상 이 기구를 주도한다. 1973년에는 이스라엘과 아랍국들 사이에 '10월전쟁'이 시작되었고, 아랍국과 산유국들이 이스라엘을 지원하는 국가에는 석유를 수출하지 않겠다고 선언하면서 흔히 말하는 '오일 쇼크'가 일어난다. 그런데 주변국가들의 이런 움직임에도 미국의 영향권 아래 있던 이란은 참여하지 않았다.

그러던 이란에서 1970년대 계속된 대중운동의 힘으로 독재정권이 무너진 것이다. 이란혁명은 미국에게 큰 충격을 안겨주었다. 이란은 사우디아라비아, 이라크와 함께 세계 최대의 석유 매장량을 가지고 있는 나라다. 1972년 이라크가 석유산업을 국유화한 데 이어 1979년 이란에서도 혁명이 일어나자 미국은 이란석유에 대한 접근권마저 잃게 되었다. 국유화의 악몽이 되살아난 것이다.

이란은 중앙아시아, 카스피해 지역과 맞닿아 있으면서 대소련 전진기지 역할도 해왔는데 미국은 이란혁명으로 큰 군사기지를 잃게 되었다. 또 이란은 국방예산을 초과해가면서까지 미국산 무기를 사들이는 나라였는데 혁명은 무기 판매처까지 빼앗아 간 셈이다. 게다가 미국은 이란혁명이 다른 지역으로 퍼지지 않을까 걱정했다. 그래서 1980년에 일어난 이란-이라크 전쟁에서 이라크를 지원했다. 1988년까지 계속된 전쟁 동안 미국과 프랑스, 소련 등은 이라크에게 무기를 공급했고, 끝도 없는 전쟁은 수십만의 희생자와 함께 무기회사들에게 큰 이익을 남겼다.

1979년에는 소련이 이란 오른쪽에 있는 아프가니스탄을 침공한다. 아프가니스탄에 친소정권이 들어선 이후 보수진영의 공격이 계속되고 있었고, 새로 들어선 정부가 소련으로부터 멀어질지도 모른다는 얘기가 흘러나오자 소련이 즉각 군대를 보낸 것이다. 소련이 침공을 시작하자 아프가니스탄의 민족주의자, 지식인, 이슬람주의자들은 소련을 물리치기 위해 투쟁에 나섰다. 흔히 무자헤딘(전사)으로 불리는 수염 긴 남성들이 소련에 대항했던 것으로 알려지고 있는데 사실은 무자헤딘뿐 아니라 아프가니스탄의 다양한 정치세력들이 대소련 투쟁에 나섰다.

소련이 아프가니스탄을 침공하자 미국은 이를 소련을 제압할 수 있는 좋은 기회로 삼고, 자신들이 베트남에서 당했던 일을 소련에게도 안겨주기 위한 작전에 나섰다. 미국은 베트남에서 낡은 무기와 소규모 화력을 지닌 베트남인들과 오랜 전쟁을 치렀지만 결국에는 패배를 인정하고 철수할 수밖에 없었다. 계속되는 전쟁으로 많은 아프가니스탄 난민들이 아프가니스탄과 파키스탄 국경지역에 머물고 있었는데 미국은 파키스탄 정부를 통해 아프가니스탄 난민들을 이용하기 시작했다. 파키스탄은 아프가니스탄에 친파키스탄 정권을 세우기 위해 미국과 협력했다. 파키스탄과 이슬람주의자들은 이슬람학교에 난민 아이들을 불러 모았고, 이들에게 이슬람을 교육시켰다. 부모들은 먹을 것을 해결할 수 있다는 말에 아이들을 이슬람학교에 보냈고, 아이들은 이곳에서 왜, 어떻게 소련에 대항해야 하는지를 배웠다. 이렇게 이슬람학교를 기반으로 모인 사람들이 미국과 파키스탄이 지원한 총과 돈으로 무장하고 소련군과 맞서 싸우기 시작했는데, 그들이 바로 무자헤딘이고 지금의 북부동맹이다.

또 오사마 빈 라덴을 비롯한 각 지역의 이슬람주의자들이 공산주의의 위협으로부터 무슬림을 지키겠다고 아프가니스탄으로 몰려든다. 지금은 미국의 적으로 불리고 있지만 소련과의 전쟁 당시에 미국은 직간접적으로 오사마 빈 라덴을 지원했었다. 미국의 입장에서는 오늘의 적을 손수 키운 셈이다.

이란혁명과 소련의 아프가니스탄 침공이 있은 이듬해인 1980년 미국은 카터 독트린을 발표하는데, 카터 독트린에서 미국은 페르시아만 지역에서 미국의 이해를 해치려는 외부의 시도에 대해 군사력을 포함해 모든 수단을 동원해 대응할 수 있다고 선언했다. 또 1985년에는 레이건 독트린을 발표하여 아프가니스탄에서부터 니카라과까지 소련의 공격으로부터 '친구'들을 지키기 위해 나설 것이라고 했다. 1980년대 내내 미국은 이란과 소련, 혁명과 공산주의라는 두 개의 적을 무너뜨리기 위한 노력을 계속했던 것이다. 그리고 아프가니스탄에서는 무자헤딘과 미국이 승리했고, 1989년 소련은 결국 아프가니스탄에서 철수했다. 아프가니스탄에서 철수한 지 얼마 지나지 않아 소련이 몰락함으로써 아프가니스탄의 1980년대는 소련의 패배, 미국의 승리로 저물어갔다.

시간을 한 번 더 1979년으로 돌려 보자. 1979년에 미국은 이란이라는 친구를 잃기도 했지만 대신 아랍의 맹주라 불리던 이집트를 얻을 수 있었다. 1979년에 이스라엘과 이집트가 평화협정을 체결한 것이다. 1948년 이스라엘이 건국을 선포하자 이집트와 이스라엘 사이에 첫 번째 전쟁이 벌어졌다. 1956년에는 이집트의 나세르 정권이 수에즈 운하에 대해 국유화를 선언하자 영국, 프랑스, 이스라엘이 이집트를 공격하면서 수에즈전쟁이 벌어진다. 또 1967년에는 이스라엘이 이집트와 시리아를 공격해 시리아의 골란고원, 이집트의 시나이 반도를 장악한다. 1973년에는 이집트와 시리아가 1967년 전쟁 때 이스라엘이 점령한 지역을 되찾기 위해 전쟁을 벌이면서 10월전쟁이 벌어진다. 이렇게 이스라엘과 계속 전쟁을 벌였고, 1960년대까지 소련과 협력하던 이집트가 1970년 나세르의 사망 이후 점점 변한다. 나세르 다음으로 대통령이 된 사다트는 1976년 소련과의 우호협력관계 중단을 선언하고 미국과의 협력을 확대한다. 그리고 1978년 캠프 데이비드 협정에 이어 1979년 이스라엘과 평화협정을 맺게 된다.

아랍국가 최초로 이스라엘과 평화협정을 맺음으로써 이집트는 아랍의 맹주라는 이름을 잃은 것은 물론이요, 아랍연맹에서도 쫓겨난다. 1981년에는 사다트가 암살되는 일도 벌어졌다. 팔레스타인 인들도 이집트가 이스라엘과 평화협정을 맺는 데 반대했다. 그 이유는 평화나 협상이 싫어서가 아니라 협상의 주체와 내용 때문이었다. 캠프 데이비드 협정과 평화협정에 따르면 이집트의 영토는 시나이 반도부터 시작해서 그 왼쪽이고, 이스라엘의 영토는 영국이 지배하고 있던 팔레스타인 지역이다. 이는 곧 이스라엘이 팔레스타인 지역을 점령하고 있는 것은 정당한 일이라고 이집트가 선언한 셈이다. 게다가 팔레스타인 인들의 의견은 듣지도 않은 채 이집트가 일방적으로 팔레스타인의 미래에 대해 이스라엘과 합의를 보자 팔레스타인 인들이 반대했던 것이다.

평화협정 체결로 이집트가 잃은 것만 있는 것은 아니다. 평화협상의 대가로 이스라엘은 6일전쟁으로 점령하고 있던 시나이 반도를 이집트에게 돌려줬고 미국은 이집트에게 많은 양의 무기와 재정지원을 하기 시작했다. 이는 미국으로서도 환영할 일이었다. 이제 아랍민족주의니 나세르니, 팔레스타인 해방이니 하는 말 속에 이집트는 없다. 미국에게 충실하고, 이스라엘과 협력하며, 소련에 대항하는 소중한 친구를 하나 얻게 된 것이다.

이스라엘로서도 손해볼 것이 없었다. 1948년 팔레스타인의 78퍼센트를 점령하고, 1967년 팔레스타인의 나머지 22퍼센트를 점령한 이스라엘에게 늘 따라다니는 꼬리표는 점령자였다. 이 꼬리표는 단지 이미지만의 문제가 아니라 아랍권과의 경제관계에 언제나 나쁜 영향을 미쳤다. 그런데 이제는 하나의 국가로 공식인정을 받게 된 것이다. 인정보다 더욱 중요한 것은 이집트라는 국가의 위치였다.

이집트는 이스라엘과 네 차례 전쟁을 벌였을 뿐 아니라 나세르가 살아 있을 때 아랍민족주의 운동으로 아랍권을 이끌었고, 팔레스타인을 비롯한 다른 나라의 민족해방운동도 지원해왔다. 당연히 미국과 이스라엘에게는 눈엣가시였는데, 그러던 이집트가 이제 미국과 손을 잡음으로써 자연스럽게 이스라엘의 친구가 되었다. 이스라엘과 국경을 맞대고 있는 국가는 모두 네 개로 이집트, 요르단, 시리아, 레바논이다. 이 가운데 요르단은 이스라엘 건국 이전부터 팔레스타인 인이 아니라 이스라엘 건국을 주도했던 시오니스트들과 협력했기 때문에 이스라엘에게 별 문제가 아니었다. 그리고 이제 이스라엘은 이집트 문제도 해결한 것이다.

이집트와의 평화협정 체결 이후 이스라엘이 눈을 돌린 곳은 레바논이다. 1948년과 1967년의 전쟁에서 이스라엘에게 쫓겨난 팔레스타인 난민이 가장 많이 향한 곳은 요르단이다. 요르단은 지금도 인구의 절반 이상이 팔레스타인 출신이다. 그런데 팔레스타인 난민들이 팔레스타인 해방이니 민주주의니 하면서 정치적 주장을 하니깐 1970년 요르단 정부가 팔레스타인 인들을 공격해서 학살하는 일이 벌어진다. 이 사건 이후로 팔레스타인해방기구PLO를 비롯해 많은 수의 팔레스타인 인들이 레바논으로 이주하게 되었고, 이때부터 레바논이 팔레스타인 해방운동의 주요 거점이 되었다.

1978년 이스라엘은 '리타니'라는 작전명으로 레바논을 침공했고, 이집트 문제를 해결한 뒤 1982년 6월에는 '갈릴리의 평화'라는 작전명으로 다시 레바논을 침공했다. 침공 목적은 PLO를 비롯해 팔레스타인 해방운동을 파괴하고 레바논에 친이스라엘 정권을 세우겠다는 것이다. 이 침공으로 1만 5000명가량의 레바논 인과 팔레스타인 인들이 살해된다. 레바논 침공과정에서 미국은 이스라엘에게 무기를 제공했고, PLO와 PLO 의장인 아라파트를 테러리스트라고 불렀다. 또 미국, 프랑스, 이탈리아 등은 다국적군의 이름으로 레바논에 들어가 팔레스타인 남성 1만 명가량을 아프리카와 유럽 등지로 내쫓는다. PLO의 본부도 레바논을 떠나 아프리카 튀니지로 쫓겨갔다.

1982년 9월 이스라엘은 또다시 레바논을 침공한다. 이때 이스라엘군은 레바논의 수도 베이루트에 있는 사브라와 샤틸라 두 팔레스타인 난민촌을 둘러싼 채 레바논의 우파조직인 팔랑헤를 난민촌으로 들여보낸다. 팔랑헤는 3일 동안 3000여 명의 팔레스타인 인들을 살해하는데 이것이 사브라·샤틸라 학살이다. 팔랑헤는 1936년 마론파 기독교인인 피에르 제마이엘이 독일을 방문한 뒤 파시스트 조직을 모형으로 만든 조직이며, 1975년에는 PLO를 공격함으로써 레바논 내전을 일으켰다. 이렇듯 미국과 이스라엘의 공격으로 PLO가 약화되면서 팔레스타인 해방운동의 중심은 외부가 아닌 점령지 내부로 점점 옮겨갔다.

또 이스라엘은 팔레스타인 인들의 정치·집회·표현의 자유까지 철저하게 억압했다. 이스라엘의 계속되는 억압으로 쌓인 분노는 1987년에 인티파다(민중항쟁)로 터져나왔는데, 연일 집회와 시위가 계속되고, 노동자들은 파업을 하고, 상가는 철시했다. 주민들은 이스라엘 상품을 불매하고 집 주변에 먹을 것을 키웠다. 이에 대해 이스라엘은 팔레스타인 인들에게 총알과 최루탄을 쏟아 부었고, 활동가들을 추방하거나 구속했다. 또 이스라엘군은 돌을 던지지 못하게 하겠다며 팔레스타인 어린이와 청소년들의 팔을 부러뜨렸다. 탱크를 향해 돌을 던지는 어린이와 청소년들의 모습과 이들을 향해 총을 쏘는 이스라엘군의 모습이 전세계에 방송되면서 잊혀가던 팔레스타인이 다시 한번 중요한 국제문제로 등장했다. 세계 각지에서 이스라엘을 비난하는 목소리가 쏟아졌고 팔레스타인 인들을 지원하자는 운동이 퍼져나갔다. 그렇게 팔레스타인의 1980년대는 인티파다와 함께 저물어갔다.

1990년대, 거칠 것도 망설일 것도 없다

1980년대를 지나고 1990년대에 들어서면서 소련이 무너졌다. 미국은 소련의 몰락에 환영의 박수를 보냈을까? 물론 겉으로는 환영했다. 하지만 속으로는 심각한 고민에 빠졌다. 영화 007 시리즈를 비롯해 각종 헐리우드 영화에서 보듯이 소련과 공산주의의 존재는 미국의 존재 이유이기도 했다. 소련의 존재는 미국 내에서 사회복지와 교육 관련 예산 대신 국방예산을 최우선으로 배정하여 군수업체의 이익을 높여줄 수 있는 근거였다. 반공을 명분으로 미국식 자본주의를 다른 나라에 심을 수도 있었고, 무기 수출을 위한 좋은 기회이기도 했다.

하지만 소련이 무너지자 동맹국들에게 무기 구매를 강요할 명분이 약화되었고, 미국 내에서도 이제는 군비를 축소하자는 요구가 계속되었다. 소련의 몰락은 정치인, 군부, 군수업체뿐 아니라 반공으로 먹고 살던 언론인이나 학자들에게까지도 위기였다. 그래서 이들이 공산주의를 대신해 써 먹기 시작한 것이 테러리즘과 테러리스트였고, 이라크와 사담 후세인이 희생양이 된 것이다.

1990년 이라크의 사담 후세인 정권이 쿠웨이트를 침공하기 전 미국은 "공격하라"는 아니지만 "공격해도 관여 않겠다"는 신호를 보냈다. 그런데 이 신호가 사담 후세인을 위해 파 놓은 함정일 줄이야! 이라크가 쿠웨이트를 침공하자 미국과 유엔은 즉각 철군을 주장하며 경제봉쇄에 들어갔고, 미국은 1991년부터 '사막의 폭풍'이라는 작전명으로 이라크를 침공했다.

이라크가 먼저 쿠웨이트를 침공했으니 미국이 이라크를 공격하는 것은 당연한 것이 아니냐고? 아니다. 이라크는 미국을 침공한 것이 아니고 쿠웨이트를 침공했다. 쿠웨이트 침공이 문제라면 미국은 쿠웨이트에서 이라크군을 몰아내면 된다. 하지만 미국은 쿠웨이트를 거쳐 이라크로 나아갔고, 이것이 '1차 이라크 침공'이다.

미국에게 필요했던 것은 쿠웨이트의 해방이 아니라 새로운 적과 새로운 전쟁이었다. 소련의 몰락으로 미국 정부는 군비축소 압력에 시달리고 있었고 무기업체들은 생산량을 대규모로 감축할 수밖에 없었다. 그들에게는 평화라는 위기를 돌파할 수 있는 전쟁이 필요했고, 전쟁만이 무기업체를 살리는 길이었다. 이라크는 제2의 소련, 바그다드는 제2의 모스크바, 사담 후세인은 제2의 스탈린이었다.

이란-이라크 전쟁 당시 이라크가 이란을 공격하면서 화학무기를 사용했고, 1988년에는 이라크군이 하랍자에서 쿠르드 인을 학살할 때도 화학무기를 사용했다. 물론 이 화학무기는 미국으로부터 온 것이었다. 하지만 이제 미국은 옛 친구인 사담 후세인을 화학무기를 이용해 민간인을 살해한 악마로 만들기 시작했다. 이라크가 쿠웨이트를 침공하겠다고 했을 때 미국이 눈을 감은 것도 새로운 적의 화려한 등장을 위한 무대가 필요했기 때문이다.

이라크가 아무런 저항을 하지 않음에도 불구하고 미국과 영국은 이라크를 계속 폭격했고 이라크 인들은 죽어갔다. 미국정부와 무기업체들은 다시 활기를 띄기 시작했고 무기재고량은 줄었다. CNN을 비롯한 미국 언론들은 전쟁을 생중계하면서 큰 이익을 볼 수 있었고 학자들은 테러와 테러리즘에 관한 이야기들을 쏟아냈다. 이라크의 북부와 남부 지역에는 비행금지구역이 설치되어 이라크 비행기가 움직이는 것을 금지시켰다.

외국과의 무역을 금지시킨 경제봉쇄의 피해도 곳곳에서 나타났다. 교육과 사회복지 수준이 높았던 이라크에서 식량과 의약품이 바닥을 드러냈고, 상하수도를 비롯해 각종 사회기반시설과 복지정책이 작동을 멈췄다. 어린이 사망자가 급증하고 미국과 유엔을 향한 비난이 쏟아졌다. 그러자 유엔은 1995년에 '석유−식량 교환 프로그램'을 허가했다. 석유를 팔아서 식량과 의약품을 사오라는 것이다. 그렇게 해서 1996년부터 이라크의 석유수출이 재개되었다. 하지만 석유 판매대금의 상당부분은 전쟁배상금과 유엔 행정비로 쓰였다.

사담 후세인을 제거하기 위해 경제봉쇄를 하고 전쟁을 벌였다는데 미국은 정말 사담 후세인을 없앨 계획이었을까? 물론 아니다. 미국이 이라크를 공격하기 시작하던 1991년, 이라크 남부지역에서 사담 후세인에 대항하는 민중들의 투쟁이 시작되었다. 만약 미국이 사담 후세인의 제거를 원했다면 이 투쟁을 지원했을 것이다. 하지만 현실은 거꾸로 사담 후세인이 민중들의 투쟁을 진압하도록 가만히 놔뒀다. 미국은 아직 이라크를 직접 점령할 준비가 되어 있지 않았고, 이라크에 민주적인 정부가 들어서는 쪽보다는 독재자가 있는 쪽이 미국에게는 이익이었다. 사담 후세인은 악마의 역할만 충실히 하면 될 뿐 당장에 사라지면

안 됐던 것이다. 미국이 점령준비를 할 때까지만!

미국이 이라크를 폭격하자 사담 후세인 정권은 이스라엘을 향해 미사일을 날렸다. 이스라엘 내부에서는 너무도 당연하게 맞대응을 하자는 목소리가 높았으나 미국은 이스라엘을 말렸다. 왜냐하면 '미국-이라크' 전쟁에 이스라엘이 개입할 경우 자칫 '미국+이스라엘 대 아랍'이라는 이미지가 만들어질 수도 있기 때문이다. 그 대신 미국은 이스라엘에게 PLO와 협상에 나서라고 했다.

팔레스타인에서는 1987년에 시작된 인티파다가 해를 넘겨 계속되면서 이스라엘을 당황스럽게 만들고 있었다. 서안지구에 대한 소유권을 주장하던 요르단은 인티파다가 자국으로 번질까 우려해 서안지구에 대한 소유권을 포기했다. 미국과 이스라엘에게는 팔레스타인 인들의 시선을 돌릴 대상이 필요했고, 그래서 1993년에 내놓은 것이 이스라엘과 PLO 사이에 체결된 오슬로협정이다. 연일 언론에서는 이스라엘과 팔레스타인이 평화협정을 통해 적대관계를 청산하고 동반자관계가 되었다고 떠들었다. 오슬로협정에는 이스라엘-팔레스타인 문제를 해결하고 중동에 평화를 가져다준 획기적 전기라는 화려한 수식어가 따라다녔다. 그렇다면 정말 팔레스타인에 평화가 왔을까? 오슬로협정으로 팔레스타인 자치정부가 들어섰으니 팔레스타인 문제는 해결된 것일까? 그동안 미국과 이스라엘은 아라파트를 테러리스트, PLO를 테러리스트 조직이라고 불렀는데 왜 갑자기 이들과 손을 잡은 것일까?

오슬로협정은 팔레스타인 전역이 아니라 1967년 점령지인 가자지구와 서안지구를 대상으로 논의가 진행되었다. 팔레스타인의 78퍼센트를 차지하는 1948년 점령지는 의제조차 되지 못했다. 오슬로협정의 결과로 들어서게 된 팔레스타인 자치정부 또한 가자지구와 서안지구 전체가 아닌 가자지구와 서안지구의 일부에 대해서만 아주 제한적인 영향력을 행사할 수 있게 되었다. 가자지구와 서안지구 사이는 특별한 경우가 아니면 오갈 수 없게 되었고, 곳곳에 수백 개의 검문소가 들어서서 팔레스타인 인들의 이동을 제한했다. 봉쇄가 강화되면서 노동자들은 수시로 일자리를 잃었다.

이렇게 팔레스타인 인들의 생활조건을 오히려 나쁘게 만든 협정이었음에도 불구하고 협상에 참여했던 사람들에게는 노벨평화상이 주어졌다. 이츠하크 라빈 이스라엘 총리와 아라파트 PLO 의장이 손을 맞잡고 클린턴 미국 대통령이 두 사람을 격려하는 사진은 중동평화를 위한 대진전의 한 장면으로 퍼져나갔다. 오랜 세월 해외에서 떠도는 동안 정치적 힘이 점점 떨어지고 있던 아라파트에게는 자치정부 대통령이라는 자리가 주어졌다. 이스라엘은 인티파다를 억누르는 과정에서 세계에 뿌려진 잔인한 점령자라는 이미지를 벗을 수 있었고, 인티파다와 이스라엘에게 쏠려 있던 팔레스타인 인들의 시선을 자치정부로 옮길 수 있었다. 미국은 이라크에 대한 폭격과 경제봉쇄로 나빠지고 있던 이미지를 만회할 수 있었고, 요르단은 오슬로협정이 체결되자마자 1994년 이스라엘과 평화협정을 체결했다. 피해를 본 것은 이제 평화협정이 체결되었으니 뭔가 달라지지 않을까 기대했던 힘없고 가난한 팔레스타인 인들이었다. 이들은 1990년대 내내 평화협정의 악몽에 시달려야 했다.

아프가니스탄으로 가보자. 1989년 소련은 친소정권을 남겨둔 채 아프가니스탄에서 철수했지만 이 친소정부도 무자헤딘들의 공격에 곧 무너졌다. 이제 남은 것은 카불의 권력을 둘러싼 여러 무자헤딘 조직들의 투쟁이었다. 이 과정에서 오랜 세월 동안 전쟁에 지칠 대로 지친 아프가니스탄 사람들의 지지를 받으며 탈레반이 1996년에 카불을 장악했다. 탈레반에게 밀려난 조직들은 북쪽으로 가서 북부동맹을 결성했고, 미국은 탈레반의 권력 장악을 환영했다. 소련이 물러난 마당에 미국에게 중요한 것은 어느 조직이 권력을 잡느냐가 아니었다. 오직 아무나 권력을 잡고 미국의 이익을 위해 움직이면 그만이었다. 하지만 탈레반과 미국의 우호관계는 그리 오래 가지 못했다.

미국이 이라크를 침공하는 과정에서 미군이 사우디아라비아에 주둔하게 되었고, 오사마 빈 라덴을 비롯한 이슬람주의자들은 이슬람의 성지인 사우디아라비아에 외국 군대가 주둔해서는 안 된다며 줄곧 미군 철수를 주장해왔다. 그러던 1998년 아프리카의 케냐와 탄자니아에 있던 미국 대사관이 공격을 받아 수십 명의 미국인을 포함해 수백 명의 사상자가 발생하는 일이 벌어졌다. 미국은 곧바로 대사관 공격의 범인으로 오사마 빈 라덴과 알 카에다를 지목했다. 사담 후세인이 그랬던 것처럼 이제는 오사마 빈 라덴이 어제의 동지에서 오늘의 적으로 화려하게 등장한 것이다.

케냐와 탄자니아의 미국 대사관 공격을 빌미로 미국은 수단과 아프가니스탄을 폭격했다. 수단을 폭격하면서 미국은 오사마 빈 라덴의 화학무기 공장을 파괴했다고 했지만 실제로 그 공장은 수단에서 가장 큰 의약품 공장이었다. 의약품 공급이 중단되면서 수많은 환자들의 피해가 이어졌다. 또 아프가니스탄을 폭격하면서 미국은 테러리스트 훈련장을 공격했다고 했다. 하지만 결과는 군사훈련과는 관계없는 수십 명 아프가니스탄 사람들의 사망이었다.

그러면 미국은 왜 수단과 아프가니스탄을 폭격했을까? 국면 전환용 폭격이라는 주장이 있다. 당시 미국 대통령 빌 클린턴은 백악관 직원 르윈스키와의 섹스 스캔들(일명 지퍼 게이트)에 휘말려 있었고, 계속해서 클린턴의 거짓말이 드러나면서 정치적 위기를 맞고 있었다. 그래서 클린턴이 정치적 위기를 극복하기 위해 폭격과 테러리스트를 이용했다는 것이다. 폭격 이후 미국은 유엔을 동원해 아프가니스탄에 대한 경제봉쇄에 들어갔고, 이라크에서 그랬던 것처럼 경제봉쇄의 피해는 의약품·식량 등의 부족에 시달려야 하는 평범한 아프가니스탄 인들에게 돌아갔다.

2000년대, 정상에 오르면
이어지는 건 내리막길

아프가니스탄과 탈레반

21세기의 시작을 알리는(?) 중요한 사건이 무엇이냐고 물으면 많은 사람들이 9.11이라고 대답할지도 모른다. 9.11은 누군가에 의해 미국 본토가 직접 공격을 받은 사건으로 3000명 이상의 사망자를 냈다. 세계가 놀랐다. 그런데 이 놀라움에는 세 가지 느낌이 섞여 있었다.

첫 번째는 슬픔과 분노다. 테러리스트들이 비행기를 몰고 쌍둥이 빌딩을 공격함으로써 무고한 사람들이 희생되었다는 것이다. 두 번째는 놀랍기는 한데 그저 놀라울 뿐이다. 세 번째는 잘됐다는 감정을 가진 놀라움이다. 그동안 미국이 세계 곳곳에서 저지른 악행이 있으니 이제 너희들도 당해보라는 것이다.

미국정부는 연일 테러리스트를 비난하며 복수를 다짐했고, 진보적인 입장을 가진 사람들은 9.11이 불행한 일이기는 하나 이것을 빌미로 더 큰 전쟁을 벌여서는 안 된다고 했다. 그들은 이런 불행의 원인이 미국의 일방적이고 강압적인 대외정책이라고 말했다.

원인이 무엇이든 어쨌거나 누군가가 미국을 공격했다. 그리고 미국은 범인으로 오사마 빈 라덴과 알 카에다를 지목했다. 9.11이 벌어진 지채 한 달도 되지 않은 10월 7일에 미국은 전쟁을 시작했다. 그런데 미국이 전쟁을 벌인 곳은 사우디아라비아가 아니었다. 웬 사우디아라비아냐고? 오사마 빈 라덴을 비롯해 미국이 지목한 9.11 용의자들 대부분은 사우디아라비아 출신이다. 만약 어느 국가에게 9.11의 책임을 묻는다면 그 대상은 사우디아라비아여야 한다. 하지만 미국은 사우디아라비아를 공격하지 않았다. 왜냐하면 사우디아라비아는 세계 최대의 산유국이자 친미 독재정권이 유지되고 있었고, 2차 세계대전 이후 미국산 무기를 가장 많이 사들인 나라 가운데 하나기 때문이다.

미국의 공격을 받은 것은 아프가니스탄과 탈레반이었다. 그런데 탈레반은 한 번도 미국을 공격한 적이 없고, 아프가니스탄은 9.11과 아무런 관계가 없었다. 그러면 미국은 왜 아프가니스탄을 공격했을까? 정말 탈레반이 오사마 빈 라덴을 숨겨주고 있었기 때문일까? 미국의 공격이 가까워지자 탈레반은 공정한 재판을 조건으로 오사마 빈 라덴을 넘겨주겠다고 했다. 하지만 미국은 탈레반의 제안을 거절하고 공격을 시작했다. 오사마 빈 라덴을 잡기 위해 전쟁을 시작한다고 했던 미국은 오사마 빈 라덴을 넘겨주겠다는 제안을 왜 거절했을까? 아프가니스탄에 석유가 풍부하게 매장되어 있는 것도 아니고, 반미를 내세우며 미국과 싸우겠다는 정부가 있는 것도 아닌데 말이다.

세계지도를 펼쳐보자. 아프가니스탄은 세계 최빈국 가운데 하나지만 오른쪽에는 국제 정치·경제 무대에서 급부상하고 있는 인도와 미국의 경쟁 상대로 조금씩 떠오르고 있는 중국이 있다. 위쪽으로는 카스피해와 중앙아시아와 러시아가 있고, 왼쪽으로는 미국과 정치적 갈등을 빚고 있는 이란이 있다. 과거 몇 차례의 실패를 거듭하고도 영국이 아프가니스탄을 차지하려고 했던 이유도 아프가니스탄이 유라시아 대륙의 중심에 있기 때문이다.

아프가니스탄이 지정학적으로 중요해진 이유는 석유, 가스 등의 자원과도 관련이 있다. 소련 몰락 이후 미국은 카스피해와 중앙아시아 지역의 석유와 가스를 차지하기 위해 러시아, 중국 등과 경쟁을 벌이고 있다. 미국이 안정적으로 석유와 가스를 확보하기 위해서는 카스피해와 중앙아시아 지역 국가들이 러시아의 영향력에서 벗어나 미국 쪽으로 다가서야 한다. 아제르바이잔, 우즈베키스탄 등 이 지역 국가들이 독재정치를 하며 민주화운동을 억압하고 인권을 탄압해도 미국이 이들을 우방국으로 부르며 지원하는 것은 친미정부의 유지를 위해서다. 친미정부를 세우는 것과 함께 중요한 것이 군사기지 설치다. 대규모는 아니어도 이 지역 곳곳에 군사기지를 설치함으로써 필요할 때 곧바로 적을 타격할 수 있고, 때에 따라서는 일본이나 독일 등지에 배치되어 있는 미군을 동원하면 된다.

미국이 이 지역에서 석유와 가스를 확보했다고 해도 해결해야 할 문제가 하나 더 있는데, 석유와 가스를 어떻게 이동시킬 것이냐는 것이다. 예를 들어 다이아몬드와 석유는 둘 다 팔면 큰 이익을 얻을 수 있다는 공통점을 가지고 있다. 그런데 다이아몬드는 비행기에 실어서 이동할 수 있지만 석유는 유조차나 유조선이 아니면 수송관을 만들어서 이동시켜야 한다. 미국 입장에서 중앙아시아에 설치될 수송관은 오른쪽으로 중국, 위쪽으로는 러시아, 왼쪽으로 이란을 비켜가야 한다. 그래서 추진했던 것이 중앙아시아에서 서쪽으로 아제르바이잔의 바쿠Baku, 그루지야의 티빌리시Tbilisi, 터키의 세이한Ceyhan을 연결하는 BTC 파이프라인이다. 또 다른 하나는 남쪽으로 투르크메니스탄과 아프가니스탄, 파키스탄을 잇는 아프가니스탄 관통 파이프라인이다. 이를 위해 1997년 미국계 석유기업인 유노칼이 중심이 되어 '중앙아시아 가스 파이프라인'이라는 회사를 설립했다. 하지만 다음해인 1998년 미국이 아프가니스탄을 폭격함으로써 유노칼의 수송관 건설 사업은 중단된다.

아프가니스탄이 가지는 지정학적 중요성과 함께 9.11 당시 아프가니스탄에는 오사마 빈 라덴과 알 카에다가 있었다. 미국은 1998년 케냐와 탄자니아의 미국 대사관 공격사건뿐 아니라 이후에도 곳곳에서 공격을 받았다. 이를 놓고 미국은 오사마 빈 라덴과 알 카에다를 국제적으로 미국의 이익을 위협하는 적으로 규정하고 가만 두지 않겠다며 벼르고 있었다. 그러던 중에 9.11이 발생했다. 미국 정부는 자국민에게 불타는 복수심을 불러일으키며 전쟁 준비에 들어갔다. 전쟁은 다른 국가들에게 제국 질서의 건재함을 과시하며 '우리 편이 아니면 적'이라는 식으로 복종을 강요할 수 있도록 하는 수단이기도 했다. 그래서 시작된 것이 테러와의 전쟁이다.

미국과 영국은 아프가니스탄 침공을 시작했고, 세계 최강의 무력을 앞세워 수도인 카불은 물론 아프가니스탄 전역을 장악해갔다. 나토를 중심으로 유럽과 다른 나라들도 국제안보지원군ISAF을 만들어 미국의 점령을 지원하고 나섰다. 소련 몰락 이후 유명무실해 가던 나토는 유럽 바깥에서 전투를 벌이며 존재의 필요성을 내세울 수 있었다. 또 러시아–중앙아시아–유럽으로 연결되는 가스 수송관이 끊기면 곧바로 겨울 추위에 떨어야 하는 유럽국가들에게는 미국과 함께 이 지역에 대한 영향력을 확대하는 것이 중요한 문제였다. 아프가니스탄은 미국과 탈레반의 전장이 아니라 수십 개 국가가 참여하는 국제 전쟁터가 됐다.

아프가니스탄에서는 북부동맹이 미국과 손을 잡고 탈레반을 공격했고, 미국은 탈레반이 그동안 어떻게 아프가니스탄 인들과 여성들을 억압했는지 선전했다. 하지만 탈레반은 소련 철수 이후, 탈레반 집권 이전까지 북부동맹에 참여하고 있는 군벌들이 펼치던 살인·폭력·여성 억압 정책을 지속했을 뿐이다. 미국은 자신이 지원하는 북부동맹의 범죄행위는 감춘 채 탈레반의 범죄만 이야기 했던 것이다.

2001년 말 미국은 이제 남은 것은 탈레반 잔당을 소탕하고 오사마 빈 라덴을 체포하는 것뿐이라고 했으며 세계는 미국의 승리로 전쟁이 끝날 것이라 생각했다. 그런데 진짜 전투는 미국이 승리를 확신하던 바로 그 순간 시작되었다. 2002년과 2003년을 거치면서 탈레반은 세력을 다시 규합해 점령군에 대한 반격에 나섰다. 미국과 점령군은 탈레반과 관계없는 아무곳에나 폭탄을 떨어뜨렸고 매년 수천 명의 아프가니스탄 인들이 죽어갔다. 점령군의 잔혹행위에 분노한 사람들은 속속 탈레반과 함께 싸우기 시작했고, 아프가니스탄 전역을 장악했다고 자랑했던 점령군은 점점 뒤로 물러났다. 미국, 영국, 캐나다, 독일, 프랑스 등 세계 최강을 자랑하던 군대가 기껏 소총과 박격포로 무장한 아프가니스탄 인들에게 패배를 거듭했다. 그리고 2007년, 2008년이 지나면서 탈레반과 아프가니스탄 인들이 아프가니스탄의 절반가량을 장악하게 된다.

이라크

이라크로 가보자. 아프가니스탄에서 한창 전쟁을 벌이고 있던 미국이 2003년에는 이라크를 공격했다. 1991년 1차 침공에 이은 '2차 이라크 침공'이다. 미국이 내세운 명분 가운데 하나는 사담 후세인이 오사마 빈 라덴을 지원했다는 것이다. 하지만 사담 후세인과 오사마 빈 라덴은 아무런 관계가 없다. 사담 후세인은 정치적 목적을 위해 자신이 무슬림임을 내세워왔지만 종교적인 정치인은 아니다. 사담 후세인이 오사마 빈 라덴을 지원했다는 것은 미국의 주장일 뿐 아무런 근거가 없다. 그저 '중동=무슬림=테러리스트'라는 잘못된 도식이 미국의 거짓말에 대중들이 잘 속아 넘어가도록 만든 것이다.

미국이 내세운 또다른 침공 명분은 사담 후세인 정권이 대량살상무기를 가지고 있다는 것이다. 이라크에는 정말 핵무기나 화학무기 같은 대량살상무기가 있었을까? 만약 사담 후세인이 대량살상무기를 가지고 있었다면 미국이 공격을 퍼붓는데도 왜 대량살상무기를 사용하지 않았을까? 사담 후세인이 인도주의 정신을 가지고 있었기 때문에? 하지만 사실 이라크에는 핵무기도 화학무기도 없었다.

1990년대 내내 미국과 유엔이 한 것이 이라크에 무기사찰단을 보내서 이라크가 어떤 무기를 가지고 있는지 샅샅이 뒤지는 것이었다. 결론

전 세계의 확인된 석유매장량 비율

(2008년 현재, 단위: %)

순위	국가	비율
1	사우디아라비아	21.0
2	이란	10.9
3	이라크	9.1
4	쿠웨이트	8.1
5	베네수엘라	7.9
6	아랍에미레이트	7.8
7	러시아	6.3
8	리비아	3.5
9	카자흐스탄	3.2
10	나이지리아	2.9

* BP(http://www.bp.com)

전 세계의 국가별 석유소비 비율

(2008년 현재, 단위: %)

순위	국가	비율
1	미국	22.5
2	중국	9.6
3	일본	5.6
4	인도	3.4
5	러시아	3.3
6	독일	3.0
7	브라질	2.7
8	사우디아라비아	2.7
9	한국	2.6
10	캐나다	2.6

* BP(http://www.bp.com)

은 아무리 뒤져도 대량살상무기를 찾을 수 없었고, 침공을 주도했던 조지 부시 미국 대통령도 나중에 이 사실을 인정했다. 이라크에 정말 대량살상무기가 있었다면 미국도 대규모 지상군의 투입을 망설였을 것이다. 대량살상무기가 없다는 것을 미국 스스로 너무나 잘 알고 있었기 때문에 쉽게 지상군을 투입하여 전쟁을 시작한 것이다.

그렇다면 미국은 왜 이라크를 침공했을까? 대답은 간단하다. 석유!

미국이 석유 때문에 전쟁을 일으켰다는 것은 부시 정권 초대장관들의 면면을 봐도 어느 정도 추측할 수 있다. 딕 체니 부통령은 석유회사 핼리버튼의 전 대표였고, 콘돌리자 라이스 국가안보좌관도 석유기업 셰브론에서 일했었다. 도날드 에반스 상무장관도 석유회사인 톰 브라운의 전 대표였다. 미국 스스로도 침공의 이유가 석유라는 것을 굳이 숨기지 않았다. 이라크 침공 당시 미국 국방부 부장관이었던 폴 울포위츠는 2003년 6월 2차 아시아안보회의에서 "북한과 이라크의 가장 중요한 차이는 경제적으로 미국이 이라크에 대해 (전쟁 이외에) 다른 선택이 없다는 것"과 "이라크는 석유의 바다에서 헤엄치고 있다는 것"이라고 말했다. 미국이 바그다드를 폭격하면서 각종 정부시설을 파괴했는데 유일하게 온전히 무사했던 것은 석유부 건물이었다.

석유가 전쟁의 이유가 된 것에는 다른 나라와의 관계 문제도 있다. 1990년부터 경제봉쇄가 한참 진행되던 동안 러시아와 프랑스는 사담후세인 정권과 손잡고 이라크 석유개발에 협력하기로 했다. 중국도 이라크와 석유개발을 위한 계약을 속속 체결하고 있었다. 하지만 미국이 이라크를 점령한 뒤 그동안 이라크가 맺었던 석유 관련 계약은 무효가 되었다. 미국이 독점하겠다는 것이다. 프랑스가 미국의 이라크 침공에 반대했던 것은 프랑스가 평화를 사랑해서가 아니라 석유 이권을 미국이 독차지하려는 것에 대한 불만에서 나온 것이다.

이라크를 점령하자마자 미국은 셸, BP 등 석유기업에 소속된 인물들을 이라크 정부의 보좌관으로 앉히면서 이라크 석유의 사유화 작업을 진행했다. 2007년 초에는 석유법이라는 것을 내놓으면서 이라크 의회에 통과를 재촉한다. 미국이 제안한 석유법에 따르면 연방석유·가스위원회에 외국인 전문가를 고문으로 둘 수 있고, 외국 기업은 석유개발권을 30년 이상 가질 수 있다. 또 이라크 전체의 80개 유전지대 가운데 이미 개발된 17개 유전지대에 대해서만 이라크 국영석유회사가 개발권을 가지고 나머지 63개 유전지대는 외국 회사에게 개방한다.

특히 심각한 문제 가운데 하나는 미국이 이라크 석유에 대해 생산분배협정PSA 체결을 원했다는 것이다. 생산분배협정은 외국 자본과 산유국 사이에 석유 이익을 어떻게 나눌지에 관한 분배방식 가운데 하나로, 생산물 판매대금은 외국인 사업자의 투자비용 회수에 우선 충당하고 이후 발생하는 판매대금은 해당국 정부와 사업자가 일정 비율로 분배하는 방식이다. 생산분배협정은 석유개발사업이 아주 어려운 경우에만 사용되는 방식인데, 이라크는 석유생산 비용이 1배럴당 약 1달러로 세계 최저 수준이다. 미국이 석유기업의 이윤을 극대화하기 위해 생산분배협정을 주장했던 것이다. 석유법이 제안되자 이라크 인들은 즉각 반발하고 나섰고, 이라크 의회도 석유법을 통과시키지 않았다.

이라크 인들의 직접적인 저항도 계속됐다. 2003년 3월 20일 이라크 침공이 시작됐고 전쟁은 미국의 일방적인 승리로 끝나는 듯했다. 이라크 정부군은 힘없이 무너졌고, 부시는 5월 1일 항공모함 위에서 실질적인 전투는 끝났다고 선언했다. 그런데 아프가니스탄에서 그랬던 것처럼 진짜 전투는 미국이 승리를 자신하던 그때부터 시작되었다. 조용한 편이라고 여겨지던 이슬람 성직자 시스타니까지 나서서 거리시위를 벌이라고 주문하고, 정부군을 대신해서 이라크 인들이 총을 들고 점령군과 싸우기 시작한 것이다.

정치·군사적 대응으로 가장 유명한 인물은 이슬람 성직자인 무크타다 알 사드르다. 아버지와 형제들이 사담 후세인 정권에 살해당했던 무크타다는 미국에 저항하기 이전에는 그리 유명한 인물이 아니었다. 한 조사에 따르면 2003년 12월 오직 1퍼센트의 이라크 인이 무크타다 알 사드르를 지지했지만 그와 그를 지지하는 마흐디군Mahdi Army이 미군과 한창 싸우던 2004년 4월에는 이라크 인의 68퍼센트가 지지를 보냈다고 한다. 미국에 대항하는 거리시위와 무장투쟁, 의회에서의 정치투쟁 등을 벌이면서 무크타다 알 사드르와 그의 동료들은 단번에 이라크 정국에 강력한 영향력을 미칠 수 있는 정치세력으로, 미국에게는 큰 골칫거리로 떠올랐다.

2007년까지 매달 수천 건씩 미군을 향한 공격이 벌어졌다. 석유생산지인 이라크 남부 바스라 지역에서는 석유시설 노동자들이 점령군 철수와 석유약탈 중단을 요구하며 투쟁을 벌였다. 이라크 인의 저항은 노동자, 여성, 옛 군인, 학생, 지식인 등이 광범위하게 참여하는 투쟁이었다.

미군은 계속해서 이곳저곳을 폭격하고, 이라크 인들을 살해하고 고문했다. 미군이 아부 그라이브 감옥에서 수감자들을 폭행하고 성적학대를 가한 사진이 언론과 인터넷에 퍼졌던 것을 지금도 많은 사람들이 기억하고 있다. 미군의 잔혹행위에 이라크 인들의 분노는 더욱 커졌고, 거리에서는 대규모 시위가 계속 되었다. 점령군 사망자 수가 계속 증가했고, 이라크 의회에서는 미국의 지원을 받던 정치인들조차 미국에게 철군일정을 제시하라고 요구했다. 이라크 점령이 뜻대로 진행되지 않자 2007년에는 미국이 이라크 주둔군 병력수를 14만여 명에서 16만여 명으로 늘렸고, 이라크의 각 정당과 조직들에게 돈을 뿌려대며 자기편으로 만들었다.

점령 초기부터 미국은 이라크 사람을 시아와 순니라는 종파로, 아랍과 쿠르드라는 민족으로 나눠서 권력과 부를 분배함으로써 이라크 사회를 분할했다. 종파나 민족의 차이가 있기는 했어도 그것이 집단 간 투쟁으로 이어질 만큼까지의 갈등은 아니었던 이라크에서 어느덧 시아와 순니 조직들이 서로에게 총을 겨누게 되었다. 미국의 분할지배 전술이 먹혀들어간 것이다. 2005~07년 이라크 인들 사이의 투쟁이 거세게 벌어졌다. 이라크 중부지역인 바그다드에도 많은 쿠르드 인이 살고 있음에도 불구하고 미국과 언론들은 연일 북부에는 쿠르드, 중부에는 순니, 남부에는 시아가 사는 것처럼 말하면서 이라크를 북부, 중부, 남부로 분할하려고 했다. 미국이 분할지배 전술을 사용한 것은 이라크 인들의 저항을 약화시키고 문제의 핵심이 미국의 점령에 있는 것이 아니라 이라크 인들의 분열과 갈등에 있는 것처럼 보이게 하기 위해서다. 또 이라크가 종파 간 투쟁으로 혼란하고, 현 이라크 정부로서는 이 혼란을 잠재울 수 없으니 미군이 계속 주둔해야 한다는 명분으로 사용하기 위해서이기도 하다. 이에 대해 여러 정치인과 조직들이 나서서 민족과 종파를 떠나 이라크 인으로서의 단결을 주장하며 반점령운동으로 힘을 모으자고 호소하기도 했다. 이런 와중에도 이라크 인들은 계속해서 군사적 투쟁을 벌일 뿐 아니라 해가 갈수록 정치적 힘까지 키워갔으며, 미국에게는 침공 초기와 같은 승리의 분위기를 찾아볼 수 없었다.

팔레스타인과 하마스

미국의 점령정책이 아프가니스탄과 이라크에서 지지부진하던 때 팔레스타인과 이스라엘에서는 또다른 일이 벌어지고 있었다. 2000년 5월 헤즈볼라와 레바논 인들의 계속된 투쟁 결과 이스라엘은 점령하고 있던 레바논 남부지역의 대부분에서 철수했다. 9월에는 팔레스타인 인들이 알 아크사al Aqsa 또는 2차 인티파다를 시작했다.

알 아크사 인티파다가 시작된 표면적인 이유는 1982년 레바논 침공과 사브라 · 샤틸라 학살의 책임자이자 나중에 이스라엘 총리가 된 아리엘 샤론이 군대를 이끌고 이슬람성지인 알 아크사 사원으로 들어갔기 때문이다. 하지만 실제 이유는 다른 곳에 있었다. 오슬로협정이 맺어지면서 상황 개선을 기대했던 팔레스타인에는 점점 나빠져만 가는 경제상황과 심해지는 봉쇄에 대한 불만이 쌓여갔고, 이것이 샤론의 알 아크사 사원 방문으로 폭발한 것이다. 거리에서는 연일 시위가 계속되었고 팔레스타인 인들은 이스라엘군을 향해 총을 쏘고 돌을 던졌다. 여

연령대별 팔레스타인 어린이 · 청소년 사망자 수

(단위: 명)

	만 0~8세	만 9~12세	만 13~15세	만 16~17세	합계
2000	4	9	34	47	94
2001	13	21	31	33	98
2002	50	33	62	47	192
2003	16	22	47	45	130
2004	13	29	58	62	162
2005	2	10	19	21	52
2006	26	12	40	46	124
2007	3	8	17	22	50
2008	12	8	27	26	73
합계	139	152	335	349	975

* 2008~09년 겨울(가자학살 당시 사망자는 제외)
* DCI/PS(http://www.dci-pal.org)

기에 이스라엘군은 헬기와 탱크, 전투기를 동원해 팔레스타인 인들을 공격했다.

9.11과 미국의 대테러전쟁이 시작되자 이스라엘도 덩달아 테러와의 전쟁을 내세우며 팔레스타인 인들에 대한 군사공격을 강화했고, 2002년 부터는 팔레스타인 인 거주지역 자체를 거대한 감옥으로 만들기 위해 고립장벽 공사를 시작했다. 오슬로협정 이후 한동안 잠잠한 것만 같았 던 팔레스타인 문제가 다시 한번 국제뉴스에 오르내리기 시작했다. 이 스라엘뿐 아니라 이라크를 침공하고 이스라엘을 지원하고 있던 미국에 게도 비난이 쏟아졌다. 그러자 미국은 중동 평화방안으로 로드맵이라 는 것을 내놓았다. 하지만 로드맵은 그 앞부분부터 테러리스트를 제압 해야 한다고 하면서 팔레스타인 인들의 저항을 억누르고 이스라엘을 지원하기 위한 것임을 분명히 했다. 그렇다면 미국은 왜 쏟아지는 비난

에도 불구하고 이스라엘을 정치·군사·외교적으로 지원하고 있는 것일까? 팔레스타인에서 석유가 쏟아지는 것도 아닌데 이스라엘의 존재를 통해 미국이 얻고자 하는 것은 무엇일까?

미국 중동정책의 핵심 가운데 하나는 석유이고 다른 하나는 이스라엘이다. 1967년에 벌어진 6일전쟁은 아랍민족주의운동과 좌파운동을 활발히 벌여 미국의 적으로 꼽히던 이집트와 시리아를 이스라엘이 공격함으로써 일어났다. 이 전쟁에서 이스라엘은 전쟁수행 능력이 뛰어나다는 것과 미국에게 충성하고 있다는 것을 보여주었고, 6일전쟁 이후 미국의 이스라엘 지원은 대폭 확대된다. 이스라엘은 백인정권 시절 남아프리카공화국의 핵개발을 지원했고, 니카라과와 콜롬비아의 우파 군사조직을 훈련시키는 일을 맡았다. 미국이 이라크를 침공할 때도 이스라엘은 함께 움직였고, 지금은 핵개발을 명분으로 이란을 폭격하겠다고 나서고 있다. 이스라엘은 미국이 해야 할 일을 분담해서 수행하고 있으며, 미국이 중동뿐 아니라 세계패권을 지키는 데 필요한 군사기지 역할을 하고 있다. 만약 중동지역에서 어느 국가나 조직이 미국에게 대항한다면 그는 언제든지 이스라엘의 공격을 받을 준비를 해야 할 것이다. 미국에게 충성을 바치는 대가로 이스라엘은 미국의 보호를 받고 있다.

미국이 오슬로협정도 내세우고 로드맵도 내세웠지만 결국 팔레스타인에 평화는 오지 않았다. 그리고 팔레스타인 인들이 진짜로 원하는 것이 무엇인지는 2006년 1월에 진행된 자치정부 총선에서 드러났다. 하마스Hamas는 1차 인티파다 과정에서 탄생한 조직으로 오슬로협정에 반대했으며 PLO에도 참여하고 있지 않다. 2006년 총선 이전부터 지방의회, 대학, 각종 단체 선거에서 하마스 소속 후보자들이 당선되면서 총선에서의 하마스 승리는 이미 예상되고 있었다. 그러자 미국은 만약 총선에서 하마스가 집권을 하게 된다면 팔레스타인에 대한 모든 지원을 중단하겠다며 공개적으로 팔레스타인 인들을 협박하고 선거에 개입했다.

이스라엘은 하마스 후보자들을 감옥으로 보내면서 미국의 영향력 아래에 있는 파타Fatah가 승리하도록 지원했다. 하지만 결국 전체 132석 가운데 하마스가 74석을 얻으며 집권당이 되었다. 지난 10여 년 동안 집권했던 파타는 이스라엘과 협상을 벌였지만 협상으로 얻은 것이 아무것도 없었다. 그에 비해 하마스는 이스라엘에 저항하기를 멈추지 않았고, 1967년 점령지의 완전한 반환을 주장했다. 또 마흐무드 압바스 대통령을 중심으로 파타의 상층부가 미국과 협력하면서 부와 권력 유지에만 골몰하고 있는 동안 하마스는 가난한 사람들을 위한 교육·의료 사업을 적극적으로 펼쳤다.

하마스가 집권하자 미국과 이스라엘, EU는 '하마스는 테러리스트다' '더 이상의 협상은 없다'며 정치공세를 펼쳤고, 자치정부와 팔레스타인 인들에 대한 경제봉쇄에 들어갔다. 자치정부는 물론 외국에서 팔레스타인 사회단체로 보내던 모든 자금줄이 끊어졌다. 경제봉쇄에 이어 벌어진 것은 군사공격이다. 2006년 6월 말부터 이스라엘이 가자지구를 폭격하기 시작했다. 그런데 가자지구 폭격이 시작되고 보름가량이 지난 7월 12일 이스라엘이 레바논도 침공하기 시작했다. 두 개의 전선이 시작된 것이다. 2006년에 벌어진 두 개의 전선에는 미국이 지원했다는 점과 많은 사상자가 발생했다는 점 말고도 몇 가지 공통점이 있다.

이스라엘은 팔레스타인의 하마스와 레바논의 헤즈볼라가 이스라엘 군인을 납치했으니 그들을 구출하겠다며 공격을 시작했다. 가자지구는 하마스의 주요 지지기반이었고, 이스라엘이 폭격을 퍼부은 레바논 남부 지역은 헤즈볼라의 주요 지지기반이었다. 이스라엘은 2000년과 2005년,

헤즈볼라와 하마스와 싸우다 레바논 남부지역과 가자지구에서 철수한 적이 있다. 하마스는 팔레스타인에서 친미 마흐무드 압바스 대통령 진영에 대항할 수 있는 가장 큰 세력이고, 헤즈볼라는 레바논에서 친미 푸아드 시니오라 총리 진영에 대항할 수 있는 가장 큰 세력이다.

이스라엘은 하마스와 헤즈볼라를 무너뜨리겠다고 했지만 둘 다 무너지기는커녕 오히려 헤즈볼라가 아랍권 저항의 상징으로 떠오르도록 만들었다. 헤즈볼라는 자체 통신망을 갖추고 이스라엘을 향해 미사일을 날렸으며 지상전에서도 이스라엘군에 직접 맞서 싸울 수 있었다. 레바논 침공 초기 에후드 올메르트 이스라엘 총리는 며칠이면 전쟁은 끝난다며 승리를 자신했지만 많은 사망자를 남긴 채 물러날 수밖에 없었다. 레바논 침공이 벌어지자 이스라엘뿐 아니라 미국에게도 비난이 쏟아졌고, 국제적으로 침공을 중단하라는 목소리가 거셌다. 하지만 미국은 테러와의 전쟁을 멈출 수 없다며 휴전을 거부하다 이스라엘이 전세에서 밀리자 휴전안을 들고 나왔다. 미국과 이스라엘의 레바논 점령 시도가 다시 한 번 실패한 것이다.

가자지구에서는 하마스가 외부와 차단된 채 이스라엘의 일방적인 공격을 받을 수밖에 없었지만 군사력의 압도적 차이에도 불구하고 이스라엘의 공격을 이겨내고 조직을 유지할 수 있었다. 경제봉쇄와 군사공격으로도 하마스가 무너지지 않자 미국과 이스라엘이 다음으로 동원한 방법은 쿠데타. 마흐무드 압바스와 파타 진영에게 돈과 무기를 제공해서 하마스와 싸우게 만든 것이다. 이 과정에서 이집트도 개입한다. 같은 아랍권에 속한 이집트는 왜 미국과 손잡고 하마스를 무너뜨리려고 했을까?

이집트는 무바라크가 1981년부터 독재정권을 유지하고 있고 이스라엘과 함께 미국의 해외 원조를 가장 많이 받고 있는 국가다. 무바라크 정권은 이집트 인들의 민주화 요구를 군대를 동원해 억누르고 있는데, 무바라크 정권에 가장 위협이 되는 세력이 무슬림형제단이다. 그리고 하마스는 무슬림형제단의 영향으로 만들어진 조직이다. 그런 하마스가 팔레스타인에서 집권하고 정치력을 확장해간다는 것은 이집트에도 영향을 줄 수 있다는 것이다. 이것이 이집트가 미국의 요구가 아니더라도 하마스가 죽어주길 바라는 이유다.

그러면 쿠데타 시도는 어떻게 됐을까? 가자지구에서 파타와 하마스 사이에 전투가 계속되었고, 2007년 6월 하마스의 승리로 끝이 났다. 그리고 마흐무드 압바스는 2006년 선거로 구성된 하마스 정부를 무시하고 서안지구에서 자신의 입맛에 맞는 정부를 다시 구성했다. 미국, 이스라엘, 마흐무드 압바스가 손을 잡고 하마스와 팔레스타인 인들을 짓누르려고 했지만 어느쪽도 완전한 승리나 완전한 패배가 아닌 셈이 되었으며, 미국과 이스라엘은 다시 한번 힘의 한계를 드러내게 되었다.

2009년 이후, 오바마는 부시의
이란성 쌍둥이가 될 것인가

아프가니스탄

오바마는 2008년 말 대선이 있기 전 후보시절부터 아프가니스탄과 함께 파키스탄을 강조해왔었다. 오바마가 왜 파키스탄을 강조하는지부터 얘기해보자.

아프가니스탄 침공이 시작된 이후 탈레반과 아프가니스탄 인들은 아프가니스탄–파키스탄 국경지역을 오가며 전투를 벌였다. 여기에 파키스탄 인들까지 아프가니스탄 인을 지원하고 나섬으로써 미국이 아프가니스탄에서 승리하기 위해서는 파키스탄 문제를 해결해야 했다. 그렇다고 미군이 파키스탄까지 넘어가서 전쟁을 벌인다면 주권침해 논란과 파키스탄 인들의 반발이 거셀 것이다. 그래서 미국은 파키스탄 정부에게 자국 내 친탈레반·반미세력을 단속하라고 요구했다.

여기서 파키스탄 정부도 고민이 있다. 파키스탄 정부는 미국의 중동정책을 지지하는 세력과 탈레반을 지원하고 있는 세력으로 나뉘어 있다. 과거 탈레반 및 무자헤딘 조직들을 키워왔던 군부와 친탈레반 정당들이 여전히 탈레반을 적극적으로 지원하고 있는 것이다. 이런 상황에서 파키스탄 정부가 미국의 대테러전쟁을 지원하고 나서자 파키스탄 내부에서는 반정부 투쟁이 계속되었다. 만약 군대를 동원해 자국민을 공격한다면 파키스탄 인들의 저항은 더욱 거세질 것이다. 권력 유지가 어려워지는 것이다. 따라서 파키스탄 정부는 미국의 요구가 있어도 이러지도 저러지도 못하고 있었다. 하지만 미국의 계속되는 압력과 친탈레반 세력의 확산을 의식해 최근 들어 공세를 강화하고 있다.

그런데 미국이 아프가니스탄 침공과정에서 보급기지로 활용하던 키르기스스탄의 마나스 기지에 대해 2009년 2월 키르기스스탄 정부가 미국에게 기지 폐쇄를 통보했다. 파키스탄을 통해 군수품의 70퍼센트를 보급하고 있던 미국으로서는 파키스탄을 지키지 않을 수 없다. 그래서 미국도 직접 파키스탄 폭격에 나서고 있다. 전쟁은 이제 미국의 아프가니스탄 침공이 아니라 미국의 아프가니스탄·파키스탄 침공이 돼버렸다. 2009년 파키스탄 곳곳에서 폭탄이 터져 한 번에 수십 명씩 사망하는 사건이 계속 벌어진 것은 미국의 아프가니스탄·파키스탄 침공의 영향이다.

아프가니스탄에서 전투는 계속되고 있고, 점령군의 입장에서 그나마 안전하다던 카불에서도 계속 폭탄이 터지고 있다. 유엔에 따르면 2008년 한 해 동안 2000명 이상의 아프가니스탄 인들이 각종 전투와 공격으로 사망했다고 한다. 점령군의 희생도 계속되고 있어 점령군 사망자 수를 통계내어온 웹사이트 iCasualties에 따르면 2001년 침공 이후 2009년 11월 말까지 미군 928명, 영국군 236명, 캐나다군 133명 등 1531명의 점령군이 사망했다. 12월 30일에는 아프가니스탄 코스트 지역에 위치한 채프먼 기지에서 폭탄공격이 벌어져 미국 CIA 직원 8명이

국가별 아프가니스탄 점령군 사망자 수

(2009년 11월 말 현재, 단위: 명)

	국가	사망자		국가	사망자
1	미국	928	13	에스토니아	6
2	영국	236	14	노르웨이	4
3	캐나다	133	15	체코	3
4	프랑스	36	16	라트비아	3
5	독일	34	17	헝가리	2
6	덴마크	30	18	포르투갈	2
7	스페인	26	19	스웨덴	2
8	이탈리아	22	20	터키	2
9	네덜란드	21	21	벨기에	1
10	폴란드	15	22	핀란드	1
11	오스트레일리아	11	23	리투아니아	1
12	루마니아	11	24	한국	1
				합계	1531

* iCasualties(http://icasualties.org)

사망하는 일도 벌어졌다.

하미드 카르자이 정부도 미국의 골칫거리 가운데 하나다. 미국이 카르자이를 대통령으로 내세웠지만 카르자이는 국내 정치기반이 약하다. 그래서 북부동맹의 손을 잡았고 그들에게도 권력을 나눠줬다. 북부동맹에 참여하고 있는 군벌들은 각 지역을 나눠 지배하면서 각종 마약, 폭력, 살인, 강간 등의 범죄를 저질러왔다. 2009년 11월 새로 출범한 카르자이 정부의 두 부통령 모하메드 카심 파힘과 카림 칼릴리가 이들 군벌세력을 대표하고 있다. 현재 아프가니스탄 정부는 부정부패로 얼룩져 있다. 재건과 아프가니스탄 인들의 복지를 위해 각국에서 보내는 해외원조금은 대통령과 군벌 주변 인물들이 고급주택을 짓고 호화로운 생활을 하는 데 쓰이고 있다. 미국을 비롯해 각국 정부가 발주하는 사업을 정부관료와 군벌 관련 기업들이 독점하고 이들은 공사비용을 부풀려 막대한 이득을 취하고 있다. 국제투명성기구TI가 2009년 11월 발표한 국가별 부패인식 지수에서도 조사대상 180개국 가운데 아프가니스탄이 179위를 차지해서 아프가니스탄의 부패문제가 얼마나 심각한지 보여주고 있다.

2009년에는 수도인 카불의 시장市長 사헤비와 관련된 부패사건이 드러나는 등 중앙정부뿐 아니라 지방정부 공무원들의 부패도 심각한 상태다. 아프가니스탄을 지원하던 국가들이 원조에 점점 회의적인 입장을 가지게 되는 이유도 자신들의 원조금이 가난한 사람들에게 가는 것이 아니라 소수의 특권층에게로 빼돌려지기 때문이다. 2009년 대선에서 부정선거로 권력을 잡은 카르자이가 부패 척결을 강조하는 것도 해

국가별 부패인식 지수

(2009년)

순위	국가	점수
1	뉴질랜드	9.4
2	덴마크	9.3
3	싱가포르	9.2
3	스웨덴	9.2
5	스위스	9
...		
39	한국	5.5
...		
176	이라크	1.5
176	수단	1.5
178	미얀마	1.4
179	아프가니스탄	1.3
180	소말리아	1.1

* 국제투명성기구(http://www.transparency.org)

외의 곱지 않은 시선 때문이다.

소수의 호화로운 생활에 비해 아프가니스탄의 실업률은 40퍼센트에 이르는 것으로 알려지고 있다. 실업과 빈곤은 현재 아프가니스탄 인들의 삶을 불안정하게 만드는 주요 요인이다. 국제원조단체인 옥스팜이 지난 2009년 1월부터 4월까지 아프가니스탄 14개 지역에서 704명(남성 364명, 여성 340명)의 아프가니스탄 인들을 대상으로 하여 지난 30년간의 전쟁경험을 면접 조사한 보고서를 11월에 내놓았다.

이 보고서에 따르면 현재 벌어지고 있는 분쟁의 주요 원인으로 70퍼센트의 아프가니스탄 인들이 빈곤과 실업을 꼽았다. 그 다음으로 아프가니스탄 정부의 부패와 무능력이 48퍼센트, 탈레반이 36퍼센트를 차지했다. 칸다하르에 거주하는 한 아프가니스탄 인은 "사람들이 직업을 가지게 되면 지금의 싸움은 끝나게 될 겁니다"라고 해서 아프가니스탄 인들이 겪고 있는 정치 · 경제적 어려움을 대변했다.

2001년 10월 7일 미국이 아프가니스탄을 침공한 후 11월 17일 조지 부시 대통령의 부인인 로라 부시는 라디오 연설에서 "테러리즘에 맞서 싸우는 것은 여성들의 권리와 존엄성을 위한 투쟁이기도 합니다"라고 말했다. 침공을 전후로 하여 CNN을 비롯한 각종 언론들은 부르카를 쓴 아프가니스탄 여성들의 모습을 연일 방송하면서 여성들을 해방시키기 위해 국제사회가 나서야 한다고 주장했다. 미국이 내세운 침공의 주요한 명분도 여성해방이었다. 하지만 지난 2009년 5월 5일에는 미군이 파라 지역을 폭격해 대부분 어린이와 여성인 150여 명의 아프가니스탄 인을 살해했다. 9월 4일에는 나토군이 아프가니스탄 인들을 폭격하여 30여 명을 살해했다. 남성과 여성, 어린이 등 모든 아프가니스탄 인들이 직접적인 전쟁 피해를 겪고 있는 셈이다. 또 현 아프가니스탄 정부를 군

	항목	한국	미국	이라크	아프가니스탄
1	5세 미만 어린이 사망률 (1000출생아 당, 2007년, %)	5	8	44	257
2	1세 미만 영아 사망률 (1000출생아 당, 2007년, %)	4	7	36	165
3	5세 미만 어린이 사망자 수 (1000명 당, 2007년, 명)	2	34	41	338
4	평균수명(2007년, 년)	79	78	59	44
5	1인당 국민소득 (2007년, 미국 달러)	19,690	46,040	2,170	250
6	성인 문자해독률 (2000~07년●, %)	●●	●●	74	28
7	초등학교 취학률 (2000~07년●, %)	98	92	89	61

● 자료가 없는 경우는 최근 자료
●● 일부 국가의 경우 문자해독률이 거의 100퍼센트에 가까워 조사 기록이 없음

* 유니세프(http://www.unicef.org)

벌들이 차지함으로써 과거와 현재까지 여성들에 대해 폭력과 강간 등의 범죄를 저지른 이들은 처벌되지 않고 있다.

마약은 아프가니스탄 사회가 안고 있는 또 다른 문제다. 유엔 마약범죄국UNODC이 펴낸 〈2009 세계 마약 보고서〉에 따르면 2002년 전 세계 아편의 77퍼센트가 아프가니스탄에서 생산되었으나 2007년에는 그 수치가 92퍼센트로 올라갔다. 이렇게 생산된 아편은 파키스탄, 중앙아시아 국가들, 이란 등지를 거쳐 전 세계로 퍼져나가면서 각종 범죄문제와 연결되고 있다. 아프가니스탄에서 아편 생산이 대규모로 확대된 것은 소련과의 전쟁시기다. 소련과의 전쟁을 수행하기 위해 군벌들이 아편 판매자금을 이용하기 시작했고 미국도 이를 묵인했다. 친미나 친탈레반 군벌과 조직들은 지금도 여전히 아편을 이용해 자금을 조달하고 있

다. 하미드 카르자이 대통령의 동생인 아흐메드 와리 카르자이가 아편 유통을 통해 막대한 돈을 벌어들이고 있다는 것은 잘 알려진 사실이다. 국제사회와 아프가니스탄 정부가 아무리 아편 근절을 외쳐도 아편 생산이 줄지 않는 것은 정부의 핵심 인물들이 아편 생산과 판매에 직접 관여하고 있고 미국도 이를 묵인하고 있기 때문이다. 또 농민들은 다른 농작물에 비해 재배와 수확이 수월하고 높은 값을 받을 수 있기 때문에 아편 생산에 참여하고 있다. 아편 생산은 곧바로 아프가니스탄 인들의 아편 중독률을 높였고, 이란을 비롯한 주변 국가들에서도 아편중독 문제가 주요한 사회문제가 되고 있다.

이런 상황에서 2009년 11월 24일 오바마는 자기 임기 안에 아프가니스탄 전쟁에서 승리하겠다고 했다. 또 12월 1일에는 아프가니스탄에 3만 명을 추가 파병하겠다고 선언했다. 이에 맞춰 파키스탄 탈레반도 수천 명의 군인들을 아프가니스탄으로 보낼 것이라고 발표했다. 계획대로 미군 병력 증파가 이루어지면 아프가니스탄 주둔 미군의 수는 10만 명에 이르게 된다. 미국이 아프가니스탄에 병력을 증파하고 전투를 강화한다면 승리할 수 있을까?

가장 먼저 예상할 수 있는 것은 탈레반의 패배가 아니라 아프가니스탄 인들의 죽음과 공포다. 지난 8년 동안 그랬듯이, 미국과 나토군은 탈레반만이 아니라 아프가니스탄 인 전체를 대상으로 전쟁을 벌이고 있기 때문이다. 탈레반과의 전투에서도 아프가니스탄이 미국에게 제2의 베트남이 되거나 미국이 아프가니스탄에서 소련이 걸었던 길을 그대로 갈 가능성이 높다. 미국은 지금 아프가니스탄에서 이길 수 없는 전쟁을 하고 있다. 미국은 1~2년 내에 아프가니스탄 정부군과 경찰을 적극 육성하고 이들을 무장시킬 것이다. 이라크에서 그랬듯이 미군을 대신할 힘을 키우는 것이다. 그리고 아프가니스탄에서 완전한 승리를 거두기 어렵다고 판단한다면 탈레반과 적당한 선에서 타협하는 방법도 시도할 것이다. 카르자이 대통령이 2009년 11월 19일 취임식에서 탈레반과 대화할 용의가 있다고 밝힌 것도 이런 상황을 반영하고 있다.

미국이 아프가니스탄을 점령함으로써 일부 정치적 자유와 여성인권의 신장이 있었던 것은 사실이다. 하지만 일부를 위해 나머지 다수의 자유와 인권이 희생되고 있다는 사실을 생각해야 한다. 일본이 조선을 점령함으로써 일부의 사람들이 이익을 본 것은 사실이지만 나머지 다수의 사람들이 피해를 봤던 것과 같은 것이다. 미국의 지원 아래 부정부패로 가득 찬 카르자이 정부와 군벌들의 힘이 강해지고 있는 것을 보면 미국 덕에 아프가니스탄 민주주의가 더 큰 힘을 얻고 있는 것이 아니라 민주주의가 설 자리를 잃고 있는 것이다.

미국이 아프가니스탄에서 전쟁을 계속하는 것도 문제지만 만약 미국이 아프가니스탄에서 철수하면 탈레반, 북부동맹, 카르자이 정부 사이에 내전이 벌어질 것이고 이를 통해 더 큰 혼란으로 빠져들지 않겠냐는 우려가 있다. 하지만 미국이 있기 때문에 전쟁이 더 깊어지고, 아프가니스탄 인들의 피해가 커지고 있다는 것을 생각한다면 미국은 '그나마 덜 나쁜' 문제해결 방식이 아니라 '여전히 더 나쁜' 문제해결 방식이다. 아프가니스탄의 안정을 위해서 미군과 동맹군들이 계속 주둔해야 한다는 것은 폐암을 치료하기 위해 줄담배를 피우라고 하는 것이나 마찬가지다. 물론 담배를 끊는다고 폐암이 저절로 치료되는 것은 아니다. 암을 치료하기 위해서는 담배를 끊고 몸의 다른 건강한 부분이 암을 이겨낼 수 있도록 해야 한다.

아프가니스탄에는 미국도 군벌도 탈레반도 아닌 민주적이고 진보적인 아프가니스탄 인들의 힘으로 새로운 아프가니스탄을 만들자고 외치는 아프가니스탄 여성혁명연합RAWA 같은 단체, 말라라이 조야 같은 정치인 그리고 이들을 지지하는 아프가니스탄 인들이 있다. 이제 우리는 미국과 탈레반의 목소리가 아니라 이들의 목소리에 더욱 귀를 기울여야 한다.

이란

지도를 따라 아프가니스탄 왼쪽에 있는 이란으로 가보자. 2002년 부시 미국 대통령이 이라크와 북한과 더불어 이란을 악의 축이라고 선언한 이후 미국은 이란이 핵무기를 개발하여 국제 평화를 위협하고 있다며 봉쇄와 공격 위협을 계속하고 있다. 이에 대해 이란은 핵개발은 군사용이 아닌 민간용이라며 버티기를 계속하고 있다. 그렇다면 이란의 존재는 정말 미국에게 위협적일까? 정답은 아니다.

이란이 먼저 미국을 공격할 가능성이 없을 뿐더러 이란은 지금 어느 국가도 위협하고 있지 않다. 이란이 미국이나 세계 평화에 위협이 된다는 것은 미국의 정치선전이다. 2001년 아프가니스탄 침공이 시작되자 이란은 러시아, 인도 등과 함께 미국을 지지했다. 1979년 혁명 이후 이란과 미국이 불편한 관계를 유지해온 것은 사실이지만 실제로 이란은 선택적으로 미국과 협상도 하고 대결도 해왔다. 북한이 미국과 적대적 관계를 유지해오고 있지만 필요에 따라 협상도 하고 지원도 받고 하는 것과 마찬가지다. 핵과 관련된 미국의 이중잣대도 문제다. 미국은 이스라엘의 핵개발을 지원했으며 이스라엘이 핵확산방지조약NPT에 가입하지 않는 것에 대해서는 아무런 문제를 삼지 않았다.

미국과 이란은 아프가니스탄과 이라크를 두고도 이리 저리 얽혀 있

국가별 핵탄두 보유 현황

(2009년 현재)

순위	국가	핵탄두 수
1	러시아	12,987
2	미국	9,552
3	프랑스	300
4	이스라엘	200
5	영국	192
6	중국	176
7	파키스탄	90
8	인도	75
9	북한	2
합계		23,574

* 가디언(http://www.guardian.co.uk)

다. 미국은 이란 오른쪽에 있는 아프가니스탄과 이란 왼쪽에 있는 이라크에 수십 만의 병력을 주둔시켜둔 채 이란에게 공격 위협을 하고 있다. 이란에게는 큰 위협이다. 하지만 만약 미국이나 이스라엘이 이란을 공격한다면 이란은 아프가니스탄과 이라크에 있는 반미세력을 지원하거나 대미전쟁을 독려할 것이다. 그러면 가뜩이나 어려운 미국의 점령 정책은 더 어려운 처지에 빠지게 될 것이다. 미국이 아프가니스탄과 이라크 문제를 해결하기 위해 이란의 협조 또는 침묵이 필요한 대목이다. 이란 역시 오랜 봉쇄와 경제침체라는 문제를 해결해야 한다. 그러기 위해서는 미국의 적대정책을 변화시킬 필요가 있다. 오바마와 아흐마디네자드가 서로를 향해 대화할 생각이 있다고 하는 것은 양국의 입장에서 서로에게 도움이나 협력이 필요한 부분이 있기 때문이다.

미국이 핵개발 중단을 요구하는데 이란이 버티기를 계속한다면 미국은 정말 이란을 폭격할까? 이란에 대한 공격 위협은 이미 몇 년째 계속되고 있다. 미국이 직접 이란을 공격하지 않는다면 이스라엘이 나서서 공격할 것이라는 예측도 계속되고 있다. 전쟁의 형태는 대규모 지상군을 투입하는 방법보다는 특정 시설을 폭격하는 방법을 선택할 가능성이 높다. 만약 폭격이 벌어진다면 미국과 이스라엘은 그 시설이 핵시설이든 아니든 일단 폭격을 하고 나서 무조건 핵 관련 시설이라고 할것이다. 이란혁명 이후 미국은 전쟁이라는 카드를 한 번도 포기한 적이없다. 다만 주변지역에서 힘겨운 전쟁을 벌이고 있는 상황 때문에 이란을 어떻게 다룰지 망설이고 있는 것이다.

미국은 이란에 민주주의와 여성해방을 가져다주겠다고 말한다. 하지만 현실은 반대다. 봉쇄와 공격 위협이 계속될수록 이란의 지배자들은 반미와 혁명 수호를 외치면서 지배력을 강화한다. 경제상황이 나빠질수록 여성의 경제력은 더더욱 약해지고 남성에게 의존해야 하는 경향이 강해진다. 이란정부는 반미, 반서구를 내세우며 여성들의 복장 단속을 강화한다. 전쟁이 벌어지면 폭탄이 여성만 비껴 떨어질 수는 없다. 이란 여성들은 미국의 경제봉쇄와 전쟁위협의 직접적인 피해자다.

2009년 6월에 이란에서 대통령 선거가 있었고 아흐마디네자드가 다시 대통령이 되었다. 하지만 선거 이후 이란 인들은 선거에서 부정이있었다며 거리로 쏟아져 나와 이란정부의 민주화를 주장했다. 이란 인들의 민주화 요구에 이란정부는 무장경찰을 투입해 살인·폭행·체포를 자행했다. 그러면서 이란의 지배자들은 '미국의 음모'를 내세웠다. 심지어 한국을 비롯해 일부 진보진영에서조차 이란정부가 반미노선을취하고 있다는 이유로 현 이란정부와 아흐마디네자드 대통령을 지지하는 모습을 보였다.

하지만 반미가 곧바로 진보이거나 정의인 것은 아니다. 남한이 미국과 친하다고 해서 정의가 아니고 북한이 미국과 대결하고 있다고 해서 정의라고 말할 수는 없는 것과 마찬가지다. 미국과 이란의 지배자들은 지금 서로를 악마라 부르면서 서로를 적당히 이용하고 있다. 2009년 시작된 이란의 민주화운동은 2010년에도 계속되고 있다. 그리고 이들은 이란의 민주화와 미국의 개입 중단이라는 두 가지 과제를 안고 있다.

이라크

이란 왼쪽에 있는 이라크로 가보자. 2009년 말 여전히 이라크에는 13만여 명의 미군이 주둔하고 있다. 부시 정권 시절 미국은 이라크에서 각종 무기·건설·군수업체들에게 엄청난 이익을 안겨줬다. 그리고 1972년 국유화되었던 이라크 석유에 대한 사유화를 진행하게 되었다. 하지만 2009년 11월 말까지 4300구가 넘는 미군 시신과 격렬한 미국 내 반전운동, 국제적 비난 또 수십만에 이르는 이라크 인 사망자와 400만 명에 이르는 난민, 부서진 이라크 사회도 함께 얻었다.

2009년 6월부터 이라크 정부는 석유·가스 생산지에 대한 개발권을 판매하기 시작했다. 국제 입찰에는 그동안 이라크의 석유에 관심을 가져온 엑손 모빌, 셰브론, BP, 코노코필립스, 토탈 등의 기업이 참여하고 있어 앞으로 이들 기업이 값싸게 이라크의 석유와 가스를 차지해갈 것으로 보인다. 이에 대해 이라크 석유노조 등은 석유에 대한 사유화 중단을 요구하며 과거에 그랬듯이 이라크 인들이 직접 석유를 개발할 것을 주장하고 있다.

2008년 말 미국과 이라크는 미군에 관한 주둔군 지위 협정에 합의했다. 이에 따르면 미군은 2011년 말까지 이라크에서 철수해야 하며, 이라크를 이용해 다른 나라를 공격해서도 안 된다. 2009년 2월 오바마는

2010년 8월까지 전투병을 철수시키고, 약 3만 5000명에서 5만 명에 이르는 나머지 병력도 2011년까지 철수시킬 것이라고 했다. 2009년 6월 30일에는 미군이 이라크 주요도시에서 철수했다. 미국이 철수계획을 내놓은 것은 이라크 민중의 계속되는 미군철수 요구 때문이기도 하고, 그동안 키워온 이라크군과 경찰에게 이라크 저항운동과 싸우라는 의미이기도 하다. 이라크 정치인들도 미군 철수를 주장하지 않고서는 정치생명을 유지하기가 쉽지 않다. 2009년 1월 누리 알 말리키 총리가 지방의회 선거에서 승리할 수 있었던 것도 재임기간 동안 미군의 철군일정을 받아냈기 때문이다.

그렇다고 미국이 순순히 물러날 것인가? 미국은 이라크에 꼭두각시 정부를 세우는 데 실패했다. 누리 알 말리키 정부가 미국과 협력하고 있지만 누리 알 말리키를 포함해 현 이라크 정부를 주도하고 있는 정당들은 미국과만 관계를 맺고 있는 것이 아니라 이란과도 관계를 맺고 있다. 확실한 친미정부를 세워 놓지 못한 채 미군이 물러난다는 것은 이

연도별 이라크 점령군 사망자 수

(2009년 11월 말 현재, 단위: 명)

	미국	영국	기타	합계
2003	486	53	41	580
2004	849	22	35	906
2005	846	23	28	897
2006	822	29	21	872
2007	904	47	10	961
2008	314	4	4	322
2009	146	1	0	147
합계	4,367	179	139	4,685

* iCasualties(http://icasualties.org)

라크의 정치를 친이란 정당들이 주도하게 될 것이라는 것을 의미한다. 미국이 이라크 문제를 다루면서 계속해서 이란에게 비난을 퍼붓는 것도 이 때문이다.

미군은 어떻게든 주둔연장을 시도할 것이다. 2010년 8월까지는 모든 병력이 그대로 주둔할 것이고, 그 이후에는 일부 병력을 남겨 두기로 했는데 이들은 이라크군을 지원하거나 대테러 작전 수행, 미국인 보호 등의 임무를 맡게 된다. 그러면 어디까지가 이라크군을 지원하는 것이고 무엇을 대테러 작전이라고 부를 것이냐의 문제가 남는다. 미국은 언제든지 자신이 원하는 대로 전투를 벌여놓고서는 대테러 작전이라고 부를 수 있다. 이라크를 이용해 다른 나라를 공격해서는 안 된다고 했지만 미국은 일단 공격을 벌이고 나서 자신의 행위를 '자위권'이라고도 할 수도 있다.

미국이 2011년까지 이라크에서 떠나겠다고 했지만 이라크에서는 '즉각 철수'를 요구하는 움직임도 계속되고 있다. 이라크의 많은 진보적인 사회단체와 활동가들은 미국과 이라크 정부, 다른 조직으로부터의 살인과 폭력 위협 때문에 자신을 드러내놓고 활동하기가 어려운 상황이다. 그럼에도 불구하고 여전히 공개적으로나 비공개적으로나 미군 철수와 이라크 정부의 민주화, 이라크 천연자원에 대한 이라크 인들의 통제, 전쟁 피해자들과 난민에 대한 지원, 여성과 아동 인권운동 등을 계속하고 있다. 이들은 시아와 순니, 쿠르드와 아랍과 같은 분열과 대결을 넘어 이라크 인으로서 단결하자고 주장하고 있다.

팔레스타인

마지막으로 팔레스타인으로 가보자. 2007년 6월 쿠데타 실패 이후 이스라엘이 취한 행동은 가자지구에 대한 봉쇄를 강화한 것이다. 가자지구가 외부와 연결될 수 있는 길은 크게 두 가지가 있는데 하나는 이스라엘 쪽으로 연결하는 것이고 다른 하나는 이집트 쪽으로 연결하는 것이다. 이스라엘 쪽은 당연히 이스라엘이 검문소를 닫아걸고 사람과 물품의 이동을 차단한다. 이집트 쪽은 국경검문소를 자치정부와 공동 관리하고 있던 EU가 이스라엘의 요청대로 검문소를 열었다 닫았다 하면서 이스라엘의 봉쇄정책에 협조한다.

식량공급은 제한되어 식료품 가격이 폭등하고, 주유소에 기름이 없어 자동차가 멈춰 섰다. 기초적인 의료기구나 약이 없어서 환자들은 죽어갔고, 외부로 나가서 치료를 받던 사람들도 밖으로 나갈 수가 없어서 죽을 날만 기다려야 했다. 도저히 살아갈 길이 보이지 않던 가자지구 팔레스타인 인들은 2008년 1월 이집트와의 국경지역에 설치되어 있던 장벽을 폭파했고, 며칠 동안 수만 명의 사람들이 이집트 지역으로 넘어가 식량·가스·의약품 등을 사들고 가자지구로 돌아갔다. 그러자 이집트의 무바라크 정권은 군대를 동원해 국경지역을 다시 봉쇄했다.

이스라엘 지역에서 노동을 하던 사람들은 모두 일자리를 잃었으며 실업률은 60퍼센트에 이른다. 국제구호단체 옥스팜 등의 조사에 따르면 2006년에는 63퍼센트의 주민이 기초생필품을 구호품에 의지하고 있었으나 2008년이 되면서 그 수치는 80퍼센트로 올라간다. 또 2004년에는 가자지구 팔레스타인 인들이 가계수입의 37퍼센트를 식료품 구입에 사용한 반면 2007년에는 62퍼센트를 사용했다. 부족한 물자를 공급하기 위해 팔레스타인 인들은 이집트와의 국경지역에 땅굴을 파고 있다. 팔레스타인 인들은 땅굴을 통해 식료품·의약품 등을 들여오고 있으며 심지어 가축과 오토바이도 거래되고 있다. 하지만 땅굴과 관련해서 봉

256

괴와 감전사고, 이스라엘의 폭격으로 2007년 이후 2009년 11월 말까지 130여 명의 팔레스타인 인이 사망하고 250여 명이 부상을 입었다.

2008년 12월 27일에는 이스라엘이 가자지구에 대한 대규모 공격을 다시 시작했다. 22일 동안 계속된 공격으로 한국의 광주광역시 인구와 맞먹는 150만 명의 가자지구 팔레스타인 인 가운데 1400여 명이 사망하고 5500여 명이 부상을 입었다. 이스라엘은 팔레스타인 인들이 기도하고 있던 이슬람사원, 갈 곳이 없어진 주민들이 피난을 와 있던 유엔학교 등을 폭격했고, 부상자를 치료하던 의료진마저 이스라엘군의 총격을 받아야 했다. 마을 주민들을 한 건물로 몰아넣은 뒤 폭격했고, 산소가 다 탈 때까지 사람의 피부를 태우는 화학무기인 인폭탄을 사용했다. 약 4100채의 주택이 파괴되고 1만 7000채 가량이 부분 파손됐다. 이로써 어린이와 청소년 11만 2000명을 포함해 20여 만 명이 집을 잃었다.

이스라엘의 가자학살이 한창 진행되던 2009년 1월 3일, 유엔 안전보장이사회에서 리비아의 제안으로 휴전을 요구하는 성명을 채택하려는 시도가 있었는데 미국의 반대로 무산됐다. 세계 각국의 비난여론이 쏟아지자 미국은 1월 8일에 유엔 안보리가 휴전결의안을 채택할 때는 기권으로 한발 물러섰다. 하지만 1월 8일에는 미국 상원이, 1월 9일에는 미국 하원이 이스라엘을 지지하는 결의안을 통과시켰다.

또 가자학살 과정에서 미국은 그리스를 통해 수천 톤의 무기를 이스라엘로 보내려다 그리스 인들과 그리스 정부의 반달에 부딪혀 계획을 취소했다. 2009년 9월에는 남아프리카공화국의 판사 출신인 리처드 골드스톤을 단장으로 하는 유엔조사단이 가자지구 공격과정에서 이스라엘과 하마스 모두 전쟁범죄를 저질렀다는 내용이 담긴 골드스톤 보고서를 제출했다. 이 보고서에는 양측의 자체조사를 요구하고 만약 자체

미국의 이스라엘 직접 원조금액

(단위: 100만 달러)

년	금액	년	금액
1949~96	68,030.90	2003	3,745.15
1997	3,132.10	2004	2,687.25
1998	3,080.00	2005	2,612.15
1999	3,010.00	2006	2,534.53
2000	4,131.85	2007	2,500.24
2001	2,876.05	2008	2,423.80
2002	2,850.65	합계	103,614.67

* If Americans Knew(http://www.ifamericansknew.org)

조사가 제대로 이루어지지 않을 경우 국제법정이 나서야 한다는 주장이 담겨 있다. 이스라엘이 즉각 반발하고 나선 것은 물론이다. 그리고 11월 4일 유엔 총회에서 골드스톤 보고서에 관한 토론을 하루 앞둔 11월 3일, 미국 하원은 골드스톤 보고서가 이스라엘에게 불리하게 작성되었다며 이를 비난하는 결의안을 채택했다.

미국에서 공화당이 집권하든 민주당이 집권하든 변하지 않는 것 가운데 하나가 이스라엘에 대한 지지와 지원이다. 일부에서는 민주당은 그래도 공화당과 다르지 않겠냐고도 하지만 가자학살이 한창 진행되고 있을 때 이스라엘을 지지하는 결의안을 채택한 것은 공화당과 민주당이다. 오바마는 대선후보 시절부터 '이스라엘의 안보는 신성불가침이며 협상할 수 없다'며 이스라엘에 대한 지지를 표명해왔다. 최근 들어 미국 정부가 이스라엘에게 점령촌 건설을 중단하라고 요구하고 있으나 이것은 과거에도 계속되어왔던 것으로 점령촌 건설을 중단시키기 위해 미국이 실질적인 압력을 행사한 적은 없다. 언제나 그랬듯이 팔레스타인의 인권은 미국이 보다 나은 이미지를 만들기 위한 수단에 그쳤다.

미국의 팔레스타인 지배정책은 다른 곳과 비슷해서 분할지배 전술을 기본으로 사용하고 있다. 미국정부는 공식적으로 하마스를 테러리스트라고 부른다. 그런데 현재 팔레스타인에서 민주적인 방법으로 정치적 대표성을 인정받은 정당은 파타도 마흐무드 압바스도 아니고 하마스다. 하마스가 점령에 저항하자 미국은 하마스를 가자지구에 몰아넣고 고립시킨 뒤, 마흐무드 압바스를 자치정부 대표로 내세워 서안지구를 중심으로 활동하게 만들었다. 2007년 말 미국 아나폴리스에서 있었던 중동평화회담에서 하마스를 배제한 것도 같은 맥락이다. 미국의 의도는 일정 정도 실현돼서 하마스와 파타 사이의 끊임없는 투쟁은 팔레스타인 인들에게 정치 혐오감을 일으키고 있다. 반면 미국과 이스라엘이 팔레스타인을 파타와 하마스로 나눠서 분할지배하려면 할수록 팔레스타인 내부에서는 팔레스타인 인의 단결과 반점령운동 강화를 주장하는 목소리가 계속 나오고 있다.

미국은 앞으로도 평화협상이나 팔레스타인 독립국가 건설을 한번씩 얘기하면서 자신이 이스라엘-팔레스타인 관계의 중재자임을 내세울 것이다. 하지만 과거에도 그랬듯이 미국이 말하는 평화는 이스라엘의 팔레스타인 지배의 안정화를 의미하고, 팔레스타인 독립국가는 장벽에 둘러싸이고 외부의 원조에 의존할 수밖에 없는 껍데기만 남은 국가를 의미할 것이다. 반면 미국과 이스라엘이 평화가 아닌 평화를 계속 주장하면 할수록 팔레스타인 인들은 진정한 평화와 민주주의를 요구하며 저항을 계속할 것이다.

더 많은 민주주의와
더 많은 자유의 세계를 향하여

지난 수십 년 동안 미국이 중동지역을 장악하기 위해 무엇을 했으며, 중동지역 민중들은 어떻게 저항해왔는지를 몇 가지 사례를 통해 살펴보았다. 앞에서처럼 몇 시기로 나눠서 이야기를 풀어가는 것은 과거와 현재를 지나치게 단순화하는 방법일 수도 있다. 다만 다양한 사건들의 흐름을 잠깐 짚어보자는 의미에서 시기를 구분했다.

1980년대는 미국과 소련 사이의 냉전이 막바지에 이르던 시점이었다. 물론 두 나라는 공멸을 피하기 위해 직접 전쟁을 벌이지는 않았고, 언제나 다른 국가나 정치집단을 내세워 전쟁을 벌였다. 대표적인 경우가 아프가니스탄이었고, 미국은 무자헤딘을 지원·육성하여 소련을 물리쳤다. 또 아랍민족주의와 팔레스타인 해방을 내세웠던 이집트가 1970년대와 1980년대를 거치면서 미국의 다정한 친구로 변하기도 했다. 하지만 미국은 친미국가로서의 이란을 잃었고 팔레스타인에서는 인티파다가 벌어졌다. 소련을 무너뜨리는 사이 새로운 도전이 다가왔던 것이다.

2008년 세계 군사비 지출

(단위: 억 달러)

순위	나라	군사비
1	미국	6,070
2	중국	849
3	프랑스	657
4	영국	653
5	러시아	586
6	독일	468
7	일본	463
8	이탈리아	406
9	사우디아라비아	383
10	인도	300
11	한국	242

* 스톡홀름 국제평화연구소(http://www.sipri.org)

1990년대, 미국은 이라크와 이란에 대한 군사공격과 경제봉쇄를 계속했다. 아프가니스탄에서는 석유·가스 수송관 건설사업을 계획하더니 폭격을 퍼부었다. 팔레스타인에서는 이스라엘에게 유리하도록 오슬로협정을 체결하고, 미국의 지원을 받고 있던 이스라엘은 1993년과 1996년 레바논을 침공했다. 소련이 사라진 마당에 미국은 자신이 세계 유일의 패권국가임을 힘으로 증명하고 있었다.

미국은 자신의 거칠 것 없는 힘을 2000년대 들어와서도 계속 과시했는데 아프가니스탄과 이라크를 침공한 것이 대표적인 사례다. 침공 초기만 해도 누구도 미국의 승리를 의심하지 못했다. 누가 미국이 수천 명의 사망자를 내고서 전투에서조차 이기지 못할 거라 예상했겠는가. 하지만 미국은 불도저처럼 밀어 붙였지만 불도저보다 더 강한 산을 만났다. 미국과 이스라엘이 레바논과 팔레스타인에서 벌인 전쟁도 마찬가지였다. 많은 사람을 죽일 수는 있었지만 민중의 저항을 없앨 수는 없었다.

미국 중동정책의 핵심 가운데 하나는 석유와 가스다. 석유와 가스는 석유기업들에게 큰 이익을 안겨줄 뿐 아니라 석유와 가스에 대한 통제권과 공급권을 쥔 국가가 세계패권도 쥐게 된다. 이것은 어느 국가라도 세계패권을 쥐고 싶다면 석유생산지를 장악해야 하고, 이는 곧 세계 석유매장량의 절반 이상을 가지고 있는 중동지역을 장악해야 한다는 것을 의미한다. 중동지역을 장악하기 위해서는 친미국가를 만들고 반미국가나 조직들을 무너뜨려야 한다. 또 안정적인 패권을 실현할 수 있도록 군사기지를 설치하고 유지해야 한다. 미국이 아프가니스탄과 이라크를 침공한 이유 가운데 하나도 중동·중앙아시아·카스피해 지역의 석유와 가스 생산지를 확보하고 군사기지를 설치하기 위한 것이다.

그런데 거칠 것 없을 줄만 알았던 제국의 힘이 한계에 부딪치고 있다. 제국이 두려워하는 것은 제국의 힘이 한계에 다다르는 순간 벌어질 다른 국가들의 복종의 철회와 반란이다. 네 개의 기둥으로 집을 세우지만 어느 한 기둥만 부러져도 집은 무너진다. 제국도 마찬가지다. 제국은 정치·군사·경제·사상 등의 분야에서 자신이 최강임을 어떤 형태로든 계속 보여줘야 한다. 그래야 복종이 유지된다. 제국이 빈틈을 보이는 순간 여기저기서 제국에 대항하는 힘들이 나타날 것이다.

여기서 중동이 미국 중심의 패권체제의 변화와 관계 맺는 방식이 드러난다. 패권이 무너지는 과정에서는 크게 두 가지 일이 벌어진다. 하나는 패권국가에 대항하는 새로운 국가나 공동체가 등장한다. 1956년에 있었던 수에즈전쟁이 하나의 사례다. 이집트의 나세르 정권이 수에즈운하를 국유화하자 영국은 운하에 대한 소유권을 놓지 않기 위해서, 프랑스는 알제리 민족해방운동을 지원하고 있는 나세르 정권을 무너뜨리기 위해서 이스라엘과 함께 이집트를 공격한다. 20세기 초까지 중동지역을 양분하며 지배하고 있던 영국과 프랑스로서는 제국의 정책에 대항하는 정권을 가만히 놔둘 수 없었던 것이다. 그런데 미국과 소련이 개입하여 영국과 프랑스에게 전쟁을 그만하라고 요구했다. 1·2차 세계대전을 거치면서 제국으로서의 영국과 프랑스의 힘이 쇠퇴하고 새롭게 미국과 소련이 중동지역의 패권을 쥐게 되는 순간이었다.

두 번째는 패권체제 변화의 전제가 되는 제국의 쇠퇴다. 제국은 돈과 총의 힘으로 유지된다. 그런데 지금 미국은 경제위기로 자신의 몸조차 제대로 가누지 못하는 거대한 괴물이 되어 있다. 중남미에서 미국의 패권에 대항하는 새로운 힘들이 나타나고 있지만 미국은 중동이라는 늪에 빠져 중남미나 아프리카 지역에서 과거와 같은 큰 힘을 쓰지 못하고 있다. 중동지역에서도 총의 힘을 쏟아 붓고 있지만 무기를 많이 썼다는 것 말고는 큰 성과를 거두지 못하고 있다. 총의 힘이 한계에 다다란 것이다.

지금 중동은 과거 아랍민족주의 운동이나 좌파운동이 활발할 때처럼 국가의 형태로 미국의 패권에 대항하는 힘이 크지 않다. '아랍의 단결'이라는 말도 정치적 구호로 그치는 경우가 대부분이다. 예를 들어 1991년과 2003년 '미국이 이라크를 침공하면 다른 아랍국가들이 가만 있지는 않을 것이다'라는 추측이 나오곤 했다. 하지만 이런 추측은 희망사항일 뿐이었다. 실제로는 사우디아라비아를 비롯해 많은 아랍국가들이 미국을 지원하고 나섰다. "아랍연맹은 뭐 하는 거야?"라고 질문하기도 한다. 팔레스타인 자치정부를 포함해 22개 정부가 참여하고 있는 아랍연맹을 주도하고 있는 것이 이집트와 사우디아라비아다. 그리고 이집트와 사우디아라비아 두 나라 모두 미국의 지원을 받으며 독재정권을 유지하고 있다. 57개 정부가 참여하고 있는 이슬람회의기구OIC도 마찬가지다. 중동지역하면 쉽게 이슬람을 떠올리고, 중동지역 국가들은 종교를 통해 단결할 것 같지만 사실은 아니다. 종교는 종교일 뿐 이슬람회의기구에 참여하고 있는 많은 정부의 권력자들이 원하는 것은 무슬림으로서의 단결과 연대가 아니라 권력과 부의 축적뿐이다.

따라서 중동지역 민중들 앞에는 크게 세 가지 과제가 놓여 있다. 첫째는 내부적으로 계급·성·종교 등에 따른 차별이나 억압을 멈추고 상호평등과 연대에 기초한 사회를 만들어야 한다. 두 번째는 아프가니스탄, 이란, 이라크, 팔레스타인 모두 자국 정부를 민주화 시켜야 한다. 세 번째는 외부의 점령이나 지배로부터 자유로운 사회를 만들어야 한다.

이런 과제를 실현하기 위해 중동지역에서 여러 가지 정치이념을 가진 운동이 벌어지고 있는데, 지금 나타나고 있는 특징 가운데 하나는 이슬람운동의 성장이다. 미국이 중동지역뿐 아니라 아프리카 지역에서까지 '이슬람=테러리스트'를 내세우며 전쟁을 벌이는 이유도 이 지역 민중들이 이슬람운동에 많이 참여하고 있기 때문이다. 이들 이슬람운동의 공통점이라고 하면 이슬람을 기반으로 하고 있고, 침공과 전쟁의 과정에서 힘이 커졌다는 것이다. 그렇다고 아프가니스탄의 탈레반, 이라크의 무크타다 알 사드르, 레바논의 헤즈볼라, 팔레스타인의 하마스, 소말리아의 이슬람 법정연대 등이 단일한 성격을 갖고 있다고 보거나 이들을 종교적인 운동으로만 보기는 어렵다. 특히 온갖 종류의 악행을 저질렀던 탈레반과 다른 이슬람운동을 이슬람이라는 이유로 같은 위치에 놓을 수는 없다.

이라크에서부터 소말리아까지 여러 이슬람운동이 민중들의 지지를 많이 받는 이유는 이들이 '이슬람'이기 때문이 아니라 전쟁과 점령, 민주주의와 빈곤 등의 문제를 풀어가는 데 이들 나름의 역할을 하고 있기 때문이다. 비종교적인 아랍민족주의 운동이나 좌파운동의 힘이 약해진 사이 민중들은 이슬람운동을 지원함으로써 자신의 요구를 실현하려는 경향을 갖고 있는 것이다. 중동의 민중들은 부와 권력을 쥐고 있는 이들과는 달리 때로는 아랍인과 무슬림이라는 이유로, 때로는 미국의 전쟁과 점령의 피해자라는 이유로, 때로는 이라크와 팔레스타인의 해방을 지지한다는 이유로, 때로는 이스라엘과 시오니즘에 반대한다는 이유로 서로에게 연대의식을 느끼며 행동에 나서고 있다. 그러면서 군사적으로나 정치적으로나 미국에게는 상대가 되지 않을 것 같았던 이들이 미국의 중동정책을 흔들고 있다. 지금 중동에서는 완전한 승자도, 완전한 패자도 없는 공방이 계속되는 가운데 미국이 힘의 한계를 점점 더 드러내고 있다. 제국이 힘의 한계를 드러낸다는 것은 곧 제국이 쇠퇴하고 있다는 것을 말한다.

세상은 변하고 있다. 가장 발달된 민주주의 정치제도를 가지고 있다는 미국이 이라크와 아프가니스탄에서 하는 일을 보면서 세상 사람들은 미국이 말하는 민주주의가 민중을 위한 민주주의가 아니라 소수의 부자와 권력자들을 위한 정치선전에 지나지 않는다는 것을 알아가고 있다. 오바마가 동맹국들에게 아프가니스탄 파병을 요구하자 영국이 500명 추가 파병을 약속하는 등 일부 국가들이 마지못해 '성의표시'를 하는 수준이다. 오바마가 아프가니스탄에서의 승리를 자신하지만 그의 주장을 믿는 사람은 많지 않다. 이스라엘이 가자학살을 시작하자 베네수엘라와 볼리비아가 이스라엘과의 외교관계 단절을 선언했고, 미국이 지원을 아끼지 않는 이스라엘은 국제적으로 점점 고립되어가고 있다. 여기서 힘이 빠져가는 야수에게 필요한 영양제라도 되려는 듯 한국정부가 또다시 아프가니스탄 파병을 결정했다. 한국정부는 지역재건팀과 한국군을 보내는 것이 아프가니스탄 재건을 위한 것이라고 하지만 지역재건팀이 미국의 아프가니스탄 점령정책의 일부라는 것은 잘 알려진 사실이다.

한국정부의 입장과는 달리 한국사회에서는 미국의 중동지역 패권에 도전하는 운동이 계속되고 있다. 2001년 아프가니스탄 침공 때는 큰 힘을 발휘하지 못했던 한국의 사회운동이 2003년 이라크 침공을 계기로 활발한 반전·반점령운동을 벌였다. 또 노무현 정부가 한국군을 이라크에 파병하자 해를 넘겨가면서 이라크 파병 반대운동을 벌였다. 그동안 미국-한반도의 관계를 중심으로 세계를 바라보는 경향이 강했던 한국의 반전·반점령운동이 보다 활발한 국제연대운동으로 성장한 것이다. 2006년과 2008~09년에 있었던 이스라엘의 레바논·팔레스타인 군사공격 때도 마찬가지다. 이때는 사회단체들이 먼저 나서기도 전에 많은 시민들이 '무언가 해야 한다'고 생각하고 있었고, 때론 단체들의 움직임이 시민들의 의지에 뒤쳐질 지경이었다. 이제 한국도 아프가니스탄, 이란, 이라크, 팔레스타인 민중들과 손을 잡고 마음을 함께 하는 한국으로 바뀌어가고 있다. 전쟁의 세계화가 아니라 연대의 세계화가 조금씩 실현되고 있는 것이다.

| 추천 영화

• 〈아나의 아이들〉, 줄리아노 멀 카미스 · 다니엘 다니엘 감독

• 〈거북이도 난다〉, 바흐만 고바디 감독

• 〈칸다하르〉, 모흐센 마흐말바프 감독

• 〈페르세폴리스〉, 마르얀 사트라피 · 뱅상 파로노 감독

| 추천 책

• 《라피끄: 팔레스타인과 나》, 팔레스타인평화연대 지음, 메이데이, 2008

• 《미국의 이라크 전쟁》, 노엄 촘스키 · 하워드 진 외 지음, 이수현 옮김, 북막스, 2002

• 《탈레반》, 피터 마스던 지음, 아시아평화인권연대 옮김, 박종철출판사, 2005

• 《촘스키, 실패한 국가 미국을 말하다》, 노엄 촘스키 지음, 강주헌 옮김, 황금나침반, 2007

• 《근본주의의 충돌》, 타리크 알리 지음, 정철수 옮김, 미토, 2003

| 중동 관련 사회단체

• 경계를넘어 http://www.ifis.or.kr

• 나눔문화 http://www.nanum.com

• 다함께 http://alltogether.or.kr

• 반전평화연대 http://antiwar.textcube.com

• 팔레스타인평화연대 http://www.pal.or.kr

1979년	이란혁명
	이스라엘–이집트 평화협정
	소련, 아프가니스탄 침공
1980년	이란–이라크전쟁 시작(1988년까지)
	미국, 카터 독트린 발표
1981년	이스라엘, 이라크 폭격
1982년	이스라엘, 레바논 침공. 사브라·샤틸라학살 발생
1985년	미국, 레이건 독트린 발표
1986년	미국, 콘트라 게이트
1987년	팔레스타인, 인티파다 시작
1988년	미국, 이란 민간 항공기 격추
1989년	소련, 아프가니스탄에서 철수
1990년	이라크, 쿠웨이트 침공. 유엔, 이라크에 대한 경제봉쇄 시작
1991년	미국, 1차 이라크 침공
1993년	이스라엘, 레바논 침공
	이스라엘과 PLO, 오슬로협정 체결
1994년	이스라엘과 요르단 평화협정 체결
1995년	유엔, 이라크에 석유–식량 교환 프로그램 허용
1996년	탈레반, 아프가니스탄 수도 카불 장악
	이스라엘, 레바논 침공
1997년	유노칼, '중앙아시아 가스 파이프라인' 회사 설립
1998년	케냐와 탄자니아에 있는 미국 대사관 공격 받음
	미국, 수단과 아프가니스탄 폭격
1999년	유엔, 아프가니스탄에 대한 경제봉쇄 시작

2000년	이스라엘, 레바논에서 철수
	팔레스타인, 알 아크사 인티파다 시작
2001년	9.11 발생
	미국, 아프가니스탄 침공
2002년	조지 부시 미국 대통령, 이란과 이라크, 북한을 악의 축이
	라고 선언
	한국, 동의부대 아프가니스탄 파병
2003년	미국, 이라크 침공
	한국, 다산부대 아프가니스탄 파병
2004년	한국, 자이툰 부대 이라크 파병
2005년	이스라엘, 가자지구에서 철수
2006년	팔레스타인, 자치정부 총선에서 하마스 집권
	이스라엘, 가자지구에 대규모 폭격
	이스라엘, 레바논 침공
2007년	미국, 이라크에 병력 증파
	한국군과 한국인 선교사 등 아프가니스탄에서 사망
	한국군, 아프가니스탄에서 철수
	한국, 동명부대 레바논 파병
2008년	미국, 이라크와 주둔군 지위 협정 체결
	미국, 오바마 대통령 당선
	이스라엘, 가자학살 시작(2009년 1월까지)
	한국군 이라크에서 철수
2009년	미국, 아프가니스탄에 병력 증파
	아프가니스탄, 대선에서 하미드 카르자이 집권
	이란, 대선에서 아흐마디네자드 집권. 민주화 운동 시작
2010년	미국, 아프가니스탄에 병력 증파(예정)
	한국, 아프가니스탄에 병력 파병(예정)

좌담회

* 이 좌담회는 2009년 3월 22일에 진행되었습니다.

| 미국의 패권은 저물어가나

임승수: 최근에 조예재 씨는 해외 몇 나라를 다녀오신 것으로 알고 있습니다. 해외에서 미국의 패권이 저물어가는 것을 느낀 경험이 있나요?

조예재: 대선 끝나고 시카고를 갔었고, 그 1년 전에는 스탠포드에 갔었는데요, 미국의 일극체제가 무너짐을 실감하는 것은 오히려 미국 내부에 있을 때인 것 같아요. 미국 밖에서는 미국의 영향력이 여전히 너무 커 보이지만 안에서는 그렇지 않거든요.

임승수: 아~ 오히려 미국 안에서?

조예재: 미국의 젊은 세대들, 특히 대학에 있는 20~30대들을 접하면 그들부터가 절실하게 미국이 변화하기를 바라고 있어요. 더 이상 미국의 역량을 외부에서 낭비하지 않았으면 좋겠다고 해요. 그곳 실업률도 장난이 아니잖아요. 미래 세대들이 미국의 제국적 역할에 환멸을 느끼고 있다고나 할까. 그래서 'change'를 외치는 오바마에 열광했던 거고요. 그런 '오바마 키드'의 새로운 감수성과 욕망을 보면서 미국의 일극체제가 안에서부터 내파되고 있다. 그러니까 해외 각 지역에서 미국이 누리던 패권이 허물어지고도 있지만 미국 안에서도 그런 사람들이 성장하고 있다는 것이 분명해 보였어요.

안영민: 최근에, 어젠가 그젠가, 오바마가 이란한테 이제 잘 지내보자고 얘기했잖아요. 제가 본문에 오바마와 미국이 이란을 함부로 할 수 없을

거라고 썼는데, 실제로 오바마가 지금 대화하자고 나온 거예요. 구체적인 내용이 어떻게 될지를 떠나서, 미국이 누군가에게 대화하자고 할 때는 자기 힘이 달리거나 상대 힘이 강할 때거든요. 예를 들면 북한을 계속 압박하면서 죽이겠다 죽이겠다 협박하다가 북한에게 대화하자고 할 때가 언제였냐면 북한이 1차 핵실험을 했을 때예요. 그러니까 이란의 경우도 마찬가지인 게 만약 주변에 아프가니스탄이라든가 이라크 같은 문제가 걸려 있지 않다면 굳이 미국이 대화하자고 할 이유가 없거든요. 이제 자기 힘은 달리고 이란은 좀 어떻게든 해봐야 되겠다 싶으니까 대화하자고 나왔던 겁니다. 그러니까 미국이 대화란 말을 쓰기 시작했다는 건 힘이 달린다, 뭐 이런 게 아닐까 싶어요.

김애화: G20이 런던에서 4월 2일에 열리잖아요? 그에 대응하기 위해서 한국에서도 사회단체들이 준비를 하고 있어요. 그런데 G20 참가국 간에는 차이가 있는 거 같아요. 미국과 유럽 그리고 기타 국가들 간의 차이죠. 물론 한국은 거기서 큰 역할을 하진 않고요. 아무튼 미국하고 유럽하고 큰 차이가 있는 거 같아요.

예를 들어서 두 가지 이슈가 제기되고 있잖아요? 금융위기 해결을 위해서 경기부양을 해야 한다는 것이 미국의 중심적인 입장이라면 유럽은 금융에 대한 국제적 규제가 필요하다는 거잖아요. 그런데 재무장관 회의를 하기 전까지는 미국이 강력했죠. 경기부양을 우선해야 한다, 유럽도 더 해라, 이랬거든요. 왜냐하면 세계 경제위기가 서로 맞물려 있기 때문에 한 경제가 부양이 안 되면 다른 경제도 사실 살아나기 힘들잖아요. 그러니까 미국이 유럽에게 계속 요구했던 거죠. 반면에 브라운 같은 경우는 경기부양을 부정하는 것은 아니지만 규제가 중요하다 이렇게 봤던 거고요.

그런데 재무장관 회의에서는 '국제규제' 이것에 방점이 찍혔어요. 이런 걸 보면 영국조차도 바뀌고 있다는 걸 느껴요. 사실 영미체제잖아요? 우리가 미국이라고 생각하는 것은 영미체젠데 이 영미체제에서 영국이 바뀌고 있고, 이로써 금융규제안에 방점이 찍히는 상황으로 바뀌게 된 거죠. 물론 런던회의에서 정상회담이 또 어떻게 나올지 모르겠지만 이런 걸 볼 때 사실상 그 경제적인 측면에서도 미국의 영향력이 줄어들고 있다는 걸 느낄 수 있어요.

임승수: 최근에 중남미 나라들이 단합해서 쿠바에 대한 경제제재를 풀라고 미국을 굉장히 압박하더라구요. 이전 같으면 상상도 못할 상황이 벌어지고 있습니다. 이제 4월 중순쯤에 미주지역정상회담이 열리거든요? 여기서 과연 오바마와 차베스가 어떻게 말을 섞을 거냐에 관심이 집중된 상황이에요.

조예재: 지금까지 얘기된 건 주로 지정학적인 얘긴데요. 자본주의 세계체제의 패권 이행이라는 관점에서 볼 필요도 있어요. 힐러리 국무장관이 취임한 후 첫 방문지가 아시아였다는 것이 상징적으로 보여준다고 생각해요. 돈 구하러 온 거잖아요. 현재까지 이라크전쟁 경비로 1조 달러 썼고, 앞으로 아프가니스탄에 추가로 파병하면 한 3조 달러 정도 예상되거든요. 금융위기를 공적자금 써서 해결하려면 한 8조 달러가 들어요. 11조 달러의 국채를 써야 되는데 누가 살 수 있느냐? 그래서 일본부터 간 거잖아요. 국채 사(달)라는 거죠. 마지막에는 중국 가고……. 두 나라가 돈이 제일 많기 때문이죠. 어느 순간에 우리가 알고 있던 종속

이론이 거꾸로 뒤집혔어요. 미국이 동아시아에 의존하고 있는 거예요. 여기에 의존하지 않으면 미국이 다시 일어설 수 없는, 경기를 회복하기 힘든 구조가 어느새 만들어져 있더라는 거죠.

임승수: 미국이 앞으로 찍어낼 국채를 동아시아에서 안 사주면 자기들이 망하니까요.

조예재: 동아시아 국가들이 보유하고 있는 미국 국채가 엄청난데, 그걸 팔아버리거나 그 비중을 낮추는 아시아 금융기구를 만들어버리면, 방법이 없는 거죠.

임승수: 그런데 또 다른 면으로 드는 생각이, 미국 패권이 일순간에 붕괴되면 이걸 다른 나라들도 바라지 않을 거란 생각이 들거든요?

조예재: 그렇죠. 그래서 안 파는 거, 아니 못 파는 거죠. 같이 죽으니까. 이게 딜레마입니다.

김애화: 사실은 동아시아가 수출주도형 경제잖아요. 수출주도형 경제라는 건, 사실은 미국시장을 중심으로 하는 거거든요. 그래서 미국시장이 무너진다는 것은 사실 동아시아의 경제성장에 있어서, 또 경제의 안정을 위해서 굉장히 중요한 의미가 있어요. 같이 맞물려가는 거겠죠. 그래서 경제적 측면에서 미국의 패권이 무너지면 여파가 굉장히 클 겁니다. 동아시아 경제에 있어서도.

  현재 대안 논의가 활발한데 미국 중심의 일극을 벗어난다는 측면에서 다극화체제로의 전환도 그 하나인 것 같아요. 그런데 미국 중심에서 벗어난다는 것은, 이 미국 중심적 · 수출지향적인 경제구조를 어떻게 바꿀 것인가와 관련이 있거든요. 사실 지금 미국은 해외의 외채에 의존하는 재정적자 상태에 있는데, 언제까지 미국 경제와 미국의 소비자들을 중심으로 하는 수출지향적인 경제로 가야 하는 거냐, 이런 고민이 동아시아가 가지고 가야 한다고 생각해요.

| 세계는 다극화체제로 이행하고 있는가

임승수: 다극화체제가 형성되고 있다는 말이 이제 미디어를 통해서 활발하게 얘기되고 있어요. 하지만 구체적으로 들여다보면 지역마다 그 양상이 차이가 나는 것 같습니다. 오히려 다극화체제라는 용어가 맞느냐부터 얘기해볼 필요가 있겠어요.

김애화: 제가 먼저 얘기를 하자면, 다극화체제라는 것은 힘의 균형이잖아요? 다극이 된다는 것은 결국은 일극에 힘이 집중되는 것이 아니라 힘을 나눠 갖는다는 거죠. 이런 측면에서 볼 때 아직은 판단하기 힘들지 않겠느냐는 생각이 들어요. 그러나 우리가 분명하게, 또 명백하게 인정하는 문제는 대륙적으로 지역주의의 움직임은 있다는 거죠. 남미에서 확연히 보이고 있죠, 하다못해 아프리카에서도 정부 간의 지역통합 움직임이 있어요. 그러나 이것이 힘의 균형의 단계로 가느냐 하는 판단은 아직은 이릅니다. 아무튼 저는 힘의 균형을 이루기 위한 출발로서 지역주의적인 움직임으로 나타나고 있다고 판단하고 있습니다. 전

EU는 태생부터 미국과 같이 했다고 봐요. 맨 처음엔 미국과 공생관계였는데 이제 미국이 약해진 거죠. 이런 식의 구도이기 때문에 지금 '지역화'가 힘의 균형을 이루는 하나의 단초로서 출발하고 있는 게 아니냐 하는 생각이 좀 들긴 합니다. 아직은 그것이 힘의 균형을 이루고 있다고 판단하기는 좀 힘들어요.

임승수: 그런데 극이라고 하는 게 꼭 균일할 필요는 없는 거 아닌가요? 예를 들어서 높은 봉우리도 있고 낮은 봉우리도 있고.

김애화 : 그렇게 얘기될 수도 있죠.

임승수: 그런 의미에서 보면 지역화라는 것이 다극화의 다른 말이 될 수도 있지 않을까요?

김애화: 사실 다극화가 뭔지 잘 모르겠어요. 일극화의 반대가 다극화라고 본다면, 일극화는 힘이 집중되는 거잖아요? 그러면 다극화는 힘을 분산하는 거겠죠. 다극화라고 해서 모두 저울로 잰 것처럼 동일하진 않겠지만 어느 정도의 힘의 균형을 이룰 수 있는 관계, 다양한 관계겠죠. 그런 의미에서 볼 때 다른 지역, 예를 들어서 남미도 아직은 힘이 강하다고 볼 수는 없죠. 다만 역동성과 추동력이 있는 것이고 우리는 그 방향을 긍정적으로 보고 있는 거죠. 저는 다극화를 힘의 균형이라고 봐요. 그렇게 돼야 된다고 생각하고요.

안영민: 저도 김애화 씨 의견에 동의하는 편입니다. 다극화라는 말의 의

미를 어떻게 잡아야 할까요. 미국과 소련이 공존하던 때를 생각해보면 그때는 일극이 아니라 다극이었죠. 다극화를 그런 식으로 생각한다면 지금은 그럴 가능성이 보이지는 않아요. 미국이 약해지는 것도 맞고, 다른 가능성이 등장하고 있는 것도 맞지만, 그렇다고 미국에 대항할 만한 힘을 갖춘 것도 아니거든요. 그렇기 때문에 아직까지는, 또 짧은 시간 안에는 다극화로 갈 가능성이 많지 않다고 생각합니다. 다만 일극이 무너지고 있는 것은 맞다고 할 수 있겠죠.

그럼 일극체제가 무너지고 다극화체제로 가면 좋은 걸까요. 예를 들어 우리 동네에 조폭이 하나 있는데 조직이 쪼개져서 두세 개 조직으로 나눠졌어요. 그게 과연 좋은 사회일까요. 미국 혼자 먹는 것과 미국과 소련이 같이 먹는 것, 어느것이 더 좋냐고 말한다면 둘 다 문제가 있잖아요. 사실 우리 동네에 조폭은 없어져야 되는 거거든요. 그러니까 극이라는 힘 자체가 사실은 없어져야 되는 겁니다. 하나든 둘이든 누군가가 우리 동네를 지배해선 안 된다는 거죠. 다만! 그게 어렵다면 그래도 한 조직이 다 먹고 있는 것보다는 여러 조직이 나눠 먹는 게……

김애화: 중간에 약한 사람들이 어부지리로 어떻게……. 하하하

안영민: 그러니까, 없는 사람 살기에는…….

임승수: 좀더 자주적으로 살 수 있는 여지가 생긴다는 거죠. 쉽게 표현하면.

안영민: 그렇죠. 힘 센 놈들이 약한 놈 끌어당기기 위해서 여러 가지 카드를 쓸 수도 있다는 거죠.

김애화: 지역주의에서의 문제점은 지금 안영민 씨가 지적한 게 맞는 거 같아요. 그러니까 조그만 깡패들이 늘어나고 있는 거죠. 그게 맞아요. 그러나 큰 조폭보다는 낫다는 생각이 좀 들 때도 있죠. 그러니까 이게 차선책일 수 있다는 생각이 들어요. 지역주의라는 것이 사실은, 전략적이고 궁극적인 우리의 방향은 아니라는 생각이 들기는 합니다. 중요한 것은 21세기 초반인 현재 우리가 어떻게 힘을 키우는 바탕을 만들어갈 거냐 라고 생각해요. 지역주의의 폐해가 지금 나타나고 있거든요.

예를 들어서 남아시아에서는 인도의 패권 강화, 또 동아시아에서는 중국이나 일본에 패권이 있는 거고, 그래서 중국에게 먹혀들어갈 수 있는 가능성이 있고……. 대단히 조심스러워요. 그래서 저는 지역주의적인 접근은 굉장히 신중해야 된다고 생각하면서도 차선책적인 의미도 있다, 긍정성이 있다, 이렇게 봅니다.

조예재: 저는 항상 자본주의 세계체제의 변화라는 큰 관점에서 봐야 한다고 생각합니다. 냉전이 끝난 후 이미 세계는 삼극체제였다고 생각해요. 이미 자본축적의 핵심 지역이 미국, 유럽과 함께 동아시아였잖아요. 그리고 지금은 그 삼강 중에 최강이었던 미국이 가라앉고 있는 거구요. 지난 패권 교체기를 보면 영국에서 미국으로 패권이 넘어갈 때 40년 동안 전쟁이 났어요. 그러니까 그때는 다극화이자, 무극화였죠. 극이 없어지면서 춘추전국시대가 되는 거죠. 그러면서 1·2차 세계대전이 났던 거고, 지금도 그럴 가능성이 없지는 않다고 생각해요. 대공황으로 가면서 보호주의와 민족주의가 강해지고, 자칫 파시즘으로 치닫게 될 소지가 있기 때문에 그걸 억제하는 방향으로서의 지역주의는 의미가 있다는 거죠. 그러니까 '어떤 지역주의'냐가 중요한 겁니다. 아무튼 전

소련이 1991년에 해체되고 나서부터는 이미 삼극체제였다고 봐요.

김애화: 아, 미국이 약해졌다? 그때부터 미국이 약해졌다고 보는 거죠?

조예재: 세계 경제에서의 비율을 따져보면 1945년에는 미국이 거의 60 퍼센트였지만 1990년대에는 안 그랬어요. 30퍼센트 대였고 지금은 20 퍼센트 대로 내려앉았거든요. 세계체제에서의 실질적 비중이 30퍼센트에 불과했을 때 이미 다극화체제였던 거예요. 동아시아가 그때 이미 20 퍼센트 이상을 점하고 있었으니까 그때 이미 다극화였던 건데, 지금은 무극화로 가는 게 문제가 될 수가 있다는 거죠.

임승수: 경제 비율만으로 다극화를 규정하는 것은 좀 무리가 있는 것 같아요. 전 세계 GDP의 몇 퍼센트를 차지하느냐보다 더 중요한 것은 미국식 삶의 방식과 문화가 전 세계적으로 급속하게 퍼졌다는 거죠. 그래서 미국이 바라보는 방식으로 세계를 보고 미국식 패스트푸드와 청바지를 입고 미국 할리우드 영화를 보는 상황이 그런 수치들보다 더 생생하게 느껴지는 것 같습니다.

조예재: 그런 미국식 모델이 확산된 것은 실제로 20년이 채 안 되잖아요. 한국도 김영삼 정권 때 본격화됐던 거고 유럽도 1990년대 후반부터 본격화됐어요. 신자유주의는 1970년대 말에 싹텄지만, 지배적 이념으로 작동한 것은 사실 아주 짧았습니다. 이번 WBC가 잘 보여준다고 생각하는데 세계 야구리그에 나오는 나라들을 보면 다 미국의 영향권에 있던 나라들이잖아요. 중남미와 동아시아인데, 대만은 아예 야구가 국기

더라고요. 지폐에 야구가 그려져 있어요. 그런 나라들이 100년 넘는 전통의 미국 야구를 받아들이면서 적응을 해가는 거죠. 그래서 세계 4강까지 올라가잖아요. 그러면서 다른 방식의 야구를 하는 거죠. 일본식 야구를 하고 한국식 야구를 하고 베네수엘라식 야구를 하는 거예요. 똑같이 자본주의 세계체제 안에 있으면서도 다른 모델을 만들어간 거잖아요. EU 모델과 동아시아 모델도 다르고요. 미국이 그걸 깨보려고 한 게 실제 기간으로 따지면 10년 안팎이고, 그게 부메랑이 되어서 미국이 스스로 무너졌기 때문에 그동안 미국 일극체제라고 했던 게 우리가 제대로 봤던 거냐는 의문이 들어요. 저는 그게 틀렸다는 거죠.

김애화: 그런데 이런 걸 생각할 필요가 있어요. 영국에서 미국으로 경제적 패권이 넘어간 때가 2차 세계대전 이후라고 많이 생각하는데 이미 2차 세계대전 전에도 자본적인 측면에서 미국이 우위에 있었어요. 하지만 그걸 보고 미국적 체제라고 하진 않아요. 그게 무슨 말이냐 하면 사실은 자본의 힘, 이것만으로 누가 더 힘이 있다고 보진 않는다는 거죠. 정치군사력의 문제가 들어가요. 당시에 이미 미국이 영국을 경제적인 측면에서 압도하고 있었지만 미국이 우위에 있다고 보진 않는다는 거예요. 그런데 2차 세계대전을 겪으면서 미국이 정치군사적으로 유럽을 압도하게 되죠. 미국이 사실은 유럽을 재구조화 시킨 거잖아요. 그런 것과 마찬가지로 경제적 측면만을 보고서 일극이냐 다극이냐, 이렇게 보기는 어렵다고 생각해요. 그런 의미에서 소련이 붕괴되고 삼극체제가 됐다는 것은 경제적 측면에서만 얘기할 수 있어요. 사실 중국이 부상한 걸 얘기하시는 거죠? 중국하고 일본이 부상한 거잖아요. 중국과 일본이 경제적으로 부상한 것과 정치군사적인 문제에서 미국과 맞짱을

뜨거나 어떻게 해볼 수 있는 여력이 있다고 전 세계가 인정하는가는 다른 문제일 수 있다고 생각해요.

조예재: 중국 국공내전에서 미국이 국민당을 지원했잖아요. 그런데 졌어요. 한국전쟁에서 중국과 또 붙었죠. 비겼어요. 베트남전쟁은 미국과 중국의 대리전이었어요. 근데 졌어요. 그래서 닉슨이 베이징에 간 거예요. 마오쩌둥이 미국을 찾아간 게 아니라……. 미국은 동아시아와 30년 동안 전쟁을 했는데 중국을 못 이겼어요. 자그마치 30년 전쟁에서. 그래서 중국과 대화하기 시작하고 그때부터 진짜 바뀌는 거잖아요. 그러니까 군사적으로도 중국은 미국한테 진적이 없어요. 왜 미국 대통령이 베이징에 가서 먼저 악수를 청해야 했을까? 그때부터 미국과 중국은 같이 가기로 한 거예요. 동아시아에서의 미중협치 시대로 간 거죠.

안영민: '극'을 힘센 놈들끼리의 대결상황으로 볼 수도 있고, 힘센 놈들이 자기의 영향력을 어느 정도까지 다른 나라에 발휘할 수 있느냐로 볼 수도 있지요. 예를 들면 경제적인 관점에서 단순하게 수치를 비교해보면 EU와 미국, 그 다음에 동아시아가 어느 정도 힘이 비등비등해간다고 할 수 있어요. 이런 걸 두고 다극을 형성했다고 할 수도 있구요. 그런데 제국주의적 관점에서 보면 미국만큼 전 세계를 관리할 수 있는 힘과 돈과 군사력을 가진 국가는 사실 없거든요. 그러니까 다른 나라에 대한 영향력이 남다른 거죠.

임승수: '다극화'에 대해서 다양한 의견이 있는 것 같습니다. 그래도 우선은 공유되고 있는 건 있네요. 그동안 미국이 세계의 패권국가였던 건

분명한데, 그 기간이 길었든 짧았든 이제 무너지고 있는 상황이고 거기서 다극화라고 부르든 지역주의라고 부르든 뭔가 새로운 움직임이 있다는 사실 말입니다.

안영민: 다극화가 곧 지역화냐 라는 건 또 다르다고 생각해요. 지역적인 의미로 보자면 러시아와 베네수엘라가 무기를 주고받는 것은 아무런 의미가 없거든요.

김애화: 그렇죠. 꼭 다극화가 지역을 중심으로 이루어진다는 것은 아니죠. 다극화는 다양하게 전개될 수 있을 거예요. 남-남 연대나 사회주의권 같은 정치블럭 간의 연대 등으로 나타날 수 있을지도 모릅니다. 힘의 관계를 반영하여 다양하게 나타날 수 있을 겁니다. 아무튼 각 지역에서의 움직임이 활발해지고 있는 건 사실입니다.

| 동아시아의 다극화는 가능할까

임승수: 어쨌든 동아시아에서도 미국의 영향력이 감소하면서 여러 가지로 변화의 조짐이 보이고 있어요. 다극화체제가 형성되는 국제정세와 맞물려서 이러한 동아시아의 변화는 어떤 의미가 있을까요?

김애화: 6자회담을 한번 얘기해줘봐요. 지금 6자회담 내에서의 힘의 관계는 어떻게 되고 있어요?

조예재: 한국전쟁의 휴전회담 당사국이 북한, 미국, 중국, 이렇게였죠. 한국은 못 끼고요. 당시에는 한반도 문제를 그렇게 해결했는데, 지금은 동북아의 행위자를 다 불러모았잖아요. 그러니까 세 명 가지고는 한반도 문제가 안 풀린다는 거죠. 러시아도 들어오고, 일본도 들어와야 풀린다는 거니까. 그렇게 보면 한반도 문제와 동아시아 문제를 푸는 행위자들이 다양화됐다고 볼 수 있을 것 같습니다. 그리고 계속 중국에서 주최하고 있고, 현재 북한에 대한 영향력이 가장 큰 나라도 중국이잖아요. 따라서 일단 행위자의 확대와 중국 영향력의 강화라고 정리할 수 있을 것 같은데요.

임승수: 저는 동아시아에서 미국 패권이 결정적으로 흔들리게 된 큰 사건 중 하나가 북의 핵실험이라고 생각하거든요? 북이 핵무기를 보유하고 있는 상황에서 미국이 군사적 개입을 하기가 힘들어진 거잖아요. 이러한 상황에서는 평화적인 외교수단을 통해서만 문제를 해결할 수 있어요. 북의 핵무기가 이런 상황을 만들어낸 거죠.

조예재: 저는 입장이 전혀 다른데, 북한의 핵실험을 통해서 미일동맹이 너무나 강화됐어요. 일본이 북한 때리기를 통해서 평화헌법을 바꾸면서 재무장에 박차를 가하고 있고, 그게 또 미국과의 군사적 유대를 강화하니까요. 그러면 동아시아 역내 대국인 중국과 일본은 더 멀어지게 되는 거죠. 북한 핵실험은 그 이전에 진행되었던 동아시아의 평화 프로세스를 완전히 되돌려버리는 거예요. 그러니까 북의 핵실험이라는 사건을 계기로 논의를 다시 시작해야 하는 거예요. 다시 시작하려니 자꾸 교착되고 지금 잘 안 되는 거고요. 물론 그런 상황으로 가게 된 것에는

부시의 책임이 크죠.

임승수: 자기 말 듣지 않는다고 이라크를 멋대로 침공하는 미국의 모습, 그리고 선제적으로 핵무기를 사용할 수 있다는 식의 발언을 서슴지 않았던 부시 정부를 보면서 이른바 '악의 축'으로 지정된 나라들은 어떤 생각을 할까요? 미국이 말하는 NPT 체제라는 것이 핵보유국이 핵을 가지지 않은 나라에 핵무기를 사용하지 않는다는 전제에서 구성된 건데, 부시 정부는 이런 기본적인 전제조차 부정해버렸잖아요. 그 상황에서 미국은 외과수술 식 타격을 한다는 둥 북에 대해서 계속해서 군사적인 위협을 했고요. 그런데 북이 핵실험을 한 이후에는 군사력 사용에 관한 얘기는 전혀 없고 평화협정 얘기만 나오고 있습니다. 물론 미국 입장에서는 북이 핵 억지력을 지속적으로 강화시켜나가는 것도 싫고, 그렇다고 북과 평화협정을 맺는 것도 싫겠죠. 평화협정을 맺으면 주한미군 주둔에 대한 명분이 없어질 테니까요. 미국은 그냥 이 정도에서 상황이 나빠지지 않고 계속되는 것만을 바랄 것 같아요.

조예재: 근데 그게 피곤해진 게 뭐냐면, 오바마의 핵심 싱크탱크인 미국진보센터가 이미 북한을 핵 인정 국가로 올려놨어요. 그럼 정말 힘들어지는 거죠. 남북통일을 한다고 해도 한반도에 핵보유 국가가 생기는 거예요. 그럼 일본이 그냥 있겠어요? 대만은요? 핵 도미노가 일어나겠죠. 그러면 정말 풀기 힘들어지는 거죠. 동아시아 평화체제 같은 어떤 공동의 안보기구를 만드는 작업이 불가능해지고 있는 겁니다. 미국이 북한의 핵 체제를 인정하는 순간예요.

임승수: 북에서는 한(조선)반도의 비핵화를 김일성 주석의 유훈이라고 말하거든요. 단순히 북쪽의 비핵화가 아니고 조선반도의 비핵화인 거죠. 이것이 가능하려면 당연히 북미 양자 간에 평화협정을 맺어야 하지 않겠어요? 그런 맥락에서 이해한다면 북은 자신들이 보유한 핵무기를 통해서 결국에는 평화협정을 끌어내고 한(조선)반도의 비핵화를 통해 동아시아의 평화를 공고히 하는 데 기여하겠다고 생각하고 있는 것 같아요. 그런데 조예재 씨 얘기처럼 일본이 북의 핵보유를 빌미 삼아서 군대 보유와 핵무기 보유를 강하게 추진할 가능성이 높죠. 그런 의미에서 일본은 오히려 평화협정으로 가는 것을 반기지 않을 수도 있습니다. 앞에서 얘기했듯이 미국의 입장에서는 그저 현 상황이 적절하게 관리되는 것이 최선이라 여길 거고요. 결국 미국과 일본은 한(조선)반도의 긴장완화와 평화를 원하지 않는다는 결론이 나옵니다. 이러한 차이는 결국 대립구도를 형성하게 됩니다. 지금이 바로 그런 상황인 거죠.

안영민: 제가 보기에는 임승수 씨와 조예재 씨, 두 분의 의견이 다 공존하는 것 같아요. 그러니까 북한과 미국과의 관계를 중심으로 놓고 봤을 때, 북한 핵개발이 미국을 협상 테이블로 끌어냈다는 의견과 북의 핵이 동아시아 지역 차원의 평화문제에 곤란한 영향을 끼칠 것이다 라는 의견이 공존하고 있다는 거죠. 저는 남북한 문제, 한반도 문제에 대해서 잘 모르는데, 북이 핵을 가짐으로 해서 미국이 북한을 공격할 가능성이 많이 감소했다는 것은 사실이지 싶어요. 그렇다고 해서 이것이 곧 평화로 가느냐는 또다른 문제죠. 미국이 북한을 압박하는 수단을 크게 보면 군사공격과 경제봉쇄가 있을 수 있는데, 군사공격은 못 해도 경제봉쇄는 계속할 수 있거든요. 어쨌거나 결국 북한이 핵을 가졌느냐 안 가졌

느냐가 아니라 미국과 북한이 서로에 대해 어떤 정치적 입장을 가지고 있느냐에 따라 상황이 달라지지 않겠느냐는 생각이 들어요.

김애화: 동아시아에서의 경제적 측면을 중심으로 미국의 패권 약화에 대해 이야기를 좀 해봤으면 합니다. 사실은 아까 앞에서도 얘기했지만 한국이나 대만의 성장에 미국이 주요한 역할을 했죠. 솔직히 말하자면 미국이 한국과 대만에 대해 미국 시장을 열어줬기 때문에 경제성장이 된 거잖아요. 박정희의 5개년 개발계획 같은 것도 미국이 주도해서 같이 갔던 거고, 대만도 마찬가지였고요. 그래서 미국 중심의 산업구조를 이루었던 거죠. 미국에서 봉제가 필요하면 봉제공장 세우는 거고 자동차가 필요하다면 자동차공장 세우는 거고, 이렇게 수직적 분업구조를 이루어온 거죠. 그런데 현실이 바뀌고 있어요. 이제 실질적으로 객관적인 지표들이 변하고 있잖아요. 즉 수출이나 수입에서 한국과 중국과의 관계가 긴밀하게 변화하고 있어요. 이렇게 상호관계의 연관성과 수준이 높아지니까 동아시아 경제권이 동아시아 지역통합에 대해 얘기를 할 수 있게 된 거죠. 그렇다고 미국과의 관계가 단숨에 변할 수는 없겠지만요.

임승수: 우리나라도 지금 대對 중국 수출이 미국 수출보다 많다면서요.

김애화: 그렇죠. 우리나라 제1 교역 상대국이 중국이고 2위가 EU죠. 미국은 일본 다음 4위예요. 그렇지만 중국의 한국 투자가 대부분 미국시장을 겨냥한 것이란 점을 보면 중국과의 교역량이 늘어나고 중국으로의 투자가 증가했다고 해도 미국 시장이 여전히 중요하다는 것은 변함

이 없어요. 그런 반면에 중국과 유럽 등과의 교역량이 증가하고 있다는 것은 우리 경제의 변화를 의미하기도 합니다. 내가 이렇게 경제적 변화를 이야기하는 것은 지역주의가 성공하려면, 또는 다극화가 가능하려면 경제적 통합 또는 교역 정도가 어느 정도 전제되어야 하기 때문이에요.

그런데 문제는 동남아시아인 것 같다는 생각이 들어요. 그러니까 동남아시아 내의 교역 규모가 크지 않다는 겁니다. 유럽이나 다른 대륙에 비해서 교역량이 적죠. 유럽 내부의 교역량은 아마도 유럽 전체 교역량의 70퍼센트 정도일 겁니다. 그런데 아시아에서는 중국을 빼면 지역 내부의 교역량이 상대적으로 적어요. 그래서 경제적 측면만 본다면 아시아에서는 중국을 중심으로 한 통합의 가능성이 높아져요. 이런 점 때문에 미국과 일본의 협력관계가 높아지는 것 같습니다.

안영민: 경제적인 관점으로 여러 가지를 얘기할 수 있겠지만, 또 문화라든가 이데올로기 측면도 얘기해볼 수 있을 것 같아요. 예를 들면 요즘 중국어 많이 배우잖아요? 불과 얼마 전까지만 해도 한국 사람들은 중국 사람이라고 하면 되게 무시했어요. 저 떼놈들이라 하면서 더럽니 어쩌니 굉장히 무시했다고요. 그런데 이제 중국에 대해 그렇게 함부로 할 수 없는 것을 보면 중국이 세지고 있구나 싶어요. 물론 아직까지 한국에서 미국은 신화화된 존재죠. 시청 앞에서 태극기 흔드는 분들에게는 미국이 신이죠. 반면 많은 사람들의 머릿속에서는 변화가 일어나고 있어요. 예전에는 '미국은 강하고 그들의 말도 옳다'였는데 지금은 '미국이 강한 것은 맞는데 그들의 말은 틀렸어'라고 생각하는 경우가 늘어나는 거죠. 그래서 친미 쪽은 '그들의 말은 틀렸다'라는 생각에 대응하기 위해 공산주의를 써먹었잖아요. 그런데 지금은 테러리즘을 들고 나와

요. 그래도 이게 잘 안 먹혀들어가죠. 그래서 이데올로기적 측면에서 한국사회를 보면 미국에 대한 정서가 예전과는 좀 다르지 않겠냐는 생각을 하게 돼죠.

임승수: 맞아요. 요즘에 사회과학 책 같은 것도 반미를 얘기하면 잘 나가요.

조예재: 근데, 저도 몇 년 전까지만 해도 그렇게 생각했어요. 제2 외국어도 중국어, 일본어가 독어, 불어를 제쳤고, 젊은 사람들 사이의 교류도 많아졌고요. 그런데 막상 일본에 가서 어느 나라가 제일 좋아? 물으면 미국이래요. 북한은 일본에서 거의 '악의 화신'이고, 중국과 한국에 대한 감정도 결코 우호적이지 않아요. 중국에 가서 어디에 가고 싶니? 하고 물어보면, 압도적으로 미국이에요. 실제로 미국 대학은 다 동아시아 유학생들이 먹여살려요. 과에서 1~2등 하는 애들 보면 중국 학생 아니면 인도 출신들이고 3~4등 하는 애들은 한국이나 일본 출신이고. 그런 걸 보면 우리 관점에서 유리한 현상만 강조하지 말고 여러 측면을 같이 봐야 할 것 같아요. 영어 몰입교육만 봐도 그렇고 지금은 석박사만 미국 가는 게 아니잖아요. 어린 애들, 유치원생들조차 다 미국 가서 공부하거든요. 이런 것도 물밑에서 진행되고 있는 엄연한 흐름이니까요.

김애화: 그런데 미국에 대한 것과 영어는 좀 다른 문제 같아요. 물론 미국의 권력이 뒷받침돼서 영어가 이렇게 커진 게 있죠. 하지만 영어는 현재 전 세계적으로 공용되는 언어거든요. 중국 같은 거대 경제권도 친미적인 경제체제를 이뤘잖아요. 상황이 이러니 중국에서 영어 몰입교육 하는 거 자연스럽죠. 한국도 마찬가지고요. 앞으로도 더 필요할 거

예요. 그러니까 경제적인 측면이나 학술·과학기술적인 측면에서 영어는 필요한 거고 그것이 미국의 정치권력에 대한 선호라든가 미국의 문화에 대한 선호라고 보기는 힘든 것 같아요. 그리고 전 세계적인 소통 수단으로서 영어가 갖는 역할은 인터넷이 더 키운 것 같아요. 예를 들면 중국어가 기술적으로 인터넷하기가 굉장히 힘들거든요. 그러니 영어가 갖는 편의성에 관심이 있는 거예요. 그리고 또 드는 생각은 중국인들이 미국 정말 좋아하거든요. 그거는, 지금 이런 말 해도 되나? 한국이 경제성장 다 이뤄질 때도 미국 최고였거든요. 그거랑 비슷한 정서라고 생각해요. 동유럽에서도 미국이 최고예요. 왜냐하면 공산주의에 대한 약간의 피해의식이 있는 거예요. 그것에 대한 즉자적인 반대세력, 그게 미국이거든요.

조예재: 저도 전반적인 얘기에는 다 동의하는데, 꼭 그런 것만은 아님을 직시해야 한다는 거죠. 예전 대학교수들을 보면 1980년대에는 부끄러워서 미국에 못 나갔잖아요. 다 국내에서 공부했어요. 그런데 민주화된 이후에는 90퍼센트예요. 다 미국 유학파예요. 그 사람들이 한국을 이끌어가고 있고 그 사람들이 학생들을 가르쳐요.

김애화: 맞아요. 그런데 그 경향도 바뀔 거라고 생각해요. 학계만큼 보수적인 데가 없거든요. 그래도 느리지만 바뀔 거란 생각이 들어요. 미국으로 간다 해도 친미적 경향은 줄어들 것 같아요. 또 교육이라는 건 기간이 필요한 거예요. 그 사람들이 석박사 학위를 따는 동안의 기간이 필요하잖아요. 그러자니 학계의 변화는 금방 나타나지 않겠죠.

조예재: 지금이 다 그렇다는 거죠.

김애화: 그러니까, 미국도 신자유주의적 정권일 때는 학계도 전부 시카고학파가 장악했다고 하더라고요. 하다못해 케인스학파도 드물다고 그러더라구요. 그래서 우리나라 경제학자 대부분이 시카고학파인거죠. 그런데 지금 현지에서 누가 시카고학파의 공부를 하려고 하겠냐는 거예요. 한 7~8년 정도 양성기간이 필요하다는 거예요.

조예재: 학파의 문제가 아니라 동아시아 국가의 주류 엘리트들의 공급처가 미국 대학이라는 거죠. 일본, 중국, 대만 다 그렇거든요. 이곳에서 서로 소통하는 게 아니라 미국 캠퍼스에서 만나서 얘기한다는 거죠, 영어로.

김애화: 유학 가는 사람들은 이런 말을 하더라고요. 유럽으로 유학가려고 한 사람이 미국으로 바꿨어요. 왜 바꿨냐고 했더니 유럽에서 박사를 따고 와도 자리를 잡기가 너무 힘들다는 거야. 이미 유럽보다는 미국 교육에 더 많은 점수를 주나봐요.

조예재: 정권의 핵심을 장악하고 있는 사람들의 공급처도 1987년 이후에 오히려 더 미국에 심각하게 의존하고 있어요.

김애화: 조예재 씨 말이 맞아요. 그런데 그런 사람들이 아직도 다수라는 건 인정하지만 바뀌고 있다는 것을 나는 얘기하는 거고, 이 부분을 주목해야 한다고 생각해요.

안영민: 대표적인 게 작년 촛불집회였던 것 같아요. 그러니까 한쪽에서는 쇠고기도 문제였지만 미국이라는 나라의 힘과 신화를 깨고 싶어 했고, 다른 쪽에서는 쇠고기도 문제지만 미국이라는 신화가 깨지는 것을 막아보고 싶어 했죠. 그래서 미국산 쇠고기 시식회도 하고 그랬잖아요. 그러니까 미국에 대해서 쇠고기를 사이에 두고 양쪽에서 투쟁을 벌였던 거죠. 작년 촛불집회 때 청소년들이 많이 나왔잖아요. 미국에 가고 싶어 하고 능력만 된다면 미국으로 유학 가서 학위도 따고 싶지만, 그래도 억지로 미국산 쇠고기 먹으라는 미국은 싫다고 하는 청소년이 많았어요. 이 두 가지 마음이 지금 한국사회에서 공존하고 있지 싶네요. 궁금한 게 하나 있는데요, 미국이 북한을 군사적으로 쉽게 못 때리는 이유 중 하나가 북한도 북한이지만 사실은 그 위에 있는 러시아와 중국 때문이잖아요. 그러면 지금은 어떤지 궁금해요. 지금은 북한을 놓고 이들이 어떻게 하고 있는지, 러시아와 중국 그리고 미국이 어떻게 힘의 대결을 하고 있는지…….

조예재: 6.15 정상회담을 했을 때 그 나라들의 반응이 어땠는가를 보면 알 것 같은데, 러시아는 대단히 우호적이었어요. 북한이 남한과 경제협약을 맺고 미국 수출시장으로 달려가면 러시아도 좋은 거죠. 북한이 산업화 되면 천연자원을 많이 필요로 하잖아요. 그럼 시베리아에서 바로 보낼 수 있는 큰 시장이 하나 더 생기는 거죠. 근데 중국은 우려했어요. 사실 북한이 주도할 수 있는 상황이 아니기 때문에 결국 일본과 미국의 영향력이 확장돼서 국경을 맞대는 상황까지 갈 수 있겠다는 거죠. 그래서 나온 게 사회과학원이 주도했던 동북공정이죠. 동북, 그러니까 만주 지역은 확실히 자기 거라는 걸 학문적으로 정리해가는 거예요. 이미 역

사적인 경험이 있잖아요. 한반도 먹고 난 다음에는 만주까지 치고 올라 왔었죠. 그런 딜레마가 있는 것 같아요.

김애화: 그러니까 확실히 중요한 건, 한반도에서 미국과의 고리를 어떻게 끊느냐에 따라 중국과의 관계도 정리되잖아요.

조예재: 저도 그렇게 생각했는데요. 그게 묘한 게, 중국의 공산당 쪽 사람들 얘기를 들어보면 이 사람들이 또 미군의 철수를 원하지 않아요. 미군이 나가면 일본이 재무장한다는 거죠. 미군이 있어야 일본이 저렇게 눌려 있고 평화헌법 아래에 있는 거지, 미국이 아시아 이제 너네끼리 해봐 그러면 그때는 다시 일본이 커지고 부담스러워진다고 하더라고요. 그래서 자기네는 미군 나가라는 소리는 한 번도 한 적이 없다고요.

| 변화하는 정세 속에서 남한은

임승수: 어쨌건 동아시아의 정세도 여러 가지 의미에서 변화의 조짐이 보이는데, 긍정적인 측면도 있고 부정적인 측면도 있겠죠. 어쨌든 우리는 분단국이잖아요. 이런 상황에서 남한은 어떤 거 같은지, 그러니까 미국의 패권이 무너지고 있고 동아시아에서도 여러 가지 변화를 보이고 있는 상황에서 남한은 어떻고 우리는 어떻게 대처해야 할까요.

안영민: 한국사회가 미국을 중심으로 돌아간다는 얘기야 다들 잘 아는 거고. 대표적인 사건이 이라크 파병이나 아프가니스탄 파병이죠. 옛날

베트남 침공 때 한국군 수십만 명을 보내가지고 수많은 범죄들을 저질렀던 그 사건은 최고였고, 그 다음에 많은 군대가 갔던 게 이라크죠. 근데 사실 한국은 이라크에 대해서 별 생각 없었어요. 중동지역에서도 한국에 대한 인상은 좋았구요.

임승수: 아, 좋아요?

안영민: 좋았죠. 예전부터 건설 쪽으로 많이 갔고 악감정을 가질 이유가 없었잖아요. 경제적으로 성장했고 사회적으로도 민주화 됐고 그래서 인상이 좋죠. 그런데 군대를 보내고 하면서 안 좋은 이미지를 심어주고 있는 거죠.

조예재: 이번 예멘에서의 사건으로 나오는 거죠.

안영민: 이라크 파병 때는 현지 사람들도 한국군이 와 있다는 사실을 모르는 경우가 있었어요. 직접 전투를 벌인 게 아니었잖아요. 군인 숫자로 보면 미국, 영국 다음으로 3위였지만 북쪽의 쿠르드 지역에 있으면서 전투를 벌인 게 아니었기 때문에 사람들의 큰 미움을 받지는 않았죠. 그래도 미군을 지원했다는 것만으로도 미움 받을 만한 충분한 이유가 되는 거죠. 지금 이런 식으로 한국이 미국을 편들면서 다른 곳과 사이가 나빠질 일을 만들고 있어요. 좀 정신 차려야 된다 생각해요.

이라크 파병과 관련해서 인류애니 사회정의 문제니 하는 것은, 그건 기본이니깐 일단 그렇다 치자구요. 그런데 어떤 사람들은 파병 덕에 한국이 경제적으로 이득을 얻지 않을까 생각하거든요. 한번 봅시다. 자이

툰 부대가 4년 동안 이라크에 가 있으면서 쓴 예산이 공식적으로 한 7000억 원이래요. 그래서 그 돈이 얼마나 되는 건지 재미삼아 계산기를 두드려 봤어요. 7000억 원은 누군가 한 달에 100만 원씩 70만 개월을 모아야 해요. 5만 몇 천 년을 모아야 되는 거죠. 그러니까 벌어오기는커녕 주둔하면서 엄청난 돈을 쓴 셈이죠. 결식아동이 어떠니 장애인 교육문제가 어떠니 이럴 때마다 하는 말이 정부예산이 없다는 거잖아요. 근데 사실은 그 예산이 없는 게 아니고 다른 데 다 써버리는 거예요. 미국한테 다 퍼주느라고요. 한반도에 평화가 오면 미국은 사실 곤란하죠. 한국이 미국산 무기를 엄청 수입하고 있거든요. 이런 걸 생각하면 경제적인 측면을 보더라도 한반도의 평화는 중요해요. 미국 지원한다고 군대 파병하고 미국산 무기 사들이거나 하지 말고 그 돈을 아동·의료·교육·주택 등 사회복지를 위해 쓰자는 겁니다.

얼마 전에 예멘에서 한국인들 죽은 일이 있었잖아요. 사건 초반에는 언론들이 호들갑 떤 것과는 달리 이 일이 한국인을 노린 정치적 테러인지 뭔지 알 수 없었어요. 만약에 누가 정치적 목적을 가지고 폭탄을 터트렸다면 성명서를 발표했을 거거든요. 그런데 이번에는 그런 것도 없고 그냥 언론이 이렇다 저렇다 추측한 것들이죠. 한국인에게 폭탄을 터트릴 이유가 뭐가 있을까 가만히 생각해봤는데, 이라크 파병이 있더라고요. 그게 사실이든 아니든 한국인 자신도 이미 알고 있다는 거예요. 한국이 이라크에 군대를 파병함으로써 불이익을 당할 거라고 스스로 생각하고 있다는 겁니다. 도대체 남 괴롭히고 자기도 피해볼 짓을 왜 하냐는 겁니다.

전쟁이든 뭐든 해서라도 석유를 가져와야 하지 않겠냐고 하는 분이 있는데 이건 상당히 문제 있는 사고죠. 꼭 강도짓을 해서 석유를 가져와야 합니까? 그럼 지금 가져오는 석유는 다 전쟁해서 가져오나요? 그렇지 않죠. 다 돈 주고 사오는 겁니다. 근데 왜 굳이 전쟁에 개입해서 석유를 가져와야 한다고 생각해요? 한국이 앞으로도 중동지역과 잘 지낼 수 있으면 합니다.

임승수: 세계는 점점 바뀌고 있고 파병을 비난하는 전 세계의 목소리는 높아가는데, 우리 정부는 역주행을 하고 있군요.

안영민: 노무현 정부 때 한국정부가 이라크에 파병을 했는데요, 그때 유시민이 했던 얘기가 뭐냐면, 우리가 미국의 요구를 하나 들어줘야 남북관계에 있어서도 미국이 우리 요구 하나를 들어주지 않겠냐는 겁니다. 발언의 사정이야 어쨌든 국제정치는 절대로 그렇게 돌아가지 않아요. 미국이 '우리가 하나 받았으니까 너희한테도 하나 줄게'라는 생각한다면 그건 이미 미국이 아니죠. 당시 한국군이 파병을 하든 말든 간에 북한과 미국과의 관계는 변화가 없었어요. 변화가 생겼던 건 북한이 핵실험을 했을 때죠. 미국은 자기 이익에 따라 한반도 문제를 다루는 거지 한국이 어찌한다고 해서 움직이지는 않아요.

임승수: 요즘 보면 이명박 정권이 기존 남북 간의 합의를 다 무시하고 있잖아요. 6.15선언이나 10.4선언을 깡그리 무시하면서 적반하장 격으로 모든 책임을 북에 돌리고 있어요. 사실 문제는 이명박 정권이 기존 남북 간 합의들을 무시하니까 북쪽도 너희가 그렇게 나온다면 우리도 기존 합의를 이행할 의무가 없다 라고 하면서 상황이 어려워지는 거잖아요. 상황이 이런데도 대통령이란 사람은 아예 대놓고 흡수통일로 해석

될 만한 얘기들을 여기저기서 늘어놓고 다니니, 과연 이런 행동이 우리 민족에게 도움이 되겠냐는 거예요. 이렇게 조성된 위기는 결국 미국이 개입할 수 있는 여지를 만들고 이것을 통해서 주한미군을 더 안전하게 모시게 되지 않겠어요? 미국 패권이 무너지고 다극화체제가 형성되면서 뭔가 다른 지형이 열려야 됨에도 불구하고 MB가 이런 짓을 하고 다니면서 미국이 개입할 수 있는 여지를 더 열어주는 거잖아요. 이렇게 되면 일본은 잘 모르겠지만 적어도 중국이나 러시아는 굉장히 MB를 불편해할 것 같거든요?

조예재: MB가 그런 문제에 대해서 심각하게 고려할 만한 비전이 있는 것도 아니고, 그나마도 다 파악되어 있기 때문에 MB 정권에 대해서 저는 별로 논평할 큰 가치가 없다고 생각해요. 어디 가기만 하면 사고치잖아요.

안영민: 독자들을 위해서, 어떤 사고를 치는지……. 하하하

조예재: 일본에서는 천황이나 독도 관련 코멘트 같은 게 있었고, 중국에서는 후진타오가 대놓고 얘기했잖아요? 한미동맹 그거는 냉전시대 유물이다, 아직도 그런 거 하냐, 그런 식이었고, 러시아는 정상회담 일정을 받아주질 않았죠. 상당히 모욕적인 거죠. MB는 노골적으로 미국 쪽으로 가요. 외교는 내 패를 다 드러내놓고 하는 게 아닌데, 하수도 이 정도 하수가 없죠.
　전 동아시아 정세에 있어서 남한의 역할을 주의 깊게 봐야 할 필요가 있는 건 노무현 정부 때라고 생각해요. 동아시아 시대를 열겠다고 한

정부인데 결론은 이라크 파병과 한미FTA로 났거든요? 이게 분단국의 딜레마를 적나라하게 보여주는 대목이죠. 5년 동안 이렇게 바뀐 것을 어떻게 봐야 할까. 국내정치적 요인으로는 탄핵 이후에 정권 내부의 역학관계가 바뀌면서 친미파들이 득세한 것도 있지만, 또 하나 중요한 것은 이른바 중일 샌드위치론이죠. 우리가 중국과 일본 사이에서 살아남을 방법을 찾아야 한다는 거고, 그 타개방안으로 미국을 선택한 거거든요. 이건희가 얘기한 것이기도 하고. 그러면서 한미FTA로 간 거예요. 이걸 잘 조율해야 돼요. 한국이 일본과 중국과의 관계를 어떻게 잘 조율해나가느냐에 따라서 탈미를 할 수 있는 건데, 일본과 중국과의 관계가 틀어지면 틀어질수록 한국은 계속해서 미국 쪽으로 가는 거예요. 1945년 이후로 계속 그랬던 거죠.

김애화: 협상을 시작할 때 한미FTA는 경제적 효과보다는 미국과의 전략적인 동맹관계 강화, 또는 새로운 동맹관계 수립을 위해서 중요하다고 대통령 자신이 설명했었죠. 그러다가 나중에는 그 문제에 대해서는 별 얘기 안하고 경제적인 효과만 얘기했죠. 처음엔 중국과 하려고 하다가 전략을 수정했잖아요. 한중관계와 한미관계 중에서 한미관계에 충성심을 보여주는 구상이었던 거죠.

임승수: 그러니까 조예재 씨의 얘기는, 어차피 중국과 일본은 결국에는 동아시아에서 항상 서로 아득바득할 수 있는 관계이기 때문에 우리가 동아시아에서 주도적으로 중간자적인 역할을 잘해야 된다는 의미잖아요. 근데 저는 노무현 정부는 오히려 거기서 자기가 주도하는 모습을 보임으로써 '넌 뭐냐?' 이런 취급을 받은 것 같아요.

조예재: 중요한 것은 한국에서 중일 샌드위치론이 먹힌다는 거예요. 중국과 일본 사이에 우리가 낀다, 출로가 없다, 그러니 미국을 잡아야 된다 라는 논리가 먹혀들어간다는 거죠.

임승수: 실제로 노무현 정부가 그 무슨 동북아 허브, 뭐 이런 얘기를 하면서 중국과 일본에서 웃음거리 당한 경우도 있잖아요.

조예재: 그런 측면이 있죠. 중국이나 일본에서 생각했을 때…….

임승수: 그런 부분에서 우리가 포지션을 굉장히 잘 잡아야 하고 능수능란해야 하겠네요. 여기서 뭔가 그런 지형을 만들려면…….

조예재: 쉬운 게 아니죠. 우리가 밖에서 비판하긴 쉬운데 직접 그 일을 추진하게 된다면 그건 또 얘기가 다르죠.

김애화: 근데 저는 이런 생각도 드는데, 가당치 않다는 생각이 좀 들어요. 맨 처음에 한국정부는 동아시아에서의 중재적인 입장을 자임해왔죠. 이건 대단히 가당치않은 얘기라는 생각이 드는 거예요. 왜냐하면 자기 권력, 힘이 있을 때에 조정적인 힘을 가질 수 있거든요. 그런데 한국이 어떤 힘을 근거로 해서 조정역할을 할 수 있냐는 거예요. 미국이라는 구도에서 벗어날 수 없는데 중국과 어떻게 무엇을 딜 할 수 있겠어요. 전 그냥 정치적 구호라는 생각이 들었어요. 그리고 샌드위치론은 우리에게만 있는 게 아니잖아요. 다른 나라들도 경제적 열위를 강조하면서 많이 사용하는 논리거든요. 다만 중요한 것은 이에 쉽게 동의하는

국민들의 정서죠. 대안이 없기 때문이에요.

임승수: 제가 그동안 중남미를 죽 봐오면서 느낀 게 뭐냐면, 가장 중요한 건 가치관이더라요. 지금 중남미가 그렇게 엄청난 속도로 통합이 되는 이유는 모두 좌파적 가치관을 공유해서 그런 거예요. 서로 공유하는 사상과 가치관이 비슷하니까 그냥 가는 거예요. 그런데 방금 얘기하셨다시피 그렇지도 않은 상황에서 여기서 중간자 역할을 한다, 그것도 남과 북으로 갈라져 있는 약소국이……. 중간자적 역할이라는 것이 단순히 우리가 그렇게 하겠다고 해서 되는 게 아니라 각 나라에 어떤 정권이 들어서고 그 정권이 어떤 방향으로 나가고 있느냐도 굉장히 중요하겠죠. 그런데 남의 나라 군대가 버젓이 들어와서 주인 행세하고 있는 나라에서 우리가 동북아 허브 하겠다고 하니 일본이 보기에도 중국이 보기에도 얼마나 우스웠겠어요. 제 앞가림도 제대로 못하는 놈이 나서가지고 중간자 한다고 하니까 우선 웃기겠고 먹히지도 않는 거고……. 결국 우리의 우선적인 과제는 자주적인 나라가 되는 거겠죠. 그래야지 남도 좀 인정을 해주겠고…….

안영민: 어떤 방식으로든 동북아시아에 지역기구를 만들 수는 있겠죠. 어떤 성격이냐가 문제인데 제가 보기에는 중국, 북한, 남한, 일본 다 우파정권이잖아요. 우파정권들이 자기 구역을 관리하고 있는 상황이죠.

임승수: 어쨌건 저는 현 정세에서라도 서로 공동의 이익을 포괄하면서 그것이 전체 진보적 방향과 맞는 것이 있다면 추진해야 될 필요가 있다고 봐요. 그것이 현실 위에 발을 딛고 앞으로 전진하는 고민이 아닐까요.

조예재: 저는 노무현 정부가 동북아 세계를 열겠다, 중간자가 되겠다고 한 건 바른 지표였다고 생각해요.

김애화: 어떤 점에서?

조예재: 우리가 아니면 그걸 누가 할 수 있어요? 중국이 '우리가 할 거다' 그러면 누가 따라 오고…….

김애화: 누가 돼야 된다는 건 없죠.

조예재: 아니, 그러니까 모일 수 있는 역할을 우리가 해야 한다는 거죠. 우리가 패권국이 될 가능성은 없잖아요. 베이징이나 도쿄에서 모이자고 하면, 다들 경계할 수 밖에 없죠. 그래서 우리가 징검다리 역할을 해야 하고, 그걸 한국의 소프트파워로 만들어가야죠. 그런데 왜 안 되냐? 중남미는 이념적 가치관을 공유한다, 그런 것도 있지만 중요한 건 중남미 내부에서는 제국과 식민의 관계가 없었어요. 하지만 동아시아는 대중화大中化가 있었고, 대동아大東亞가 있었죠. 중일 샌드위치론이 통했던 때는 2005년 일본과의 역사 갈등이 절정이었던 때예요. 고이즈미가 야스쿠니 신사에 계속 가던 때거든요. 그런 분위기에서 한일FTA를 어떻게 해요. 물밑에서 프로그램이 거의 다 짜여 있었거든요. 한일 먼저 가고 중국까지 가서 동아시아 경제공동체 만들어보자 했는데 여기서 탁 틀어진 거죠. 그리고 중국은 한반도의 남과 북이 서로 가까워지니까 동북공정 시작했잖아요. 만주를 지켜야 되니까. 일본 애들, 미국 애들이 밀고 온다면서. 그러니까 중국이랑도 안 되는 거죠.

중일 샌드위치론이 먹히는 역사적인 배경이 있는 거죠. 그게 해결되지 않으니까 미래지향적으로 뭘 해보려고 해도 발목이 잡히는 거예요. 그 역내 갈등을 통해서 미국은 계속 동아시아를 분리 통치할 수 있는 거고요. 내부에 서로 갈등구조가 있으니까요. 중국도 일본 때문에 미군 나가라고 안 하고, 이런 게 있는 거예요. 그래서 더 서로 자주 만나고 해야 되는 건데, 역사 갈등이라는 게 엄청나게 심한 것 같아요.

| 민중세력 간 연대

김애화: 그런데 좀 다른 접근이 필요하다는 생각이 들어요. 한국은 동북아시아, 한중일 관계만을 중심으로 보는 시각에서 벗어나야 해요. 제가 지난주에 방콕에서 열린 아세안민중회의를 갔다 왔잖아요? 아세안정상회담에 대한 대항포럼이에요. 동아시아에 대한 고민을 하다 보니 아세안민중회의에 꼭 참가하고 싶었어요. 초대 안 했어도 가려고 했는데 다행히 주최단체에서 초대해줘서 가게 됐죠. 제가 거기서 엄청나게 감동을 받았거든요. 물론 정부 간 회의가 아니고 민중 간 회의죠.

동북아시아에는 이런 모임이 없어요. 이런 식의 틀조차 없어요. 대항할 수 있는 정부 간의 실체가 없잖아요. 그러니까, 예를 들어서 동북아 세 나라가 모이는 회의가 정기적으로 열리면 그런 대항회의가 열리겠죠. G8 회의가 열리면 G8 민중회의가 열리는 것처럼요. 그런데 우리는 정부 간 회의가 없으니 민중회의도 없는 거죠. 아세안은 그 정부의 성격이 어떻든 간에 공식적인 기구가 있으니 그 대항회의가 열리는 거잖아요.

아세안민중회의에서는 세계적인 회의보다 공감할 수 있는 얘기를 많이 들을 수 있었어요. 그리고 그 속에서 중국과 일본 관련 논쟁이 많았고요. 중국의 경제적인 실체들이 동남아시아를 장악하고 있으니까 중국에 대한 얘기를 어디서든 하는 거예요. 이게 아세안회의가 아니라 동아시아회의인 것처럼요. 중국과 일본이 그만큼 영향력이 있으니까요.

그럴 때 그런 생각이 들었어요. 왜 우리는 동북아만 생각할까? 한국이 동북아시아가 아니라 동남아시아를 끼고 사고한다면 한국 민중의 입장이 더 유리한 게 아닐까 하는 생각이 드는 거예요. 그러니까 다 작은 나라잖아요. 쪼끔쪼끔 작은 나라들인데 그들과 연대하면서 중국이나 일본을 견제하고 이러면서 더 영향력을 줄 수 있지 않을까 하는 단순한 생각이 들더라고요. 작은 나라와 연대하면서 그들이 가지고 있는 힘을 결집하는 남반구 민중적 관점이 필요한 것 같아요.

나쁠 것 하나도 없잖아요. 물론 이제 MB는 빼고요. MB 정부가 아니라는 전제에서 지금 얘기를 하는 거예요. 최소한 민주당이 들어서고 민노당이 힘 있는 파트너가 될 정도의 권력구조를 가진다면 고려해볼 만하지 않을까요? 아세안과 연대하는 쪽이 중국과 일본에 대해 아까 얘기했던 조정자적 역할을 더욱더 해낼 수 있을 것 같아요. 그리고 저는 민중 간의 연대는 동북아시아보다 아세안이 앞서고 있다고 생각해요. 그래서 아세안과 어떻게 연대할 것인가가 사회운동에 있어서 굉장히 중요하다는 생각이 들어요.

임승수: 어쨌건 동아시아에서 그런 틀이 만들어지는 것이 중요하지 않은가요?

김애화: 그러니까 아세안 플러스3ASEAN+3이 있잖아요. 근데 이게 약간

비공식적으로 되고 있는 거죠. 이것을 공식화시켜내는 것이 필요해요. 공식화시키면서 풀면 돼요. 그래서 이 속에서 최소한의 무엇을 만들어낼 수 있도록 하면 되죠. 또 우리가 대항세력들을 만들어내는 것이 필요하고요.

임승수: 조예재 씨 같은 경우에는 동아시아의 학자들과 활발하게 교류하는 것으로 알고 있는데, 만나면서 느낀 점이 있나요?

조예재: 한 가지 하고 싶은 얘기가 있습니다. 그런 모임을 비교적 자주 가는 편인데, 대부분 각 지역의 좌파 지식인들이죠. 그래서 같이 얘기하고 술 마시고 하면 잘 통하고 금방 동아시아 공동체가 될 것 같고, 좋아요. 그런데 제가 한 2년 동안 돌아다니면서 느끼는 건 공중전만 해선 안 되는구나, 맨날 비행기 타고 왔다 갔다 하면서 술 마시고 으샤으샤 하고 그런 게 중요한 게 아니구나, 우선 각 나라에서 자기 나라를 변혁시킬 수 있는 역량이 돼야겠구나 그런 겁니다. 그런데 제가 볼 때 일본은 그런 가능성이 1퍼센트? 저희들과 어울리는 지식인들 정도? 그리고 중국 쪽도 3퍼센트 될까? 대만도 뭐 마찬가지고. 그나마 한국은 조금 낫죠. 그 정도 수준이에요. 그래서 그런 얘기들을 많이 해요. 우리 이제 공중전 그만하고 지상전으로 들어가야 한다고. 내부개혁이 정말 중요하고 그걸 통해서 지역통합으로 가야 되는, 지금은 정부들이 다 우파정부라서 그런지 모르겠지만 겉도는 운동이 많아요.

임승수: 저는 고민이 되는 게 뭐냐면 그런 국제연대를 잘하려면 아무리 봐도 결국에는 몇 나라에서 그 나라의 정치세력들이 커나가고 힘을 잡

아야 되잖아요. 국제연대가 정말 잘된다는 것은 그러한 활동이 다른 나라의 긍정적 변화에 도움이 돼야 하는 거잖아요. 이렇게 실질적인 방식으로 도움을 주는 것이 국제연대가 정말 도움을 주는 것 않을까요? 그렇지 않으면 이건 정말 안면 위주의 사업이 돼버릴 수 있다는 생각이 들어요.

김애화: 맞아요. 저 나름대로 한미FTA 반대투쟁 때 자부심을 느꼈던 건 대중적인 결합을 가지고 연대했다는 겁니다. 예를 들어서 한미FTA 반대투쟁 때는 미국의 노동조합 AFL-CIO가 스스로 절박하니까 붙어줬고, 한일FTA 반대투쟁 때는 일본 노동자들이랑 연대했어요. 그런데 한중FTA 할 때는 문제가 되겠죠. 아세안민중회의에서 들었는데, 중국이 필리핀 토지를 100년 동안 리스 했는데 그것이 필리핀에서 커다란 사회적 이슈가 됐나봐요. 그런데 필리핀 단체들만 떠든 거예요. 중국에 연대할 단위가 없는 거야. 사실 국제연대를 했다 안 했다의 문제가 아니라 국제연대를 하면서 서로 경험도 교류하고 자체 역량을 강화하는 데 도움도 받거든요. 그런데 상대가 없는 것은 진짜 좀 문제가 되겠죠.

조예재: 중국과 민중연대 얘기할 때 참 어려워지는 문제가 우리나라에서도 멜라민 파동 있었잖아요. 같은 시기에 일본에서는 농약만두 때문에 장난 아니었어요. 다 중국산이었죠. 그런데 자세히 보면 그게 다 글로벌 기업들이에요. 다국적 식품기업들이 아웃소싱을 해서 중국으로 간 거죠. 그게 무슨 얘기냐 하면, 중국의 노동권을 강화해주고 보호해주면 한국과 일본의 물가가 상승하는 시스템이라는 거예요. 우리가 1000원짜리 김밥 등으로 저렴하게 먹고사는 식생활이 유지되는 건 중

국의 저임금 노동력 덕분이라는 거죠. 그러니까 중국 노동자들을 보호해주고 농민들을 보호해주면 우리 서민들의 삶이 더 팍팍해지는 걸 감수할 수 있어야 해요. 그래서 동아시아 간의 분업체제가 중요해지는 거죠. 지금 형성된 산업구조를 어떻게 공동으로 재편해갈 수 있을까요. 서로 윈윈할 수 있는 구조조정을 해나가야 되겠고, 물론 어느쪽에서는 분명히 피해가 있어요.

김애화: 그런데 그런 문제는 국제연대 측면이 아니라 우리나라에도 있었거든요. 예를 들어 1970~80년대 박정희 때, 경제성장 이룰 때에 그랬어요. 저임금하고 쌀 수매가격을 연결시킨 거죠. 물가안정과 연관시키는 거거든요. 그거는 노동자와 농민 양쪽 다 죽이는 문제였다고 생각해요.

안영민: 맞아요.

김애화: 정부는 농민들에게, 쌀 수매가격을 올리면 결국 물가가 상승할 수밖에 없다고 얘기했죠. 그리고 노동자들에게는, 임금을 올리면 물가가 올라가고 쌀 수매가도 올라간다고 얘기했거든요. 그런데 진짜 정부의 말대로 진짜 그렇냐는 거예요.

임승수: 자본가의 이윤을 줄이는 방식으로 가는 게 맞는 건데…….

김애화: 그렇죠. 그렇기 때문에 그런 문제는 오히려 제3세계의 소비자와 중국의 노동자들을 대립시키는 문제라고 생각해요.

조예재: 그러니까 그런 걸 규제할 수 있는 분업 시스템을 동아시아 단위에서 만들어야 한다는 거죠. 우리나라 식량의 거의 80퍼센트가 중국에서 오잖아요. 일본도 70퍼센트예요. 이미 먹거리의 대동아공영권이 만들어진 거예요. 서로의 식량을 먹고 있는데 여기에서 어떤 공동의 시스템을 만들어가야 되는 거죠.

김애화: 그거는 동의.

임승수: 그런데 각 나라의 산업구조 자체가 개편돼야 하는 것도 있죠. 그런 측면에서 우리나라가 FTA 하면서 농업, 이거 포기하는 건 정말 큰 문제라는 생각이 들거든요? 이게 우리나라가 농업 할 조건이 안 돼서 안 하는 것도 아니고 한동안 엄청난 농업국가였는데, 지금 세계적으로 식량위기가 대두하고 있는 상황에서 이러면 안 된다고 봐요. 그러한 왜곡된 분업체계를 넘어서 각 나라가 먹거리를 스스로 해결할 수 있는 시스템을 만들어야 한다고 봐요. 식량주권 문제가 화두가 되기도 하잖아요.

김애화: 저는 이런 생각이 들어요. 한국이나 대만은 수출지향적인 구조고 이미 정착됐다. 산업구조를 변화시켜야 된다는 말은 농업을 다시 활성화시켜야 된다는 말인데 농지가 어디에 있냐는 거지요. 땅이 없다는 거야. 우리 자급률이 현재 25퍼센트잖아요. 여기서 쌀을 제외하면 10퍼센트도 안 돼요. 그런데 한 귀농본부 목표가 1000만 명 귀농인 양산이거든요. 이들의 주장은 1000만 명의 농사꾼이 새로 만들어져야 한다는 거죠. 그래야 자급자족이 가능하다는 겁니다.

임승수: 그렇다면 농사를 지어야죠.

김애화: 현재 농민이 350만 명밖에 안돼요. 그리고 땅은 있나 하면 땅도 없어요. 이미 MB가 토지규제를 더 풀었잖아요. 그러니까 전면적으로 바껴야 된다는 거예요. 어떻게 해야 되는 거죠? 1000만 명의 인구가 농사를 짓는다는 것은 몇몇 도시를 다시 엎어버려야 한다는 논리거든요. 이랬을 때 저는 딱 지역주의가 생각나는 거예요. 뭐냐면, 이미 우리는 수출지향적인 산업구조로 가버렸다. 그러니 이걸 전면적으로 바꾸긴 힘들겠죠. 또 21세기의 혁명에서는 전면적인 개혁, 이런 것은 힘들다는 거예요. 그럼 어떻게 해야 하냐면 미국 중심의 수출구조를 근거리 무역구조로 바꾸고 아시아 내에서 분업하면서 제조업 등을 줄여야 하지 않겠느냐는 거예요. 그랬을 때 아시아의 연대가 필요한 거죠. 그런 의미에서 아시아의 지역연대라는 것은 수출산업적인 구조를 서서히 변화시킬 수 있는 기반이 되겠다는 생각이 드는 거예요.

어차피 아시아도 나름대로, 태국 같은 데는 아직까지도 농업국가잖아요. 인도네시아도 아직 농민이 다수고, 중국도 농업인구가 절대적으로 많아요. 중국도 언제까지나 수출지향적인 제조업 중심구조가 될 수는 없을 겁니다. 중국 농민들이 상당히 잠재적인 불만세력이거든요. 그래서 중국 공산당들이 전략을 바꾸고 있어요. 농업과 농민에 대해서 새로운 정책을 세우고 있는 것으로 알고 있어요. 저는 남한의 식량주권 해결을 위해서 우리나라의 산업구조를 변화시키고, 아시아 내에서 공조하고, 또 하나는 통일을 이루는 것이 중요하다고 생각해요. 식량 자주는 통일농업이 기반이 되지 않으면 완성할 수 없어요.

실제로 우리나라에서 누구나 식량자주권을 얘기해요. 일반 사람들까지도. 오히려 식량안보라고 해서 이를 굉장히 중요시하거든요. 이거는 굉장히 중요한 이슈고, 이거를 딱 잡고서 가는 게 중요해요. 그리고 이 이슈를 통일까지 연결해야 하고, 아시아 지역연대로 연결해야 한다고 생각해요. 그래서 저는 굉장히 중요한 문제는 식량문제라고 생각해요. 아시아 내에서 식량헌장을 만들려는 사람들도 있더라고요.

임승수: 그렇죠. 누구나 공감할 수 있는…….

김애화: '평화'도 연대하기가 굉장히 좋은 이슈지만 '식량'은 기층을 끌어당기면서 같이 할 수 있고, 적극적으로 다국적기업과도 결별할 수 있는 이슈죠.

안영민: 흔히 지역 차원의 국제연대라고 하면 그 지역 안에서 발생한 문제를 해결하기 위한 연대를 생각하잖아요. 그런데 저는 팔레스타인과 관련해서 활동하면서 일본에서 팔레스타인 연대운동을 하는 사람을 만난 적이 있어요. 그러니까 다른 지역에서 벌어지는 문제를 풀기 위한 지역 차원의 국제연대도 생각할 수 있다는 거죠. 파키스탄에서 큰 지진이 났을 때 쿠바에서 의료지원을 한다든가 하는 것처럼 여러 가지를 생각할 수 있잖아요. 이렇게 폭을 넓히면 어떨까 싶어요.

임승수: 그런 의미에서 일극체제가 무너지면서 다극화체제 못지않게 주목되는 것이 지역 차원을 넘어선 연대인 것 같습니다. 정부 간 연대뿐 아니라 민중세력 간 연대도 폭과 깊이가 비약적으로 발전할 듯한데, 이에 대한 의견을 얘기해보면 어떨까요.

저도 지역을 넘어선 연대에 대한 분위기를 많이 느끼는데요. 북한(조선)이 베네수엘라에 대사관을 설치했어요. 그러면서 북한(조선)과 베네수엘라 사이에 다양한 층위에서 교류가 활발해지더라고요. 그뿐 아니라 중동에 있는 이란이 중남미 좌파국가들의 공동체인 ALBA에 옵서버로 들어가 있어요. 러시아는 남미안보협의회, 거기 옵서버로 들어가려고 하고 있어요.

안영민: 베네수엘라가, 그 어디지? 이슬람회의기군가? 아랍연맹인가? 어디 옵서버로 들어가 있는데……

임승수: 그게 그러니까, 지역 차원을 넘어서 가치관을 중심으로 하는 반제국주의 차원의 연대 같은 것? 이런 것이 우리가 생각하는 이상으로 굉장히 끈끈하게 가고 있다는 느낌이 들어요. 그래서 이란, 베네수엘라, 북한(조선) 이런 식의 동맹이 생각 이상으로 탄탄해지는 것 같고, 실제로 유엔 같은 데서 공조를 하거든요. 그리고 비동맹회의에서 결의한 사항을 실천하려는 나라들의 움직임도 느껴지고요. 유엔 개혁 얘기도 비동맹회의에서 논의된 거예요. 그러고 나더니 유엔 내부에서 비상임이사국 확대문제부터 미국에 대한 조직적 성토까지 실제로 일이 벌어지고 있는 거죠.

사실 지역주의도 있지만 그것을 넘어선 반제국주의 연대가 굉장히 강화되고 있어요. 이 부분은 꽤 중요하고요. 특히 반제국주의 연대에서는 더욱더 중요하게 봐야 할 게, 민중운동적 성격이 강하거든요? 그렇기 때문에 이 부분에 대해서 우리가 간과해선 안 되겠다는 생각이 많이 들어요. 그 입장에 대해서 좀 하실 얘기가 있으실 것 같은데……

안영민: 남미 같은 경우는 언어·문화·역사적으로 공유할 수 있는 게 있고, 유럽도 뭐 기차타고 왔다 갔다 해도 되지요. 그런데 가령 한국이 태국과 뭘 하려고 하면 일단 말도 잘 안 통하잖아요. 그런 차이가 있는 것 같아요. 그래서 말인데요, 이미 인터넷이 왔다 갔다 하고 비행기가 날아다니는데 꼭 지역이 가까워야 할까요? 방금 말씀하신 것처럼 어떤 사상과 어떤 가치를 가지느냐가 핵심 문제인 것 같아요.

임승수: 옛날에는 일본의 적군파가 팔레스타인의 무장투쟁에 연대했었잖아요. 하지만 그런 적군파의 운동의 한계는 자국인 일본도 못 바꾸는 상황에서 그런 식으로 연대한 거잖아요.

조예재: 일본 좌파들의 특징이죠. 일본을 바꿀 수 없기 때문에, 그렇게 가는 거죠.

임승수: 아, 일본 좌파들의 특징이다?

조예재: 일본은 전후 60년 동안 변한 게 거의 없어요. 민주주의 국가에서 한 정당이 60년 동안 집권하니까요.

임승수: 아, 그런 좌절감이 그렇게 표출된다?

김애화: 일본은 굉장히 개별적으로 표출하는 것 같아요.

안영민: 사우디아라비아, 이란, 이라크, 쿠웨이트, 아랍에미리트연합 등

국경을 쭉 맞대고 있는 이 나라들이 전 세계 석유매장량의 약 58퍼센트 정도를 갖고 있어요. 여길 잃어버린다면 미국이 현재의 패권을 유지할 수 있을까 싶어요. 반제국주의적 관점에서 본다면 미국의 패권을 흔들 수 있는 핵심 고리들이 존재한다는 거죠. 중동에서 미국의 힘을 약화시키는 것이 전 세계적으로 미국의 패권을 약화시키는 길이 될 수도 있다고 생각합니다.

김애화: 그 말은 동의하는데 지금 여기서 지적하고자 하는 점은 다른 것 같아요. 어떤 전략적 요충지에 대한 이슈, 그런 것에 대해서 간과해선 안 돼죠. 인권적인 문제에 있어서 멀리 있다고 해서 우리가 멀리 해서는 안 되고, 할 수 있는 한 우리가 최대한 공격하고 이슈화시키는 것은 옳다고 생각해요. 그런데 문제는 적군파 문제는 그게 아니었다는 거예요. 팔레스타인 문제에 개입했다는 게 문제가 되는 게 아니라 그 문제를 어떻게 풀어갔냐는 점에서 비판이 있는 것 같아요. 민중과 함께하지 않았다는 거죠. 팔레스타인 이슈를 어떻게 할 것이냐? 여기서는 한국 사람들한테 이 문제가 얼마나 중요하고 얼마나 전략적 의미가 있는지 알리고 같이 해나가는 것이 중요하다는 거예요.

안영민: 제가 초등학교에 강의를 가서 느낀 것 가운데 하나가 초등학교 교실에서 팔레스타인과 이라크의 자유와 해방에 대해서 토론하고 같이 얘기할 수 있는 사회가 정말 좋은 사회지 않을까 싶더라고요.

김애화: 그렇죠. 그런 거 같아요. 국제연대는 그런 거라고 생각해요. 해외에 나가지 않아도 국내에서 국제적 이슈에 관심을 갖는 것이 국제연

대라고 생각해요.

임승수: 그 상황을 사람들이 이해해주고 그 사람들에게 지지를 보낼 수 있게 만들고…….

안영민: 그렇죠. 꼭 비행기를 타고 가야 되는 게 아니고…….

임승수: 적군파는 일본 사람들을 설득하는 게 아니라 비행기 타고 가서 거기에 한 명 더 보태주는 방식으로…….

김애화: 그런 거죠. 이거는 별로 중심적인 얘기는 아니지만, 제가 요즘에 국제연대활동을 하면서 느끼는 건데, 많이 변했어요. 옛날에는 주로 영어 잘하는 사람들이 국제연대를 했거든요. 그런데 요즘은 아닌 것 같아요. 요번에 아세안회의에 갔는데 영어가 안 되는 건 아니지만 충분하지 않은 사람들도 자기 활동경험과 기반을 가지고 참가한 경우를 많이 봤어요. 그리고 정말 어느 나라나 국제적 이슈가 일상적인 활동에 많이 결합되는 것 같아요.

조예재: 제가 보기엔 그런 움직임이 새로운 현상은 아닌 것 같아요. 원래 있었던 게 복원되는 건데, 20세기 초에는 다 그렇게 운동했었거든요. 제국주의 시대였으니까 다 그렇게 했는데, 문제는 1945년 이후에 신생 독립국가들이 생기면서 그런 걸 안 가르쳤던 것 같아요. 우리나라 국사를 봐도 그렇고 중국사를 봐도 다 같이 운동을 했었는데, 그런 점이 생략되어 있죠. 1920년대 도쿄에는 아시아의 좌파들이 다 모여 있었거든

요. 서로 공부모임하고, 토론하고, 함께 고민하고, 그러다 일본이 1930년대 파쇼화되면서 다시 상해로 가서 같이 운동하고 연대하고, 결국은 아시아 민중이 다같이 항일운동한 거 아니에요? 조선, 중국, 베트남, 동남아까지. 그런 게 분명히 있었는데, 그게 냉전시대 때 다 잊혀져버린 거죠. 냉전구도로 딱 나눠지니까. 그게 다시 복원되는 과정인 것 같아요.

안영민: 팔레스타인 길거리에 가면 체 게바라 기념품을 많이 팔아요. 그러니까 이제 쿠바혁명의 상상력이 바다를 넘고 물을 건너 곳곳에 있는 거죠.

| 우리의 과제

임승수: 세계가 급격히 변해가는 시기에 우리는 무엇을 해야 하는 걸까요? 세계에서 점 하나만큼이나 작은 나라의 남쪽, 거기 사는 수천만 명의 사람 중 한 명인 '나'라는 존재가 어떻게 보면 그런 큰 흐름에 전혀 영향을 줄 수 없는 미약한 존재로 느껴질 수 있잖아요. 촘스키는 인터뷰에서 그러더라구요. 진보적 단체에 가입해서 활동하라고. 사실 그 말이 정답이죠.

김애화: 나는 하여튼 MB 정부의 잘못된 정치를 중단시켜야 한다고 생각해요. 하여튼 MB는 조예재 씨도 얘기했듯이 언급할 일고의 가치도 없지만, MB가 추진하는 정책은 정말 못마땅해요. 적극적으로 반대하는 투쟁을 전개할 필요가 있어요. 우리가 다극화를 어떻게 해석하느냐의

문제가 남아 있지만 자주성을 높이는 것으로서 다극화가 도움이 된다면, 다극화하는 데 있어서 MB는 구시대적이에요. 그렇기 때문에 MB+보수적인 권력에 대해서 우리가 어떻게 저항해나가느냐가 굉장히 중요하죠. 구체적으로는 정책에 대해 비판하고 반대하는 투쟁이 아닐까요.

임승수: 쉽게 얘기하면 데모해야 한다는 얘기네요. 하하하

김애화: 그렇죠. 데모해야 됩니다. 그래서 신자유주의적 정책을, FTA를 저지해야 됩니다.

조예재: 세게 말씀하셨으니까 전 좀 수위를 낮춰서 얘기할게요. 재미있게 지역을 만들어가는 것도 있어요. 제가 흥미롭게 봤던 것 중에서 황해도시연합이라는 게 있습니다. 그건 국가와 국가의 연대도 아니고 민중과 민중의 연대도 아니고 지방과 지방이 만나는 거예요. 인천, 톈진, 상해, 나가사키, 이렇게 모여 교류하면서 황해라는 그 호수를 끼고 있는 도시들이 또다른 정체성을 만들어가는 거죠. 이 도시들이 다 개항도시거든요. 그러니까 외국이 와서 개항시킨 식민의 산물이었다고요. 바로 그런 상처를 안고 있는 장소에서 이제 평화의 항구도시를 만들어가겠다는 지향이 생기는 거죠.
　재미있는 게 면麵발로 동아시아 지역축제를 해요. 인천은 신기하게도 자장면이 탄생한 곳이잖아요? 화교들이 와서 중국과는 다른 독특한 한국의 음식을 만들어냈는데, 식탁에는 양파랑 단무지가 놓여 있어요. 그건 일본의 영향인 거죠. 그런 독특한 혼종문화가 개항장에서 만들어진 거예요. 나가사키에 가면 유명한 게 짬뽕이에요. 나가사키가 네덜란

드가 개항시킨 곳인데 고추가 그때 들어갔거든요. 네덜란드가 남북 아메리카와 교류하면서 고추와 만났고 그 고추가 일본에 유통돼서 짬뽕이라는 음식이 생겼잖아요. 그런데 그 짬뽕이 한국에 와서는 중국집에서 팔려요. 그렇게 국경을 넘나들며 생성되는 독특한 지역문화라는 게 있죠. 이건 확실히 국가 안에서의 민족문화와는 달라요.

이런 황해도시연합에 평양이 끼게 된다면, 냉면이라는 게 있죠. 원래는 북한에서만 먹던 건데 분단과 전쟁 때문에 북한 사람들이 내려오면서 남한에도 퍼진 음식이거든요. 그런 의미에서 '면발로 동아시아를 잇는다'는 거죠. 축제와 같은 일상적 경험을 통해서 동아시아라는 독자적인 정체성을 만들어가는 거예요. 지역통합이나 평화체제가 엄청나게 거창하고 무거운 게 아니라 누구나 즐겁게 할 수도 있다는 거죠.

김애화: 그런 것도 중요한 것 같고 다양하고 다층적으로 하는 게 필요한데, 어쨌든 지금 신자유주의가 막을 내리는 거잖아요. 확실하게 막을 내리려면 사회운동과 시민운동의 역할이 굉장히 크다고 생각해요. 특히 한국 같은 경우는 완전히 첨병역할을 하고 있잖아요? 그러니까 가치관에서 첨병역할을 하고 있기 때문에……

임승수: 궁금한 게 있는데, 혹시 한국이 실제적인 사회투쟁에서 선도적인 역할을 하나요?

김애화: FTA 투쟁을 우리처럼 이렇게 하는 데는 없어요. 대중적으로 몇만 명이 모여서 하질 않아요. 그리고 FTA 반대투쟁으로 그렇게 원정투쟁을 하지도 않아요. 우리는 미국에 쫓아가고 유럽에 쫓아가잖아요. 미

국 같은 경우는 주로 협상타결이 다 된 다음에 의회에서의 비준을 거부하는 투쟁을 하거든요. 근데 우리는 협상 시작부터 협상 중단하라고 하잖아요? 그래서 이게 핫이슈에요.

안영민: 재작년에 홍콩 원정투쟁한 적이 있었죠.

김애화: 아, 뭐? WTO?

안영민: 그때 우리나라 사람들이 바다에 뛰어들고 그랬잖아요. 팔레스타인 사람들이 알 자지라에서 그거 보고 '잘했다'고 그랬다더라고요.

김애화: 우리나라의 반세계화 투쟁은 국제적으로 유명한 편이죠. 시애틀 투쟁과 더불어 칸쿤 투쟁, 홍콩 투쟁은 중요한 반세계화 투쟁의 기록이죠. 특히 우리 투쟁은 대중적 투쟁이거든요. 홍콩 투쟁의 경우 구치소에 감금된 수만 800명 이상이었어요. 우리 투쟁을 다른 나라에서 모방해서 하기도 합니다.

임승수: 아, 우리 거 배워가지고?

김애화: 한국 원정단이 홍콩에서 한 것을 태국 치앙마이에서 똑같이 하더라고요. 그래서 이런 영향 때문에 테러리스트 조직으로 찍히기도 하죠. 그래서 일본에 G8 투쟁하러 갈 때 한국 원정단은 입국이 거부됐어요. 그렇지만 오히려 한국정부는 사라져가는 신자유주의에서 첨병역할을 하고 있다는 생각이 들어요. G20 때도 미국보다 더 큰소리로 얘기할

것 같다는 생각이 드네요. 저는 하여튼 FTA 반대투쟁이 어떤 의미를 갖는지를 많은 사람들과 공유해야 한다는 생각이 들어요. 전 세계가 신자유주의의 문제점을 이야기하고 있어요. FTA는 기존의 신자유주의적인 기조 속에서 진행된 거예요. 그렇기 때문에 당연히 중단돼야 하는 거죠. 그래서 FTA 내용이 뭐다 하는 어려운 것은 몰라도 돼요. 다만 본질이 잘못된 것은 지적해야죠.

임승수: 세계사회포럼에도 다녀오셨잖아요. 그 얘기를 좀 들려주세요. 전 세계의 진보세력들이 한자리에 모이잖아요.

김애화: 세계사회포럼에 대해서는 여러 가지 비판이 있어요. 그런 비판에도 불구하고 긍정성을 많이 갖는다고 생각하는데, 세계사회포럼이 이제 단순히 논의하는 구조에서 결의하는 구조로 바뀌려고 노력하고 있어요. 그리고 네트워크끼리 연결하려는 움직임이 보여요. 옛날에는 각개산발 식으로 포럼이 열리고 끝났는데, 이제는 각 네트워크들이 자신들의 회의, 포럼을 진행한 후에 다시 모여서 서로 내용을 교환하는 것을 볼 수 있었어요. 예를 들어서 노동 이슈라고 하면 다양하게 여러 포럼이 열리고, 나중에 다 모여요. 그리고 다시 함께 합의해서 결의하는 형식으로 전개되는 거죠.

임승수: 결의문 같은 걸 써요?

김애화: 네. 그리고 다양한 이슈 네트워크들이 모여요. 예를 들어 환경, 무역, 노동 등 각 네트워크가 크로스오버하는 거죠. 이런 식으로 컨버

전을 계속 해나가요. 이것이 자기발전 과정을 갖는 거예요.

임승수: 언젠가 세계사회포럼에서 논쟁이 됐던 게, 정부단체의 참여 여부였던 것 같더라고요. 또 세계사회포럼 차원에서 어떤 내용을 합의하고 실천해나갈 것이냐 하는 문제도 논쟁이 됐던 것 같고요.

김애화: 지금도 그렇죠. 왜냐하면 지금은 받아들이고 있지만, 세계사회포럼이 처음 개최될 당시에는 사회운동단체가 신뢰할 만한 좌파정권이 하나도 없었어요. 그런데 이제 남미가 변하는 거죠. 그러면서 남미 정상들이 와서 연설하고 하는 것들이 받아들여지고, 저는 몰랐는데, 의원들 모임도 있더라고요. 또 하나 드는 생각은 지역 포럼이 만들어지는 게 의미가 있다고 생각해요. 그런데 지역 포럼을 어떻게 갖는가가 문제인데, 안영민 씨가 얘기한 것처럼 지역적인 특성이 있으니까요. 남미하고 유럽은 지역 포럼이 저항의 장이 돼요. 유럽사회포럼, 이 자체가 그냥 유럽, EU에 대한 투쟁공간이 돼버리는 거거든요. 다 모이는 거죠. 그래서 오히려 유럽사회포럼이 더 저항적이에요. 세계사회포럼은 그냥 의미구조를 갖는 거고……. 그래서 유럽사회포럼이 EU에 대한 대항권력이 돼버렸어요. 이런 식으로 EU 모델에 대해 적극적으로 발언할 수 있는 기회를 갖는 것이 굉장히 중요하다고 생각해요. 남미도 마찬가지고. 그런데 이게 아시아에는 없는 거죠. 아시아 포럼이란 것이…….

임승수: 만들자는 얘기는 나올 것 같네요.

김애화: 네, 다른 지역의 단체로부터 제안을 받았죠. 그런데 아까 이야기

한 것처럼 동북아시아의 사회운동 실력이 그 정도는 안 된다고 생각해요. 어쩌면 아세안과 함께하는 모임이 활성화될 필요가 있겠다는 생각이 들어요.

임승수: 문화권이라는 게 굉장히 중요한 것 같다는 생각이 많이 드네요. 아시아 같은 경우는 삶의 방식도 좀 비슷한 만큼 차이도 많고 그러다보니까 문제도 많이 있는 것 같아요.

김애화: 그런 문제도 있지만 또 하나는 정치적인, 정치지배 권력들이 모여 있느냐 안 모여 있느냐가 중요한 거예요. 그러니까 EU는 모여 있으니까 대항포럼이 만들어지는 거고, 동남아시아도 아세안이나 아세안+3이니 하는 방식으로 모여 있으니까 그에 대항하는 움직임이 구체화되는 것이고요.

임승수: 카운터파트Counterpart가 있으니까.

김애화: 그렇죠. 원래 세계사회포럼도 세계경제포럼(다보스포럼)에 대한 대항포럼이잖아요. 아시아에서도 우리끼리 대항포럼을 만들자 했을 때 분명히 아까 얘기했던 네트워크를 만들 수는 있어요. 이슈별로, 평화 네트워크 등을 만들 수는 있어요. 그런데 확실한 어딘가로 가는 집합점이 없는 거예요. 어디로 가는 방향점이 없으면 단기적이든 장기적이든 결집력이 별로 없어요. 그렇기 때문에 아시아에서는 어쨌든 지배권력이 어떻게 움직이는가 보는 것이 굉장히 중요하다고 생각해요. 중요한 이슈가 있을 때마다 민중들이 연대하는 것도 중요하지만, 장기적이고

정규적으로 되기 위해서는 대항적인 뭔가가 있어야 된다는 거죠.

안영민: 지난 2008년 말에 이스라엘이 가자지구에서 학살을 벌이고 그
랬잖아요? 그때가 제가 팔레스타인 연대활동을 한 6년 동안 가장 많은
사람들이 관련 활동에 참여한 것 같아요. 이런 것들을 보고, 사람들을
만나면서 한국 사회의 시각이 조금씩 바뀌고 있다는 생각이 들어요. 하
루아침에 팔레스타인 해방이 오기는 어렵잖아요. 그러니까 우리의 생
각을 조금씩 조금씩 바꿔나가는 것이 가장 먼저 해야 되고 필요한 일인
것 같아요. 예를 들어서 사회단체에서 교육 같은 걸 하면 팔레스타인이
나 이라크 문제도 기본으로 좀 들어가고, 학교 수업시간에도 다루고,
그러면 좋겠어요. 뭐든 자꾸 접해봐야 되는 거잖아요.

　이번에 가자지구에서 학살이 벌어질 때 영국에서 있었던 일 중 하나
가 뭐냐면 영국 대학생들이 대학 도서관 이런 데 들어가서 죽치고 앉아
있는 거예요. 그리고 학교에다 뭘 요구하냐면, 이스라엘 기업 물건 쓰
지 마라, 학교 펀드로 이스라엘 기업에 투자하지 마라, 팔레스타인 학
생들한테 장학금을 줘라, 뭐 이런 거예요. 그래서 많은 학교들이 실제
로 학생들의 요구를 받아들였어요.

김애화: 훌륭하다.

안영민: 한국은 아직 팔레스타인 연대운동이 너무 작기 때문에 그런 걸
해볼 기회가 없었는데 앞으로 운동이 더 커지면 한국도 그런 걸 해볼
수 있는 거예요. 남아프리카공화국에서는 노동자들이 이스라엘 제품
들어오면 우리는 일 안하겠다고 했는데 한국도 언젠가 그런 날이 올 수

도 있겠지요. 너무 멀리 있다고 아무것도 못할 거라는 생각보다는 팔레스타인에 관련해서 책이라도 한번 읽어 보고, 사람들한테 얘기도 하고, 관련 단체에서 같이 활동도 하고 할 수 있지 않을까 싶어요.

오늘 주제가 아무래도 미국과 관련된 거니까 덧붙여 말씀드리면, 사회운동에 여러 가지 부류가 있는데 미국과의 관계를 굉장히 중요하게 생각하는 부류가 있죠. 근데 이 부류는 전반적인 제국주의 문제를 보는 것이 아니라 한반도 문제만 중심으로 보는 경향이 있어요. 또 하나의 경향은 국내 노동문제, 국내 여성문제, 국내 인권문제에만 주로 관심이 있고 제국주의 문제에는 큰 관심이 없어요. 그러다가 언제 관심이 생기느냐? FTA라든가 또 옛날에는 IMF, 뭐 그럴 때죠. 그런데 IMF 때 생각해보면, IMF 딱 터지고 나니까 운동하는 사람들이 그제서야 'IMF가 뭐야?' 이렇게 되는 거예요. 한반도 문제를 풀어가든 아니면 다른 정치·경제적인 문제를 풀어가든 제국주의에 대한 이해와 대응이 좀더 필요하다고 생각합니다. 그리고 제국주의에 대해 얘기할 때도 한반도만이 아니라 세계 차원에서의 제국주의를 이해하기 위한 노력이 더 필요하지 싶습니다.

조예재: 이어서 얘기를 하면요, 지금이 한반도의 세 번째 전환기인 것 같아요. 첫 번째는 19세기 말 20세기 초, 즉 개항기인데, 우리가 제대로 대응을 못해서 청일전쟁, 러일전쟁이 연속으로 터지고 결국 식민지가 됐고, 두 번째는 1945년 해방공간에서 또 좌우로 갈라지면서 한국전쟁이 터지고 분단이 고착돼버렸죠. 지금은 분단체제를 유지했던 가장 강력한 세력인 미국의 힘이 떨어지고, 중국이 다시 뜨고 있는 국면이고요. 100년 만에 이렇게 바뀌고 있어요.

우리는 지금 세 번째 격변기를 통과하고 있는 것 같은데, 앞서의 그 전환기를 살펴보면 외적인 압력도 굉장히 강했지만, 우리 내부에서의 자중지란도 심했어요. 가뜩이나 작은 나라인데 친로파, 친청파, 친일파로 갈려서 싸우니까 밥이 되는 거죠. 한국전쟁이 일어나는 과정에서도 중도파들이 다 암살당하거나 숙청당하잖아요. 북으로 간 사람이든 남으로 간 사람이든……. 조봉암, 박헌영 등 이런 사람들이 남과 북에서 사라지면서 결국 좌·우파 독재로 가버린 거죠.

지금이 세 번째 기회인 것 같은데, 저는 너무 자기의 생각만을 고집 안 했으면 좋겠어요. 각자 자기 포지션이 있겠지만 크게 연대할 수 있는 그런 비전이 있어야 해요. 우리는 한반도라는 숙명 속에서 살고 있기 때문에 안에서 갈라지면 밖에서 가지고 놀기가 너무 쉬워요. 이미 두 번이나 그랬잖아요. 미래의 노선을 두고 우리 내부에서 치열하게 경쟁하고 경합하되, 대승적인 차원에서 연합하고 연대할 수 있는 실험을 해야 합니다.

김애화: 그건 진짜 중요한 문제인 것 같아요.

임승수: 마무리해야 할 시간이 왔네요. 마지막으로 독자들에게 하고 싶은 말을 하는 시간을 가져봅시다. 저부터 하면, 우리는 세계에서 보면 아주 좁은 곳, 거기서도 남쪽에만 살고 있는데, 국제정세 때문에 우리나라의 지정학적 위치상 원치 않는 일이 벌어질 수가 있죠. 그런데 이런 것에 대해서 우리가 현명하게 대처하지 못했을 때 어떤 결과가 오는지, 일본의 식민지가 됐었고 분단돼서 이 고생을 하고 있는 상황을 보면서 잘 생각해야 할 것 같거든요. 그런 의미에서 현재 격변하고 있는

국제정세를 이해하고 현명하게 대처하는 것은 우리 조국과 민족의 미래에 결정적인 영향을 끼칠 것이라 생각합니다. 우리가 준비한 이 책이 그런 부분에 좀 도움이 됐으면 하는 바람이에요.

김애화: 저는 EU에 대해 쓰면서 정체성에 대한 생각을 많이 하게 됐어요. EU가 다민족 다국가가 모여서 공동체를 만들어가는 과정이기 때문에 그 정체성에 대한 고민은 자연스러운 것 같아요. 우리 역시 지역적 고민을 하다보면 생기는 고민이기도 하구요. 그런데 정체성에 접근할 때 보통 우리는 전통이나 역사에서 찾으려 하거든요. 하지만 저는 과감하게 이보다는 누구를 위한 것인가에서 출발해야 한다고 생각해요. 정체성이란 게 만들어지는 것이고 새로운 것일 수도 있다는 거죠. EU도 미국에 대항하는 구도에서 만들어진 거고, 유럽의 복지제도 역시 자연스러운 역사의 유산이 아니거든요. 문제는 현실의 요구에 근거해 미래지향적이어야 한다는 거죠. 문화적 정체성이란 게 잘못하면 다른 것, 차이를 드러내는 것에 치중하게 되는데, 차이를 드러내는 게 중요한 게 아니라 그 차이 속에서 누구를 위해서 기여하는가, 이것을 끄집어내는 게 굉장히 중요하다는 생각이 들어요.

유럽의 모델을 보면서 우리가 생각해봐야 할 것은, 국가가 적극적으로 개입해서 사회복지를 이루어냈다는 것과 그런 속에서 민중들의 사회적 저항도 동시에 같이 만들어나가고 있다는 것, 이런 점인 것 같아요. 또 하나는, 아까도 얘기했지만 제가 유럽에서 사람들을 만나면서 느낀 건데, 정말 달라요. 이들은 다른 문화, 다른 국가와의 교류가 일상화되어 있어요. 제가 유럽의 단체 활동가들과 회의 등에서 자주 만나다 보니까 서로의 연애관계 등을 알게 돼요. 한번은 오스트리아 여성이 이탈리아 남성과 연애를 하더라고요. 저는 무심코 "얼마나 자주 만나?" 하고 물었죠. 멀리 떨어져 있으니 얼마나 자주 만나냐는 의미였어요. 그랬더니 "우린 같이 살아. 유럽시민이잖아." 이러더라고요. 시민권 안 만들어도 살 수가 있는 거죠. 이들에게는 당연한 거예요. 그리고 복지 문제에서도 별 문제가 없다고 해요. 이런 걸 통해서 유럽통합이 실제로 느껴져요. 또 한 친구가 있는데, 전 그 친구가 스페인 사람인 줄 알았어요. 스페인에 살거든요. 영어도 잘하고, 스페인 말도 잘해요. 그런데 독일 사람이라는 거예요.

임승수: 독일 사람이요?

김애화: 네. 그런데 이 친구가 독일이 의무병역제일 때 병역거부를 한 거예요. 그리고 떠나기로 한 거죠. 어디로 갈까 하다가 스페인에 아는 사람이 있어서 스페인에 가서 살고 있는 거고. 그래도 아무런 문제가 없다는 거예요. 그래서 내가 그 친구에게 말했죠. "너 우리나라에 오면 불법체류자였어. 그리고 네가 한국인이었다면 넌 병역거부로 전과자가 되는 거야."

유럽은 사회단체에서 거창하게 연대라는 말을 사용하지 않아도 이미 각 단위, 지역, 국가를 넘는 연대가 일상생활처럼 되고 있어요. 연대라는 추상적인 말을 사용하지 않아도 실천하고 있는 거고 그 교류의 유리한 점을 뼛속 깊이 느끼고 있지요. 그래서 유럽에 대해서는 한번은 고민을 해보면 좋겠다는 생각이 들어요.

안영민: 예전에도 한국 사회문제에 대해서 당연히 관심이 많았죠. 그런

데 저 멀리 팔레스타인이니 중동이니 왔다갔다 하고 그러다보니까 다시 한반도 문제에 관심이 많아지고 있어요. 보니까, 한반도 문제가 국제정치적으로 굉장히 중요한 문제더라고요. 내가 여기서 태어났고 살았기 때문이 아니라 국제정치적으로나 역사적으로나 일본의 식민지배라든가 한국전쟁이라든가 이런 사건들이 중요한 문제라는 생각이 다시 들더라고요.

그 다음 또 하나 드는 생각은, 이라크나 팔레스타인이나 이런 곳의 삶은 거의 죽을 둥 살 둥이잖아요. 그런데 이들이 한국인들보다 삶을 더 긍정적으로 보는지도 모르겠다는 생각을 갖게 됐어요. 한국도 여러 가지 어려운 점이 많죠. 그렇긴 해도 상대적으로 한국사회는 여러 가지 측면에서 거기보다 낫잖아요. 그런데도 사람들은 좀더 비관적인 것 같아요.

운동하는 사람들조차 기본적으로 이게 안 될 거라는 생각을 어느 정도 마음속에 가지고 있는 경우가 있어요. 이라크에서 아프가니스탄에서 미국이 저렇게 힘을 제대로 쓰지 못할 줄 누가 알았겠어요? 그런데 사람들이 뜻을 모아 힘을 쓰다보니까 미국조차도 마음대로 할 수 없는 상황이 벌어지잖아요. 사람이 힘을 모으면 무언가 이룰 수 있다는 긍정적인 생각을 가지면 좋겠어요. 그리고 이번 책 만드는 과정에서 다른 분들의 글도 읽고, 궁금한 것도 물어보고 하면서 많은 것을 배울 수 있어 좋았습니다.

조예재: 제가 1월에 대만-대륙 셔틀회의에 갔었어요. 너무 부러웠어요. 1949년도에 갈라져서 올해로 60년인데, 동아시아 연구하는 학자들 모아놓고 자기들이 하나로 되어간다는 것을 과시하는 거죠. 대만에서 대륙으로 배를 타고 가는데, 그 사이에 금문도라는 섬이 있어요. 거기가

진짜 냉전의 섬이었더라고요. 양쪽에서 대포를 쏴대가지고 쑥대밭이 됐던 섬인데, 성 곳곳에 포탄이 엄청나게 남아 있죠. 그런데 그걸 가지고 지금 뭐하느냐 하면, 식칼을 만들어요. 칼이 그 섬의 상징이 된 거죠. 공산당과 국민당이 전쟁했던 그 포탄들을 가지고 우리는 사람들을 먹여 살리는 칼을 만든다, 이런 거죠. 앞으로 30년 동안 생산할 수 있는 포탄이 남아 있대요. 그런 변화가 동아시아에도 일어나고 있어요. 한반도를 보면 지금 너무 갑갑하지만, 조금 넓게 보면 그런 변화가 일어나고 있다는 얘기를 하고 싶어요.

안영민: 탱크를 녹여서 쟁기를 만든다는 것과 똑같네.

조예재: 그때 대만에서 참가했던 학자 중 한 명이 이런 얘기를 하더라고요. 한국은 우물 안의 고래다, 너네가 다른 지역을 가봐라, 어디든 리더 국가가 될 수 있는 국력이다 라고 하더라고요. 유럽에 가도 4등이고 다른 데 가도 1~2등이 될 수 있는 국력이 있는데, 분단 때문에 갇혀 있고, 새장 속에 있으니까 작아 보이는 거다, 한국은 국제적으로 할 수 있는 일이 너무너무 많은 실력 있는 나라다 라고 얘기해요. 그 표현이 딱 맞는 것 같아요. 이 우물만 나가면 아시아라는 바다가 있고, 세계라는 바다가 있고, 우리나라는 거기서 할 일이 많은 나라인 것 같아요.

또 그분이 하신 얘기가 유엔 40개국이 참가해서 전쟁에 참여했던 나라는 한국이 유일하다, 베트남전에는 누가 갔냐? 안 갔다, 그동안 원조도 제일 받은 나라가 한국이다, 그렇게 많은 도움과 원조를 받아서 지금 수준까지 올랐으면 이제 너희들도 좋은 일 많이 해야 한다, 전쟁 때다 참전해서 거기서 싸워줬으니까 이제는 평화의 발신지가 돼야 한다,

이게 한국의 역할이다 라고 하는데, 그렇게 국가정체성을 만들어가야 할 것 같아요. 품격 있고, 매력 있고, 지구적인 공공성에 기여하는 나라. 그래야 되지 않을까요.

임승수: 네. 다들 정말 수고하셨습니다. 아쉽지만 이것으로 마쳐야겠네요.

찾아보기

독자를 먼저 생각하는 정직한 출판

시대의창이 '좋은 원고'와 '참신한 기획'을 찾습니다

쓰는 사람도 무엇을 쓰는지 모르고 쓰는,
그런 '차원 높은(?)' 원고 말고
여기저기서 한 줌씩 뜯어다가 오려 붙인,
그런 '누더기' 말고

마음의 창을 열고 읽으면
낡은 생각이 오래 묵은 껍질을 벗고 새롭게 열리는,
너와 나, 마침내 우리를 더불어 기쁘게 하는

땀으로 촉촉히 젖은 그런 정직한 원고,
그리고 그런 기획을 찾습니다.

시대의창은 모든 '정직한' 것들을 받들어 모십니다.

시대의창 분야 인문 / 정치 / 사회
WINDOW OF TIMES
서울시 마포구 연희로 19-1 (4층) (우)121-816
Tel : 335-6125 Fax : 325-5607 sidaebooks@hanmail.net